Marc Mucha

The man who moved

MARC MUCHA

THE MAN WHO MOVED

Traum(a)fänger

Bibliografische Information der Deutschen Nationalbibliothek: Die
Deutsche Nationalbibliothek verzeichnet diese Publikation in der
Deutschen Nationalbibliografie; detaillierte bibliografische Daten
sind im Internet über dnb.dnb.de abrufbar.

© 2025 Marc Mucha
Lektorat und Korrektorat: Jennifer Kampmann
Coverdesign: Dilsad Kelen & Kafia Harb

Verlag: BoD · Books on Demand GmbH, Überseering 33,
22297 Hamburg, bod@bod.de
Druck: Libri Plureos GmbH, Friedensallee 273, 22763 Hamburg

ISBN: 978-3-8192-7912-6

INHALTSVERZEICHNIS

Für Marc

So, tell me where should I go?

To the left where nothing's right …

Or go right where nothing's left?

TRAUM
Jonas Blue – What I like about you

Ich hielt kurz inne und lehnte mich zurück. Im Flackern des Fernsehers sah ich ihre Silhouette. Ihre Augen funkelten, während sie in meine Richtung schaute. Mein Herz pochte wie wild, als ich sie sah. Eigentlich schlug mein Herz seit unserem ersten Treffen wie wild. In diesem Moment, wenn wir gleich miteinander schlafen würden, musste ich eine Sache für mich wissen. Meine Worte und das tiefe Atmen kämpften miteinander. Langsam fand ich sie. Manni blickte mich fragend an.

„Ich suche jemanden, mit dem ich über die volle Distanz gehen kann. Eine Liebe, wie sie unsere Eltern haben, mit gemeinsamer Entwickelung, Unterstützung und Forderung. Die alte Generation. Ich muss wissen, ob du das auch suchst, in mir suchst, sonst möchte ich unsere Verbindung nicht riskieren." Ein leichtes Grinsen machte sich breit, während sie mich nach unten zog.

Ich erwachte. Es war nur der Sekundenschlaf. Dieser Schlaf kurz vor einer Prüfung. Das Aufschrecken, ob man nicht doch verschlafen hatte. Ein sanftes Licht drang durch die Vorhänge, Manni schlief ruhig neben mir. Seit ein paar Tagen waren wir in Phuket am Kata Beach. Dem einzigen Ort, an dem man in Thailand surfen kann. Wir hatten Glück im Unglück, da die Wellen besonders gutstanden. Dies lag am Taifun, der einige Tage zuvor über Thailand hinweg gezogen war. Die Ausläufer peitschten die Wellen über die Zwei-Meter-Marke. Nur das Wetter litt darunter, sodass es zu plötzlichen Regenfällen kam. So auch an diesem Tag, während ich eigentlich meine zweite Surfstunde haben wollte. Deprimiert war ich nicht wegen des Wetters, sondern wegen meines gescheiterten Plans.

Mein Blick schweifte zu dem dunklen Fleck, an dem mein Rucksack lag. In ihm eingepackt, gut umwickelt vom Regencape, war die kleine schwarze Schachtel verborgen. Der Verlobungsring, den ich seit unserem Start dabeihatte, wartete auf seinen Einsatz. Er begleitete mich nun seit genau vier Wochen. Ich stand im Regen, riskierte Beschädigungen, nur damit er unentdeckt blieb. Geheimnisvoll war er in drei Ländern, überstand die Kontrollen und lag noch immer sicher verborgen. Meine Laune, ausgelöst durch die Anspannung, bekam Manni zu spüren. Sie verstand nicht, wieso ich unbedingt heute zum Wasser wollte. Ach Manni, wenn du gewusst hättest. Der Plan war ursprünglich anders, es sollte erst eine Reise durch unsere Vergangenheit sein. Eine Schnitzeljagd an die Orte, die wir während unserer Schulzeit teilten. Das Klassenzimmer, unsere ersten Begegnungen, die wichtigsten Markierungen auf der Schatzkarte unserer Liebe. Unser alter Lehrer war involviert, ihre beste Freundin wusste Bescheid und stand mir bei. Selbst das große Finale in der Turnhalle ihrer alten Handballmannschaft war durchdacht. Drei ihrer engsten Freunde, allesamt Sänger, sollten ein Medley unserer Songs spielen. In einer Halle mit Kerzenschein beleuchtet wollte ich stehen und im richtigen Moment auf ein Knie gehen. Erschöpft und glücklich von diesem Tag würden wir uns in die Arme fallen, während sie ein leises „Ja" von sich gibt. Aber je mehr ich ins Detail ging, desto mehr wurde mir bewusst, dass das nicht wir waren. Was wir jedoch waren, lebten wir gerade. Zwei Verrückte, die die Freiheit in den Fingerspitzen fühlten. Zwei Dickköpfe gegen das geordnete Leben. Zwei Entdecker und Abenteurer. Also war meine neue Vision, wie wir beide beim Sonnenuntergang am Meer saßen. Die Beine baumelten im Wasser, während die Surfbretter unter uns lagen. An einer kleinen Schnur wäre der Ring befestigt, während ich einen coolen Spruch loslassen würde: „Lass uns den Moment genießen und die nächste Welle auslassen." Bevor ich den Ring hervorholte und ihr die Frage stellen würde. Sehr wir, sehr frei, sehr verrückt. Ich bin sehr perfektionistisch, was Geschenke betrifft, daher wollte ich, dass es unvergesslich blieb. Dadurch auch diese unverkennbare Laune. Für mich war dies nicht nur ein Beweis meiner Liebe zu ihr. Es war auch ein Beweis meiner Entwicklung.

Seitdem ich meine Mutter und meinen kleinen Bruder verloren und die Kugeln identifizierte und verarbeitete hatte, war ich bereit für diesen Schritt. Es war nicht greifbar, wie positiv ich mich seit dem ersten Buch *„The man who can´t be moved"* entwickelt hatte. Viele dieser Schritte geschahen anhand der Erkenntnisse, die ich auf der ersten Reise sammelte. Die Ängste, die ich damit identifizierte, wurden verstanden und kontrolliert. Die Ängste vor dem Alleinsein, vor dem Verlust und vor der Zukunft beeinflussten mich nicht weiter. Der „andere" Marc verschmolz mehr und mehr zu einem stärkeren und erwachseneren Wesen. Das kleine, verletzte Kind in mir bekam täglich mehr und mehr Heilung. Manni hatte großen Anteil daran und dafür war ich ihr unendlich dankbar. Mehr noch, durch diese Schritte war ich bereit, in eine glückliche Zukunft zu gehen. Eine Zukunft mit ihr. Obwohl ich großen Respekt hatte, wusste ich anhand unserer Beziehung, dass wir gemeinsam alles bewältigen könnten. Oftmals fühlte ich mich in der Vergangenheit so, als würde ich einen Berg mit einer Schaufel abtragen. Doch inzwischen konnte ich sogar die Lichtung hinter dem Berg erkennen. Alles, was von den Kugeln blieb, waren depressive Phasen, die seit dem Tod meines kleinen Bruders vermehrt aufkamen. Der Rest war nicht mehr vorhanden. Die Gewissheit, dass mein Weg sich positiv gestalten würde, brachte mich auch erst zu dem Entschluss, sie zu fragen. Ohne die Gewissheit, dass ich alles schaffen werde, würde ich sie nicht fragen. Deshalb war ich in positiver Erwartung, bevor ich seelenruhig einschlief.

Ich erwachte am nächsten Tag. Manni war, wie so oft, am Laptop und schrieb ihre Doktorarbeit. Wie ein zerzauster Tiger war ich sichtlich gezeichnet von den Gedanken der Nacht. Mit einem leichten Grinsen sah ich sie an. Sofort drehte sie sich um und sprang ins Bett zum Kuscheln. Das Wetter war bewölkt aber trocken. Unglaublich, heute würde ich den Plan endlich umsetzen können. Da Manni mir damals die erste Surfstunde in Den Haag gab und sie viel erfahrener war, sah ich sie als Lehrerin. Ich sagte ihr vorher, dass ich zwei Fragen habe, ich aber dazu ein Surfbrett bräuchte. Selbstverständlich war das auch Teil meines Plans. Wenn es ums Surfen geht, musste ich Manni nicht zweimal fragen, ob sie mitkommt. Ich zog meine Badehose an und wartete, bis sie im Badezimmer verschwunden war. Wie ein Geheimagent auf Zehnspitzen versuchte ich, leise zum Rucksack zu kommen, wie bei einer Bombenentschärfung den Reißverschluss aufzumachen und das hochempfindliche Paket in meine Tasche verschwinden zu lassen. Der vermeintliche Zeiger tickte unaufhörlich. Noch 3, noch 2, jetzt geh in die Tasche, du dummes Ding! Noch 1, Reißverschluss zu, fertig. Manni machte die Tür auf, ich konnte gerade noch die Handtücher nehmen und ihr hinreichen, während ein Tropfen Schweiß mir von der Schläfe tropfte. Sie ahnte nichts. So hatte ich nicht mehr geschwitzt, seit ich ihre Eltern um den Segen bat.

Ein paar Tage vor dem Abflug nach Serbien, als wir vor unserer Reise noch auf einer Hochzeit waren, mobilisierte ich Alex. Alex ist ein guter Freund und ein sehr wichtiger Mensch in meinem Leben, doch in diesem Moment war er mein Türsteher, damit ich es durchzog. Mit einem halbvollen Karton fuhr ich vor, mit dem Vorwand, noch die letzten Sachen vorbeizubringen. Ich verkrampfte mich so sehr in den Karton, wodurch man mein Zittern nicht bemerkte, dass ich ihn zerdrückte. Ihre Mutter machte die Tür auf, nur in einen Bademantel gehüllt. „Na toll.", dachte ich. Egal wie, aber so stellst du dir nicht die Kleidung vor, in denen du deine Schwiegereltern um den Segen bittest. Den Karton hochgebracht und ab in die Küche. Ihr Vater stand in Boxershorts und schnitt Tomaten. Uff. Nun gut, ein Glas Wasser genommen und versucht, nichts zu verschütten. „Ich bin nicht nur wegen des Kartons hier, ich möchte euch auch um den Segen bitten, Manni zur Frau zu nehmen." Ich zog den Ring hervor und präsentierte ihn. Der Vater blickte mich lange an. Er ist ein Selfmade-Mann. Er kam früher aus Polen und baute sich seine Familie und sein ganzes Leben hier auf. Für ihn zählen die alten Werte. Dies bedeutete, ich war nicht unbedingt der Schwiegersohn, den er sich vorstellte. Er wollte Sicherheit für seine Tochter, jemanden, der mit beiden Beinen im Leben stand. Das Persönliche und die mentalen Meilensteine, die ich erreicht hatte, fielen nicht darunter. Die Verarbeitung, die ich über die Jahre vollzog, perlte deshalb an ihm ab. Manni geriet das ein oder andere Mal mit ihm aneinander. In der Erziehung fehlte ihm manchmal das Feingefühl und die richtigen Worte im richtigen Moment. So viel ich auch manchmal abbekam, respektierte ich ihn zutiefst. Einen so starken Mann, der mit so einem Willen seine Familie führt, kann man nur beängstigend oder bewundernswert finden. Wie ein Schüler, der von dem Lehrer an die Tafel zitiert wurde, stand ich verschüchtert vor ihm. Seine Miene wandelte sich von einem grimmigen Blick zu einem erleichterten Grinsen. „Ja, natürlich darfst du.", sagte er trocken und fiel mir in die Arme. Sofort wurde eine Flasche Wein aufgemacht und der Selbstgebrannte geholt. Es dauerte keine fünfzehn Minuten, da war ich bereits gut angetrunken und ging wieder zu Alex. Der Ring war in einer Welle geformt und der Stein war eingesetzt. In ihm war „Mi Carino" eingraviert. „Meine Süße", zu deutsch. Ich schrieb es auf ein Post-it bei unserem ersten Date. Ich bereitete eine Brotbox vor, wie man sie in der Schulzeit mitbekam. In ihr befanden sich Schokobons, Käse-Weintrauben-Spieße und alles, was sie gerne mochte. Das Wort kam aus dem Lied „Barcelona" von Ed Sheeran, welches ich mit ihr verband, noch bevor wir uns trafen. Daher fand ich es passend, dass es ein Teil unserer Zukunft sein sollte.

Ich musste höllisch aufpassen, dass Manni nicht die Ringschachtel in der eindeutig zur engen Badehose sah. Beim Treppensteigen bohrte er sich in meine Pobacke. Die Gespräche, in die ich sie verwickelte, waren bewusst tiefgründig gewählt, damit sie nicht auf die Idee kam, meine Hand zu nehmen oder mich umarmen zu wollen. Der rettende Strand wurde am Horizont größer und größer. Obwohl es leicht nieselte, war ich unglaublich gespannt auf ihren Blick. Auf den Moment, wenn sie realisieren würde, was gerade geschieht. Angst vor der Antwort hatte ich nicht. Ich denke, wir wären in unserer Beziehung nicht so weit gekommen, wenn wir beide nicht diese Zukunft gesehen hätten. Wenn in unserem Gedächtnis oft dieser eine Abend, wo ich innehielt, abgespielt werden würde. Mein Fuß berührte den Sand, der Strand war nahezu menschenleer. Nur vereinzelt waren Personen zu sehen. Unser Surfstand war der einzige, der geöffnet hatte. Wir gingen los und bekamen, wie immer, unseren Sonderpreis, den Manni ein paar Tage vorher für sich ausgehandelt hatte. Es war ein kleiner Thailänder mit einer Zahnlücke, der immer eine Kippe im Mund hatte und ein Sporttrikot trug.

Die Aufregung in mir stieg sekündlich, ehe wir uns mit beiden Boards in Richtung des Wassers aufmachten. Kurz davor hielt ich inne und legte mein Board ab, Manni lief ins Wasser. „Moment!", schrie ich, „Ich habe doch noch zwei Fragen." Fast schon beleidigt stapfte sie wieder in meine Richtung. Sie stand direkt zwischen mir und dem Board. Mit erwartungsvollem Blick schaute sie mir in die Augen. Fuck. Ich habe alles bedacht, außer die zwei Fragen. In meiner Panik fragte ich sie, wo man denn auf dem Board sitze. Was als vermeintlich dumme Frage in mein Gedächtnis kam, wirkte durch die Erklärung, dass ich Probleme habe, mich in die Welle zu drehen, direkt klüger. In Lehrermanier, zeigte sie mir den Platz und gab mir noch eine kleine Technikschulung. Das zweite Problem wäre, dass ich mich ständig in der Leash verfing, sie drehe sich ständig nach innen. Beim Aussprechen kniete ich mich auf das Bein, an dem sie befestigt war, um es ihr zu verdeutlichen. Verwundert fragte sie mich, wieso ich diese heute an dem anderen Bein trage. Mist, manchmal ist sie zu aufmerksam. Ich habe vorher natürlich online recherchiert, auf welches Knie man sich kniet, wenn man um die Hand anhält. Ich hatte nur nicht mit meinem persönlichen Sherlock Holmes gerechnet, die auf so ein Detail achtet. „Ich wollte es mal so probieren.", log ich.

Nach einem weiteren skeptischen Blick beließ sie es dabei. Während ich auf dem Knie balancierte, fummelte ich mit einer Hand hinten am Reißverschluss herum. Durch die zusätzliche Spannung meines Hinterns, brauchte ich einige Sekunden. Ich musste sie also immer weiter mit Fragen bombardieren, ehe ich endlich die Schachtel in der Hand hielt. Mit einem Ruck zog ich sie nach vorne. Ihre Augen weiteten sich. „Ich mache sie jetzt nicht auf, weil ich Angst habe, dass ich ihn verliere, doch du weißt, was das bedeutet." Mit groß aufgerissenen Augen öffnete sie ihren Mund und sagte: „NEE, das machst du jetzt nicht." Der Tonfall war patzig und trotzig zugleich. In meinem Kopf spalteten sich meine Gedanken. Die eine Hälfte ließ sich nicht beirren, die andere Hälfte plante bereits die alleinige Weiterreise. „Doch, das mache ich. Manni, seitdem du aus dem Bus gestiegen bist, war mich klar, dass ich dich zur Frau nehmen wollte. Du ergänzt mich, du komplettierst mich und machst mich unglaublich glücklich. Daher frage ich dich, ob du meine Frau werden magst?" Die Tränen schossen ihr in die Augen und sie hauchte mir ein „Ja" entgegen, ehe ich ihr den Ring langsam an die Hand steckte. Wir küssten uns und verloren uns für einen Moment an diesem Strand. Wir packten ihn gut ein und verstauten ihn beim Surfshop, ehe wir in die Wellen sprangen. So unkonzentriert sah ich Manni tatsächlich noch nie. Ich beobachte sie einige Zeit, weil auch ich diesen Moment verinnerlichen musste. Für mich war dies der Beweis, dass Träume wahrwerden können. Es gab mir eine unglaubliche Kraft zu wissen, dass auch ich Glück verdient hatte. Dass ich mich auf dem richtigen Weg befand und Berge versetzten konnte, wenn ich auf mich vertraue und vor allem, dass es auch für mich den passenden Deckel im Leben gibt.

DEPRESSION
Dean Lewis – Waves

Eine Woche später ereilte mich aus heiterem Himmel eine depressive Phase. Wir waren gerade in Ko Samui und stritten uns ziemlich heftig. Natürlich wusste ich, dass diese Phasen Manni belasteten. Sie kamen, verwüsteten alles und gingen. Bei so einer Phase lag über allem eine dunkle schwarze Decke. Die gesamte Freude wurde mir innerhalb eines Moments entzogen. Zurück blieb nur die Antriebslosigkeit, die man nicht bekämpfen konnte. Die Lustlosigkeit, der man nicht entgegentreten konnte. Einfach ein Sumpf aus der Farbe Schwarz, in den man tiefer und tiefer versank. Mit jeder Bewegung sank man schneller. Mit jedem Kämpfen wurde der Sumpf dickflüssiger. Manni konnte mir in solchen Phasen nicht helfen, sich aber auch nicht gut genug abkapseln, um zu erkennen, dass es nicht ihre Aufgabe war, mir den rettenden Ast zu reichen. Sie verbrachte viele Momente am Strand mit dem Blick aufs Meer, während ich im Hotelbett lag und um jeden Atemzug rang, bevor mich der Sumpf verschlang. Es war eine Überforderung von vielen Bereichen, die gleichzeitig auf mich einprasselten. Die Arbeit lief nicht wie angedacht, ich stritt mich mit Alex. Der finanzielle Aspekt wurde langsam ein Thema und irgendwie wollte ich am liebsten jetzt aufbrechen und mit Manni ankommen, in diesem nun neuen Leben. So geschah es, dass wir uns nach Tagen aussprachen und ich unter Tränen die Gefühle in dem Sumpf verdeutlichte. Sie verstand, versuchte ihren nötigen Abstand zu halten und ich versprach, dass ich alles gebe, um die Zeiten zwischen den Phasen zu reduzieren, so sehr, bis sie irgendwann nicht mehr auftauchten. Das war mein persönlicher Weg zur zweiten Reise. Neben dem Traum, mit Manni noch eine Auszeit zu genießen, wollte ich, bevor wir das neue Leben erreichten, meine Depression bekämpfen.

So sehr ich das Reisen per se mag, suchte ich auf Reisen immer eine persönliche Bereicherung. Daher wollte ich durch eine Struktur und einen Aufenthalt im Kloster mir und meiner Depression näherkommen. Wie ich gelernt hatte, kann man etwas nicht bekämpfen, indem man wegläuft. Man muss direkt durch die Winde in das Auge des Tornados blicken. Man muss das Problem kennen, es identifizieren, sonst prallen alle Versuche, etwas zu ändern, ab. Dazu musste ich mich abermals in eine Situation begeben, die mir Angst machte. Was früher eine Reise ins Ungewisse war, wurde dieses Mal das Eintauchen in ein neues Leben. Über einen engen Freund aus den Niederlanden kamen wir auf die Idee, in ein thailändisches Kloster zu gehen. Angefixt davon strahlten Manni und ich uns an. Einmal zu leben wie ein Mönch, wer konnte das schon von sich behaupten? Es war die größte Herausforderung, die ich mir vorstellen konnte. Eine neue Struktur, in einem fremden Land, umgeben von fremden Menschen mit einer unbekannten Kultur. Es ergab sofort einen Sinn, mich für meine persönliche Entwicklung in dieses Kloster zu begeben. Manni sah es ähnlich. Mentale Stärke zu erlangen und Eingebungen zu bekommen, das Gehirn in einen anderen Blickwinkel zu drücken, ist doch eine Reise wert, oder?

Über Ko Samui ging es nach Koh Phangan. Dort wollten wir die weltberühmte Full-Moon-Party erleben. Ein Strand, der Mond und viele befreite Menschen oder, wie wir sagten, das genaue Gegenteil zum bevorstehenden Kloster. So fanden wir uns in einem Tuk-Tuk wieder, fuhren in die völlige Dunkelheit, quer durch die Insel. Der Mond als Leitfaden, ausgerichtet Richtung Norden, kamen wir dem Strand immer näher. Wir stiegen aus, bemalten uns gegenseitig mit den Neonfarben, die im Mondschein schimmerten und machten uns auf zu einer Bar. Da wir mit Freunden bereits zwei Flaschen südkoreanischen Wodka weggetrunken hatten, reichte mir ein weiteres Bier, um den Pegel vorerst zu halten. In der Bar spielte ich zuerst „Vier gewinnt" gegen ein einheimisches Kind, ehe ich es zu einem Trinkspiel umfunktionierte. Mit einem Typen aus dem Hotel in Ko Samui und seiner asiatischen Freundin spielte ich immer um einen Kurzen, den der Verlier für den Gewinner bestimmte. Zu meinem Nachteil bestellte sie mir immer Tequila. Ich kann genau zwei Dinge nicht. Kurze trinken und Tequila vertragen. Ich schoss mir also das gewaltigste Eigentor in der Geschichte der Full-Moon-Party. Lallend ging ich zu den anderen zurück, ehe wir zum Strand gingen. So ausgelassene Menschen hatte ich ewig nicht gesehen. Sie waren wie ein Pflaster für die schwierige Zeit. Noch schnell ein Eimer mit gepanschtem Long Island Ice Tea geholt und im Vollsprint zum Hangover.

Gegen 2:30 Uhr fuhren wir breit zurück zum Hotel. Unser Plan, fit zu sein und das Taxi um 06:30 Uhr zu nehmen, ging also voll und ganz auf. Um 06:18 Uhr erwachten wir, vollkommen zerstört. Der Inhalt unserer Rucksäcke lag überall verstreut herum. Innerhalb von zehn Minuten schafften wir es, alles zu packen und verstrahlt im Taxi zu sitzen. Uns stand ein Tagestrip mit Taxi, Bus und Fähre bevor. Mit jedem Meter kämpfte ich damit, dass der Magen da blieb, wo er hingehörte. Obwohl ich generell gerne seekrank werde, war die Brise auf der Fähre der angenehmste Part. Anders sah es bei dem eindeutig nicht TÜV-geprüften Bus aus, der sich in der letzten Reihe anfühlte wie auf einem Trampolin. Auf und ab, links und rechts. Hier noch ein Schlagloch und die enge Kurve fuhren wir auch zu extrem an. Ich sehnte mich nach einem Bett, Manni auch. Vollkommen fertig kamen wir in Bangkok an, dort sollten wir einen Tag übernachten, um dann weiter über Chiang Mai in die Provinz Chom Thong zu fahren. Dort würde das Kloster auf uns warten. Die Reservierung machten wir bereits von Deutschland aus. Es kostete nichts, sie leben lediglich von Spenden, die sie von Leuten wie uns empfingen. Alles Menschen, die diese Erfahrung erleben wollten.

In Bangkok war der Nachtzug nach Chiang Mai ausgebucht. Das war nicht verwunderlich, denn die Strecke gilt als eine der schönsten Zugstrecken durch die Natur von Thailand. So blieb uns nichts anderes übrig als den „First Class High End Premium Bus" zu nehmen. Wer sich jetzt vorstellt, dass wir Sitze hatten, bei denen man die Lehne verstellen oder die Lüftung einstellen konnte und ein Entertainment-Programm hatte, der vergisst, dass wir uns in Thailand befanden. Beim Einsteigen in diesen Bus fanden wir ganz hinten Plätze. Eine Lehne ließ sich nicht einrasten, sodass einer von uns die meiste Zeit liegen musste. Die angesprochene Lüftung über meinem Kopf war ein einziges Loch, wo arktische Luft herausströmte. Mithilfe meiner Jacke und meiner Coronamaske operierte ich es zu. Das Entertainment-Programm war der Blick aus dem Fenster.

Am meisten gespannt waren wir aber über das Telefonat mit Randy und Mannis Eltern. Vor ein paar Tagen bekamen wir nämlich eine Mail, das wir unsere Traumwohnung kaufen könnten. Vor unserer

Abreise kamen wir bei meiner Tante Claudia unter. Diese hatte eine Eigentumswohnung in unserer Heimatstadt, die die meiste Zeit leer stand, da sie persönlich bei ihrem Freund in Wiesbaden lebte. Manni und ich hatten das Problem, dass wir die Mindestmietdauer nicht erfüllten, was es uns unmöglich machte, eine komplett eigene Wohnung zu beziehen. So kamen wir auf die Idee, uns um die Wohnung meiner Tante zu kümmern und ihr dafür die Nebenkosten zu bezahlen. Meine Tante ist das größte Herz auf diesem Planeten und unterstützte mich, wann immer sie konnte. Also bezogen wir kurz darauf ein Zimmer bei ihr und lebten fortan bis zur Abreise dort. Gegenüber lebte eine ältere, kernige Dame, mit der wir uns oft unterhielten. Als es zum Tag des Auszugs kam, stand die Tür bei ihr auf und wir versuchten, vorsichtig zu schauen, ob alles okay war. Ihre Schwiegertochter und deren Tochter räumten schon fleißig die Wohnung aus, da die Frau leider verstorben war. Ohne Hintergedanken kamen wir über die Beileidsbekundungen zum Verkauf der Wohnung. Manni und ich verliebten uns sofort und tauschten die Mails aus, ehe sie uns eine Woche vor dem Klosterbesuch schrieben. Wir könnten sie haben, sie würden sie für uns reservieren. Manni und ich schauten uns verdutzt an und beschlossen, dass wir sie nehmen würden, sofern wir alles von hier aus regeln könnten. Das bringt uns wieder in den High-End-Bus und zu dem Meeting mit Randy. Durch meine Selbstständigkeit und die Kündigung von Manni war es schwer, einen Kredit zu bekommen. Daher konsultierten wir einen Vermittler, Randy. Er sagte uns bereits, dass dies schwer werden würde und wir daher einen Bürgen bräuchten, was der Grund für das Meeting mit Randy und den Schwiegereltern war. Dieses Meeting gestaltete sich aber sehr schwer und es brauchte viel Geduld von allen Beteiligten, da uns oft das Internet im Stich ließ. Das Verhältnis zwischen Manni und ihrem Vater strapazierte die Verhandlungen zusätzlich.

So gingen wir mit vielen Fragezeichen und Unklarheiten durch die Tore des Klosters, auf der Suche nach der Rezeption, ehe wir von einer Nonne angesprochen wurden. Da wir dachten, es wäre auch ein Schweigekloster, schauten wir uns verdutzt an, ehe wir ihr folgten. Die Schuhe ordnungsgemäß draußen ausgezogen, gingen wir auf Socken in die Rezeption. Diese war mit einem urigen braunen Schreibtisch versehen. Hinter ihm standen unglaublich alte und benutzte Bücher. Die Nonne trug bereits das für sie übliche orangene Gewand. Es war eine Atmosphäre, die sehr friedvoll wirkte. Das Kloster an sich lag so idyllisch im Niemandsland, dass man sofort die Welt um einen herum vergaß. Was mich am meisten beeindruckte, war dieses Gleichgewicht, dieses Gefühl, welches es bei mir hervorrief. Es war, als stünde die Welt in dem Kloster komplett still. Zum ersten Mal nahm ich die unzähligen Tiere wahr. Selbst die Farben hatten durch den Fokus eine andere Strahlkraft. So würde ein Poet Harmonie beschreiben. Wir sollten auf der Bank Platz nehmen. Es war einem schon fast unangenehm, wenn man ein Geräusch verursachte. Uns wurden Zettel vorgelegt, die unsere Beweggründe und bestehende Krankheiten dokumentierten. Dann bekamen wir unsere weißen Gewänder und wurden voneinander getrennt. Es war uns strikt untersagt, körperlichen Kontakt zu haben. Männer und Frauen wurden getrennt. Mir zerriss es das Herz, als wir uns das letzte Mal anblickten. Es war dumm von mir, zu denken, dass ich einen Abschiedskuss innerhalb des Klosters bekommen könnte. Der Abschied war intensiv, da ich wusste, wir würden uns innerhalb des Klosters weiterentwickeln. Unser Plan, für 19 Tage dort zu bleiben, war gut durchdacht. Da jeder für sich dieses Erlebnis innerhalb der Reise vollzog, machten wir aus, dass wir uns in Chiang Mai treffen würden, sofern einer von uns frühzeitig rausgehen würde. Sämtliche Kommunikation innerhalb des Klosters war mit jedem untersagt, außer dem eigenen Lehrer.

Durch ein Gittertor ging ich auf mein kleines Haus zu. Mein Heim für die nächsten Tage war nicht größer als ein Gartenhaus. Als ich die Tür aufmachte und die zwei Stufen hinaufging, wurde mir zum ersten Mal bewusst, was es bedeutet, ein Mönch zu sein. Das Haus war genau drei Meter lang und zwei Meter breit. Es gab einen kleinen separaten Raum mit einem Klo und einer Dusche. Ausgestattet war mein Zimmer mit einer Matratze, die nicht dicker war als eine Liegenauflage, einem Ventilator und so etwas wie einer Kleiderstange. Die Matratze war sehr alt, durchgelegen und lag auf dem Boden. Die Nonne sagte, ich habe 45 Minuten Zeit zum Duschen, ehe wir in die Meditationskunst eingeführt wurden. Zugegeben, wir hatten eine Dusche bitternötig. Ich duschte extra kalt, um mich zu vergewissern, dass ich nicht träume. Ich packte meinen Rucksack in die Ecke und zog das Gewand an. Bereits in dem Willkommensschreiben stand geschrieben, dass wir einen Wecker mitbringen mussten und unbedingt weiße Unterwäsche tragen müssten. Dies war nötig, um die Nonnen und die Mönche nicht in Versuchung zu führen. Ein paar Tage zuvor waren wir in einem Laden einkaufen und suchten die passende Unterwäsche. Im gesamten Laden gab es keine Boxershorts. In Thailand gibt es wohl keine Boxershorts einfach so zu kaufen. Es war jetzt zugegeben kein besonders hochwertiger Laden, aber gar keine

Boxershorts? Das verwunderte mich doch sehr. Wir wussten nicht, wie streng diese Regeln waren, deshalb wollten wir typisch deutsch alles befolgen. Also griff ich zu Unterhosen, so richtige Opaschlüpfer. Die, die dir ordentlich am Sack zwicken. Ich schaute die Größe M an, sah irgendwie klein aus. „Hmm.", dachte ich. „Thailänder sind generell nicht so groß, vielleicht wäre es dann klug, ein paar Nummern größer zu nehmen?" Anprobieren ging leider auch eher schlecht als recht, also griff ich zu Größe L und verließ den Laden. Beim Anprobieren des Gewandes bereute ich es, L genommen zu haben. Ich konnte sie mit Mühe und Not gerade so über die Leiste ziehen. Meine Männlichkeit fühlte sich komplett unwohl. Es half ja nichts, immerhin war das Gewand sehr luftig und ich bekam so eine coole Stoffumhängetasche a lá Indiana Jones. Ich ging in Richtung des Haupthauses, wo die Rezeption lag. Manni war bereits da und schaute sich um. Ich sah ihr an, dass auch sie den ersten Eindruck deutlich unterschätzt hatte. Wir wurden abgeholt und in ein Gebetszimmer gebracht. Julia, die Nonne, die uns auch herumführte, bat uns, ein Kissen zu nehmen und uns auf die Knie zu setzen. Sie sagte, dass jedes Gebet mit der Ehrung Buddhas begann. Dies geschah immer in der gleichen Reihenfolge, drei Mal hintereinander führten wir die gleichen Bewegungen und Verbeugungen aus. Nach der Ehrung war es uns erst „gestattet", die Lehren des Buddha zu praktizieren. Die Meditationen wurden aufgeteilt in die gehende und die sitzende Meditation. Diese hatten auch exakt gleiche wiederkehrende Abläufe. Wir sollten diese innerhalb der Meditationszeiten alle 10 Minuten im Wechsel vollführen. Mit der Einweisung ging es dann zurück in die Häuser und wir wurden in unsere Meditation entlassen.

Da war ich alleine im Haus, in einem weißen Gewand und sollte einfach meditieren. Ich musste grinsen, es fühlte sich tatsächlich an wie der erste Tag auf einer Klassenfahrt. In dem Zimmer befand sich weiteres Infomaterial zum Leben als Mönch. Es gab einen Stundenplan und diverse Verhaltensregeln. Bevor ich anfing zu meditieren, wollte ich mir diese durchlesen, damit ich mich in keiner unangenehmen Situation wiederfand. Auf dem Stundenplan standen genau vier Dinge: Um 04:00 Uhr aufstehen, um 06:30 Uhr Frühstück, um 11:30 Uhr Mittagessen und um 22:00 Uhr Schlafenszeit. Das Gefühl der Klassenfahrt verflog so schnell wie es gekommen war. Eine leichte Panik, worauf ich mich eingelassen hatte, machte sich breit. Als nächstes stolperte ich über die Verhaltensregeln der Buddhisten. Es waren acht an der Zahl. Nichts Lebendes töten, nichts nehmen, was dir nicht gehört, keine Sexualität oder Romantik, nichts Falsches oder Schlechtes über jemanden sagen, keine Drogen oder Alkohol, keine feste Nahrung nach 12 Uhr, nicht fernsehen, tanzen, singen, Musik hören oder verschönernde Körperpflege nutzen und auf luxuriöse Betten und Sitzgelegenheiten verzichten. Das mit dem Bett fiel mir bereits auf, dachte ich. Hinzu kamen die normalen Verhaltensregeln der Meditierenden. Nicht sprechen, kein Sport, nicht liegen außer zu den vorgegebenen Zeiten, kein Stretchen, kein Yoga, etc. Im Grunde war das Einzige, was erlaubt war, das Spazierengehen. Ich wiederholte es mehrere Male, um es ganz zu verstehen. Solange ich nicht esse oder schlafe, sollte ich meditieren, außer in Pausen von zwanzig Minuten, die ich mir einteilen durfte, wenn es mit dem Meditieren „zu viel" wurde. Ich schluckte und atmete tief aus. Langsam begann ich, in der Theorie zu begreifen, was es bedeutete, als Mönch zu leben. Je mehr ich dies begriff, desto mehr Angst machte mir die Praxis. Es kostete mich viel Überwindung überhaupt anzufangen. Nicht nur, dass meine Gedanken um Manni kreisten, sondern fragte ich mich auch, ob ich es überhaupt für sinnvoll hielt. Immerhin würde ich meine Dämonen bewusst an einen Tisch bitten. Eben jene Dämonen, die ich seit der ersten Reise kontrollierte. Es fühlte sich so an, als würde ich wissen, dass es mich verletzen wird. Wie eine Thrombosespritze, die man sich selbst verabreichte. Es ist kein Moment des Zögerns, es ist eine Zeitspanne. Mal eine Sekunde, mal Minuten und manchmal sogar Jahre. Das Abreißen eines Pflasters ist die kürzeste Spanne, den inneren Schweinehund zu überwinden die Längste. Wie oft stand ich vor meinen Laufschuhen und bin am Ende doch auf dem Sofa gelandet.

In einem kleinen starken Moment raffte ich mich auf. Ich ging in die Stellung zu Ehren Buddhas, stand danach auf und versuchte, die ersten Schritte zu gehen. Um im Einklang mit dem Moment zu sein, war es unglaublich wichtig, alle Schritte unbedacht zu machen. Dies bedeutete, man musste gedankenleer sein. Das war der Teil, der mich am meisten Zeit kostete. Wann immer mich etwas aus der Meditation riss, musste man diese Ablenkung bewusst wahrnehmen. Bedeutet im Klartext, hörte ich einen Vogel piepsen, musste ich innehalten und das Geräusch dreimal bewusst wahrnehmen, ehe ich wieder in die Meditation eintauchte. Man stoppte also in der Bewegung und sagte in diesem Beispiel dreimal das Wort „Hören" in seinen Gedanken, ehe man weiter mit der Schrittfolge machte. Mein Kopf stand in meinem gesamten Leben noch nicht einmal still. Ich bin ein typischer „Overthinker". Wann immer ich versuchte, meinen ersten Schritt zu setzen, fühlte ich einen Windhauch, hörte ein Geräusch, berührte ein

Staubkorn oder bekam einen Gedanken in meinen Kopf. Bis zum Mittagessen vergingen geschlagene zwei Stunden, in denen ich mich nicht einen Zentimeter bewegte. Als mein Wecker klingelte, war ich mental total angeschlagen. Jeden Moment aktiv zu erleben, fühlte ich länger nicht in der Welt. Die Ablenkung, der wir uns heutzutage nicht mehr entziehen können, befindet sich überall. Wir verspüren keine Langeweile mehr, keinen wirklich bewussten Moment. Wann immer wir einen wunderbaren prägenden Moment erleben, ist das perfekte Foto interessanter als das Bewusstsein. Menschen stürzen sich in eine Welt, die in ein Display passt und vergessen dadurch die alten und gutgemeinten Ratschläge der Vergangenheit. In meiner Wahrnehmung dreht sich die Welt immer schneller und schneller und die meisten Menschen können sich darauf nicht einstellen. Möglicherweise ist dies eine Erklärung für eine Depression oder einen Burn-Out, doch die Erforschung überlasse ich anderen. Für mich ist es an Traurigkeit nicht zu überbieten, wenn ich an die Orte denke, die ich sah. Wie dort die Menschen reagierten und sich verhielten. Wie sie eine schöne Erinnerung gegen ein schnelles Like austauschten. Wie Menschen die Möglichkeit wahrnehmen, nach immer mehr Aufregung zu streben, anstatt das wertzuschätzen, was sie eigentlich haben. Die Gedanken überkamen mich in den Momenten, in denen ich diese zulassen durfte.

Mit meinem Essenstablett und dem Besteck streifte ich Richtung Ausgabe. Ich freute mich, Manni dort zu sehen. Es war die einzige Möglichkeit, um zu schauen, ob sie noch da war. Als ich sie dort stehen sah und ihre Augen mich anlächelten, ging mir mein Herz auf. Es war unglaublich, wie viel ein Augenpaar in einem solchen Moment zu sprechen vermag. Ihr ging es wie mir, sie war am Anfang ihrer

Realisation. Sie begriff wie ich, was es bedeutete, im Hier und Jetzt zu sein. Die Aufregung, das Neue, einfach sich von allem ein Bild zu machen. Es gab einen Eintopf mit ein wenig Gemüse und zwei kleine Bananen. Das Gefühl, Manni so nah zu sein und trotzdem nicht zu interagieren, war wie Licht und Schatten. Es war eine Wohltat und eine Bestrafung zugleich. Mit dem Eintopf ging ich zurück in meine Hütte. In der Ausgabe durften lediglich die Mönche essen. Wir waren alle eher Lehrlinge. Als ich mich in den Schneidersitz setzte und den Eintopf löffelte, war dieser bereits kalt. Ich aß ihn bis zum letzten Rest auf und schob auch die beiden Bananen hinterher. In meinem Kopf wusste ich, dass es die letzte Mahlzeit des heutigen Tages war. Danach machte ich den Abwasch und begab mich bis zum Abend in die Meditation. Als ich zu Bett ging, war es kurz vor 22 Uhr. Ich schaffte es zwei Mal durch den Raum und fragte mich, ob es ok sei, morgen mehr anzustreben. Immerhin lernte ich zu denken ohne wirklich zu denken.

Als mein Wecker klingelte, klebte die Auflage an meinem Rücken. Beim Aufrichten spürte ich meine Wirbel. Natürlich war ich es nicht gewohnt, auf dem harten Boden zu schlafen. Innerlich hatte ich auch keine große Lust, jetzt um 04:00 Uhr zu meditieren. Ich rieb mir die Augen und ging erstmal auf die Toilette, ehe ich mein Gewand anzog und mich in die Ehrungsposition begab. Der Schlaf aus dem Augenlid rieselte auf den Boden, als ich mich verbeugte. Ich fing an, meine Gedanken zu bereinigen und stolz darauf zu sein, dass ich aufgestanden war. In den anderen Häusern neben mir brannte Licht. Manchmal sah ich sie schemenhaft an ihrem Fenster vorbeiziehen, ehe ich meine Meditation deshalb stoppen musste. Ich begann, sehr langsam

Fortschritte zu machen und war bis zum Frühstück bereits einige Male durchs Zimmer gelaufen. Das Frühstück war exakt das gleiche Prozedere wie beim Mittag, mit dem Unterschied, dass ich Manni dort weniger sah. Der Himmel war zu dieser Zeit oftmals genau im Wechsel zwischen Tag und Nacht, was ihn in ein Rosa tunkte. Das Frühstück bestand aus einem Reiseintopf. Ähnlich wie beim Mittagessen war dieser bereits kalt, als ich ihn aß. Die Dankbarkeit über das Essen war trotzdem unglaublich. Wenn die Verfügbarkeit schwindet, ist man nicht mehr so wählerisch. Nach dem Essen begegnete ich zum ersten Mal einer tieferen Ebene meines Ichs. Was sich gestern anfühlte wie eine Klassenfahrt, war heute ein Kampf mit mir selbst. Wie ein kleiner Teufel schossen immer wieder Gedanken in meinen Kopf, die mich aus der Konzentration rissen. Dies war besonders in der sitzenden Meditation beim Ein- und Ausatmen zu spüren. Es schossen mir plötzlich vermissende Gedanken in den Kopf. Mal war es ein Gericht, mal war es eine Aktivität, mal ein Freund. Wie der Teufel wollte diese kleine Stimme mir verdeutlichen, dass ich hier nicht sein müsste. Was ich alles verpassen würde, was für Versuchungen dort auf mich warteten.

Gegen 10 Uhr hatte ich mein Gespräch mit meinem Lehrer. Es war weniger ein Gespräch als eine Bestandsaufnahme meiner Gefühle, Sorgen und Erlebnisse. Ich berichtete von meinen Erfahrungen, dem kleinen Teufel und von meinen Rückenschmerzen. Egal womit ich ihm begegnete, er erwiderte immer das Gleiche. Dass es wichtig sei, dass ich diese Dinge bewusst erfahre. Irgendwie reagierte ich besonders trotzig auf das, was ich erfuhr. Immerhin versuchte ich es ja seit Stunden. Ich wusste, dass Versuchen dem Denken gleichkommt und das wiederum kontraproduktiv ist. Irgendwie drehte ich mich im Kreis und hoffte auf eine Lösung, als würde ich gerne ins nächste Level eintauchen. Gleichzeitig wusste ich, dass diese Gedanken ihm das Gefühl geben, ich sei noch nicht soweit. Letztendlich warf das Gespräch mehr Fragen auf, als mir genommen wurden. Ich sollte nun die einzelnen Meditationen von zehn auf zwanzig Minuten strecken. Leicht fiel es mir nicht, danach nicht daran zu denken, dass ich nicht denken durfte. Der Dämon auf meiner Schulter nervte mich auch nur noch.

Ich beschloss daher, in die Meditationshalle zu gehen. Dort sah ich Manni und die anderen in einer leeren Halle auf und ab gehen. Ich konnte mir ein Grinsen nicht verkneifen, da ich das Gefühl hatte, wir könnten auch alle in einem Terroristencamp mit einer Gehirnwäsche versehen worden sein. Ich schnappte mir ein Kissen, stellte mir meinen Timer und wanderte los. Der Dämon wurde immer kleiner und bekam weniger Platz in meinem Kopf. Ich freundete mich mehr und mehr mit dem Meditieren an. Ich verdrängte die Zeit, gab ihr weniger Macht, wanderte auf und ab. Zwischenzeitlich lief ich zum nahegelegenen See, blickte aufs Wasser, blieb aber still. Es war, als wurde mir eine Sucht genommen. Die Sucht nach Ablenkung, die Sucht nach Elektronik, die Sucht nach Wissen. Je tiefer ich eintauchte, desto mehr war ich bei mir. Ich kam mit mir selbst in einen nie dagewesen Einklang. Es war ein vollkommen schönes und friedliches Gefühl, seinem Kopf eine Pause zu geben. Wann immer wir trainieren, gibt es Ruhephasen. Wann immer wir arbeiten, gibt es Raucherpausen. Wann immer wir interagieren, gibt es Phasen, in denen man alleine ist. Doch der Kopf bekommt nie eine Pause. Im Schlaf verarbeitet er. Am Tag nimmt er wahr. Doch dort, wo alles auf ein Minimum reduziert wird, bekam er seine Ruhe. Das erste Mal nach zweiunddreißig Jahren beruhigte er sich. Es war ungewohnt und auf eine Art auch beunruhigend. Wenn jemand in seinen Gedanken nur Trubel kennt, fällt ihm ein Moment des Nichtstuns schwer. Die Geräusche beim Meditieren bekamen auch einen anderen Klang. Wo ich gestern noch die Vögel zwitschern hörte, nahm ich diese nur noch selten wahr. Ich bemerkte sie auf einer anderen Ebene, als seien sie ein Teil der Meditation. Ein Teil meines Unterbewusstseins. Ich blieb weniger stehen, benötigte weniger Pausen und spürte das Gefühl, mir näherzukommen.

Die Mittagspause kam und ich ging sichtlich besser gelaunt zur Ausgabe. Ich sprach durch meine Augen mit Manni und sie spürte, dass ich anfing zu strahlen. Diesmal gab es Reis mit irgendeiner Sauce und Gemüse. Ich machte mir eine Portion auf das Tablett und ging zurück. Nach dem ersten Biss musste ich husten und spuckte es aus. Es war unglaublich scharf. Dazu sollte ich erwähnen, dass ich kein scharfes Essen vertrage. Selbst wenn ich auf ein Pfefferkorn beiße, kommen mir die Tränen. Ich versuchte zwei weitere Bisse, doch keine Chance. Der Reis war durch die Sauce ebenfalls ungenießbar. So stellte ich das Essen beiseite und war gefrustet. Nicht, du kannst mal eben etwas anderes holen gefrustet. Sondern tief, richtig im Mark erschüttert, gefrustet. Obwohl ich es nicht wollte, verspürte ich einen unglaublichen Hass auf den Koch. Dieses Gefühl war so unglaublich stark, trotz der banalen Sache. Mir war nicht bewusst, dass dieses Erlebnis im Tempel auch meine mentale Stärke so sehr strapazierte, dass ein bisschen vom scharfen Reis so etwas auslöst. Ich ließ die Wut zu und kam eine geschlagene Stunde nicht in die Meditation, ehe ich beschloss, spazieren zu gehen. Die Wut war unglaublich schwer zu bändigen. Mit dem Zulassen spürte ich dieses Ausmaß überhaupt, fragte mich, woher diese stammte und ob sie wirklich nur vom Essen kam. So schnell diese entstand, desto schneller verflog sie einfach. Es geschahen Dinge mit mir, die ich nicht deuten konnte. Eine intensive Wahrnehmung, eine tiefe Gefühlswelt, ein innerliches randalieren gegen meine Erfahrung. Als wüsste ich, dass ich mir selbst auf den Zahn fühlen würde. Bis zum Abend blieb diese innerliche Aufregung. Zwar meditierte ich fleißig weiter, machte aber kaum Fortschritte. Ich brach daher um 21:00 Uhr ab und ließ meine Gedanken ein wenig kreisen, ehe ich mich dreißig Minuten später hinlegte.

Der dritte Tag begann vielversprechend. Die Wut war verflogen. Ich hatte kaum Schmerzen und freute mich auf das Meditieren. Da ich versuchte, im Moment zu leben, nahm ich es ohne viel nachzudenken hin. Am meisten gefielen mir die Stunden vor dem Frühstück. Man war rein und unbefleckt, fast wie neu geboren. Ich mochte die Luft. Ich mochte das Dunkle. Ich fühlte mich wohl mit dem, was ich tat. Zudem kam, dass morgens weniger Ablenkungen in meine Gedanken kamen. Keine Vögel waren wach, kaum ein Gedanke festigte sich. Zum Frühstück gab es den gleichen Reiseeintopf wie am Tag zuvor. Erneut war er kalt, doch ich gewöhnte mich daran. Mein Magen, der sonst wunderbar randalierte auf dieser Reise, ließ die Veränderung nicht ohne Murren zu. Es verging kein Tag ohne Durchfall, egal was es gab. Doch es fühlte sich reinigend an. Als würden alte Laster meinen Körper verlassen. Das folgende Gespräch, ging über die Erfahrungen und den „du musst erfahren"-Teil. Der einzige Unterschied zu gestern war, dass ich die Meditation auf 30 Minuten strecken sollte.

Verwundert war ich, wie unglaublich fix die Zeit verging. Wie unglaublich tief ich in mein Unterbewusstsein eintauchte. Wie mich der Wecker aus der Trance riss. Es war tatsächlich bereits Zeit zum Mittagessen. Mit einem Grinsen ging ich hin, als ich Manni sah. Sie sah sehr gezeichnet aus. Sie litt, sie sah sehr gefordert aus. Ich biss mir richtig auf die Zunge, ehe ich an ihr vorbei ging. Es war die Hölle. Ich wollte ihr meine Schulter anbieten, sie einfach drücken. Ihr zu verstehen geben, dass ich da bin und ihre Gedanken teile. Dass ich sie verstehe, doch ich wusste, dass es ihre Reise war. Ich war nur ein Zaungast auf dem Weg zu ihrem innerlichen Ich. Sie kannte unseren Plan. Sie wusste, wenn es gar nicht mehr ging, wo sie auf mich warten sollte. Doch mein Herz ließ ich in diesem Moment bei ihr, bevor ich mich dem Essensproblem widmete. Ich probierte mit einem Löffel bereits, ob die Sauce zu scharf war. Natürlich war sie es. Also tat ich mir zwei Portionen Reis auf den Teller und gab viel Sojasauce darüber. Der dunkel gefärbte Reis lag trostlos vor mir. Ehe ich den Löffel wie eine Schaufel ansetzte und ihn mir in den Mund stopfte. Bewusst nahm ich einen großen Löffel, um den Magen schnell zum Dehnen zu bewegen. So erhoffte ich mir, dass ich länger gesättigt blieb. Der Plan ging auf, doch meine Euphorie war verflogen. Es beschäftigte mich, dass mein Partner litt. Irgendwie wollte ich zu ihr, ich schüttelte die Gedanken kaum noch ab. Zu allem Überfluss wurde mein Nachbar neben mir krank. Er hustete die gesamte Zeit, was mich wieder zurückwarf. Diesen Wettbewerbsgedanken konnte ich nicht gut ablegen. Es war, als würde ich Rückschritte machen, was mich demotivierte. Ich krüppelte mir einen zurecht, ignorierte das Husten und versuchte, im Fokus zu bleiben. Ich fragte mich die gesamte Zeit, ob mir dies irgendwann leichter fallen würde. Man durfte nicht nach Antworten suchen, sondern sollte alles akzeptieren und dennoch versuchte ich, mein Verhalten zu rechtfertigen. In der Nacht bekam ich auch meinen allerersten sexuellen Traum. Dieser war so intensiv, ohne die Ablenkung der Außenwelt, dass ich mich echt konzentrieren musste, mich nicht zu berühren.

Erschöpft wurde ich wach und fühlte mich direkt schlecht. Ich merkte, dass dieser Tag ein sehr schwerer werden würde. Meine Depression setzte langsam, aber sicher ein. Ich war beeindruckt, dass sie diese drei Tage brauchte, um zu realisieren, dass ich schutzlos war. Jeder Versuch fühlte sich einfach schwerer an. Als würde ich mehrere hundert Kilo wiegen. Es kostete mich unglaubliche Kraft, überhaupt das Bein zu heben, die Struktur einzuhalten und zu atmen. Ich kam auf dem tiefen Meeresgrund meines Ichs an. Umgeben von nichts außer Ängsten, die wie einzelne Fische an mir vorbeihuschten. In der kompletten Dunkelheit trieb ich umher. Mit aufgeblasenen Backen strich ich wie ein Brustschwimmer durch die Dunkelheit. Die einzelnen Blasen, die nach oben aufstiegen, verpufften innerhalb von Sekunden. Da war ich nun, offen, verletzlich und wartete auf die ersten Angriffe der Depression. Umgeben vom nichts, außer meinem dunklen Selbst, trieb ich umher. Ich versuchte, mit dem Meditieren weiterzumachen, doch ich brach in Tränen aus. Ich krümmte mich vor innerlicher Einsamkeit. Mit den letzten Kräften schaffte ich es in Richtung des Bettes. Ich rollte mich in Embryonal-Position ein und die Tränen liefen mir über die Nase. Die wildesten Gedanken schossen mir in den Schädel. *„Marc, ich glaube, deinem Vater ist gerade was passiert."* Was? Was sagt du da? *„Ja, du solltest dich schnell bei ihm melden,* *brich ab.*" Mit allen Mitteln versuchte meine innere Stimme, mich davon zu überzeugen, ihr nicht weiter auf den Grund zu gehen. Sie besser nicht weiter herauszufordern. Ich wusste, alles was ich jetzt hier erlebte, würde mal hundert multipliziert werden. Alles würde mich jetzt versuchen zu beeinflussen. Der klare Pfad war nun voll von Hindernissen und vielen Sackgassen. Es fiel mir unglaublich schwer, nicht das Handtuch zu werfen. Erstaunt darüber, wie süchtig mein Gehirn bereits nach den Informationen war. Dieses ständige Ablenken, mit dem wir immer und immer wieder konfrontiert werden. Es ist eine Sucht, die uns langsam, aber sicher schadet, doch bleibt sie unentdeckt. Für mich, der nicht so oft am Handy hängt, war dies bereits unglaublich fordernd. Wie ein Junkie sehnte ich mich nach dem nächsten Instagram-Reel. Nach irgendetwas, das mich nicht mit mir selbst arbeiten ließ. Die innerliche Stimme wurde stärker und stärker und versuchte, mich immer mit den wildesten Gedanken zu überzeugen. Erst waren Freunde und Familie betroffen, später sogar wirkliche Naturkatastrophen, die angeblich über meine Heimatstadt hinwegzogen. Der Wecker klingelte und zog mich aus dem Gedankensumpf. Bis zu diesem Signal hatte ich es nicht einmal geschafft, zu meditieren. Auf dem Weg zur Essensausgabe kam Manni mir entgegen. Meine Augen fragten sie, ob es scharf sei, sie reichte mir einen Löffel, ich starb. Mein Hass, als ich mir die Sojasauce über den Reis tröpfelte, schnürte mir die Kehle zu. Jeden Löffel schob ich in meinen Mund, während Tränen meine Wangen hinunterliefen. Wie verwöhnt wir doch alle sind, wenn man bedenkt, womit andere Leute glücklich sind. Ich schaute oft die Mönche an. Wie sie ganz langsam und bedacht durch den Tempel liefen. Mit einer besonderen Friedfertigkeit und einem besonderen Einklang. Die Bewunderung des inneren Lichts, welches sie ausstrahlen, war fast greifbar. Sie hatten das Leben verstanden, ich nicht. Nach dem Abwaschen machte ich mich auf in die Halle. Ich versuchte, Ablenkung bei der Gemeinschaft zu finden, was mir auch bis in die Abendstunden gelang. Doch die Depression übernahm langsam meinen Körper, so ging ich um 19 Uhr in mein Haus und lag nur noch herum.

Ich versuchte, am nächsten Tag mit meinem Lehrer zu sprechen. Ich berichtete über das Essen, meine Gefühlslage und meine Depression. Mir war bewusst, dass er sagen würde, ich müsse es erfahren. Zu meiner Überraschung reichte er mir einen Zettel. Ich wäre soweit. Verdutzt schaute ich ihn an, immerhin war ich gerade am Tiefpunkt, doch sein Blick gab mir zu verstehen, dass mein Weg der richtige sei. „The Five Hindrances", die fünf Hindernisse. Ein Zettel mit verschiedenen Bildern, die allesamt ein anderes Gefühl beschrieben. Abtrünnige Gedanken, Wut, Faulheit, Sorge und Zweifel. Eben jene Gefühle, denen ich gerade begegnete. Er entließ mich, ohne dass ich eine weitere Frage stellen durfte. Ich blickte auf den Zettel und sah mich. In jedem kleinen abstrakten Bild sah ich Marc, sah ich die Depression. Mir gab es unglaublichen Halt, zu wissen, dass ich mich auf dem richtigen Weg befand. Den Rest des Tages wehrte ich alle Gefühle ab, mit einem Blick auf diesen einen kleinen Zettel. Gerade einmal Din A4 groß gab er meinem Kopf eine unglaubliche Macht. Als die Sonne sich langsam senkte, atmete ich tief aus. Ich nutzte die Pause und schlenderte in Richtung des Sees. Es war, als hatte ich eine neue innere Stärke bekommen. Einen neuen Antrieb, aus dem ich viel Energie schöpfte. Doch fragte ich mich bereits, wie die Depression darauf reagieren wird. Womit sie mich überraschen würde. Doch an dem Abend blieb es still, keine Spur von ihr. Ich schlief ein. Ich hatte einen der härtesten Alpträume meines Lebens. Ich verarbeitete schon immer vieles in meinen Träumen, aber dies war anders. Ich sah Manni vor mir langlaufen. Voller Freude blickte sie mit einem Strahlen zurück, während ihre goldenen Haare sich im Sonnenlicht verfingen. Wir waren am Strand, er war menschenleer. Die leichten Wellen uferten aus. Die Brise hatte diesen wohlwollenden Geruch des Salzes. Sie griff meine Hand, wir lachten. Ich assoziierte es mit unserer Hochzeitsreise. Es fühlte sich frei an. So fühlte sich Freiheit an. Ich spürte meinen Rücken nicht, ich spürte meine Gedanken nicht. Ich ließ mich unbeschwert treiben im Fluss der Zeit. Ich nahm jedes Detail wahr, ihre Lippen, ihre Augen, selbst die einzelnen Muttermale, die sie auf ihrem Körper hatte. Es war nicht nur Freiheit, es war Ankommen. Bei ihr ankommen, bei uns ankommen, aber noch viel wichtiger ankommen bei mir. Ehe ich mich versah, schossen ihre Augen auf. Sie erschrak förmlich und als ich mich umdrehte, sah ich sie, die Welle der Dunkelheit, die auf uns zuraste. Sie zog mich mit und ehe ich zu Manni blickte und ihre Hand verlor, umschlug sie mich mehrfach. Kein Glück, keine Zufriedenheit war mehr da. Es war einfach leer. Ich prallte auf dem Sand auf, ehe ich mich versah lag ich dort. Ausgespuckt von meinen Gefühlen, ausgespuckt von meinen inneren Zweifeln. Ich richtete mich auf, ehe die Soße aus Sand und schwarzem Wasser von meiner Haarspitze glitt. Ich blickte mich um, das komplette Bild wandelte sich. Ich war allein. Kein Anzeichen einer Brise, kein Geruch, der unverkennbar in meine Nase kam. Nur ich, auf allen Vieren im Sand. Manni war weg. Nur die einzelnen Haare ihrer blonden Mähne waren schwarzgefärbt vor mir zu finden. Ich legte sie in meine Hand, blickte sie an, ehe ich erwachte.

Erschöpft, saß ich auf meinem Bett, es war kurz nach 3 Uhr. Ich atmete tief und um mich herum befand sich die Dunkelheit, die sich wie ein Umhang um meinen Hals legte. Das Herrschaftszeichen der Dunkelheit, mein persönliches Schicksal, mein größer Feind. Unglaubwürdig versuchte ich, alles zu rekonstruieren, doch eine Gewissheit blieb. Die Depression würde mir hier alles nehmen, was im Entferntesten mit Hoffnung zu tun hatte. Ich stand auf, ging ins Bad und ließ das warme Wasser über meine Schultern gleiten. Der Kreislauf beruhigte sich, die Atmung wurde flacher. Ohne nachzudenken suchte ich den Weg in die Meditation, diesmal als Halt. Bereits am vierten Tag war ich am Ende meiner Kräfte. Die Meditation fühlte sich an, als würde ich sie nicht persönlich ausführen. Als hätten die Dunkelheit und die Depression bereits die Kontrolle über mich. Wie in Trance verstrich der Tag, ich weiß nur noch die Bruchstücke des Alptraums, aber keine Details über den Tag. Ich weiß nicht, ob ich Manni sah, ich weiß nicht, ob ich was gegessen hatte, ich weiß nur, dass ich gefangen war in dem Kokon meiner Dunkelheit. Je mehr ich mich in ihm befand, desto mehr fühlte er sich an wie ein Freund. Wie ein Wegbegleiter, den ich über die Jahre immer mehr vergaß. Am Abend des vierten Tages beschloss ich, dass ich gehen musste. Ich glaubte nicht an die Kraft, die ich bis jetzt erreicht hatte. Ich hatte die Gewissheit, nicht stark genug zu sein. Noch nicht, nicht hier, nicht so. Ich teilte meine Entscheidung meinen Lehrern mit, ließ mich nicht davon abbringen. Es war ein Paradebeispiel der Beherrschung der Depression über mein Leben. Mir war bewusst, dass sie mich lenkte, doch diesen

Kampf verlor ich haushoch. Die Lehrer haben mir verboten, es Manni mitzuteilen, ich stimmte dennoch zu. Sie befand sich auf ihrer Reise und meine mangelnde Stärke durfte nicht die ihre werden. So bedankte ich mich bei allen Menschen, die mir diese Zeit ermöglichten, die mir ermöglichten, zu sehen, wie viel Dunkelheit trotz allem noch in mir herrschte. Sogar dem Koch, den ich so oft verfluchte, der sicherlich leckeres Essen zubereitete, winkte ich imaginär zu. Trotz des verlorenen Kampfes verließ ich das Kloster mit erhobenem Haupt. Es war für mich eine Identifikation, was mich auf der Reise meines Lebens und der bildlichen Reise noch erwarten würde.

Ich ging direkt über die Straße in das kleine Lokal auf der gegenüberliegenden Seite und fragte nach einem Zimmer. Mir war bewusst, ich musste nun alleine sein und wollte einfach nur in ein Bett. Sie boten mir eines an, ich nahm es, ohne auf den Preis zu gucken. Dort angekommen, warf ich meinen Rucksack in die Ecke und saß still auf dem Bett. Zwei Stunden saß ich regungslos da, alles überforderte mich. Das, was von mir abfiel, war der Verzicht, war der Konsum und jetzt, wo ich ihn wiederhatte, sehnte ich mich nach nichts Sehnlicherem als zurück in die Meditation zu gehen.

WANDEL
Benny Blanco, Halsey, Khalid - Eastside

Ich widerstand. Ich blieb einfach regungslos sitzen und verbrachte den Abend mit Musik. Obwohl ich gerade gegen einen Feind verloren hatte, fühlte ich doch eine neue Aufgabe in mir, einen neuen Weg, vielleicht sogar eine neue Bestimmung. Es waren keine 19 Tage, nicht einmal die Hälfte, sondern gerade mal ein Drittel. Doch ich hatte das Gefühl, dass ich etwas begriffen hatte. Mit dem gewonnen Kampf zog sich die Depression immer tiefer in mein Inneres zurück, bis ich sie nicht mehr spürte. Die größte Erkenntnis war, dass ich ihr Ausmaß einschätzen konnte. Ich gab ihr ein Gesicht, ich lernte sie kennen und wusste, woran ich zu arbeiten hatte. Doch auch die Erfahrung, mit mir alleine zu sein, änderte etwas. Es war, als wüsste ich, welche Schritte ich für mein zukünftiges Leben brauchte. Als sah ich bereits einen Weg hinaus aus der Dunkelheit, hin zu dem Traum, welchen ich verfolgte. So fuhr ich mit dem Tuk-Tuk am nächsten Tag nach Chiang Mai und fand ein Hotel, in dem ich mich einquartierte, bis Manni mit ihrem Aufenthalt fertig war. Die innere Sicherheit, die ich verspürte, brachte mich dazu, die Essensregeln weiterhin einzuhalten. Ich aß sogar nur einmal am Tag. Es entwickelte sich ein anderes Bewusstsein. Ich war dankbarer über das Leben und spürte es in den kleinsten Dingen. In jedem Geräusch, in den Menschen und in der Welt. Obwohl die Menschen sich nicht wandelten, tat ich es. Ich spürte in mir einen Einklang, der sich auch im Essen widerspiegelte. Das erste Mal seit Jahren hatte ich das Gefühl, dass ich auf meinen Hunger hören konnte, dass ich ihn wieder aktiv spürte. Vorher hatte mein Kopf eher das Verlangen zu essen. Ich aß, weil ich es wollte, nicht, weil ich hungrig war. Im Hotelzimmer fing ich an zu trainieren. Ich begann, zunächst ein Mal am Tag ein Workout zu machen und danach machte ich es viermal pro Tag. Mein gesamtes Erscheinungsbild im Spiegel war ein anderes. Natürlich nahm ich in den Tagen ein wenig ab, aber die Physik meines Körpers und mein Auftreten änderten sich. Ich strahlte von innen heraus.

Ich schrieb Manni eine Nachricht, welchen Weg sie nehmen müsste und wo ich war. Sie antwortete bald darauf, dass sie es nicht mehr aushielt und morgen zu mir kommen würde. Doch es tat sich nichts. Wie sie mir später schilderte, war sie extrem wütend an dem Tag. Sie wusste aber nicht, worauf und dies zog sich so lange, dass sie keinen anderen Ausweg mehr sah, als abzubrechen. Ihre Lehrerin, die Nonne Julia, sagte ihr, wenn sie am Morgen die gleichen Gefühle hätte, würde sie gehen dürfen. In der Nacht wandelte sich die Wut und sie gelang auf eine tiefere Ebene der Akzeptanz. Derweil schaute ich mir Chiang Mai an, aß meinen ersten Krokodil-Burger und schrieb die letzten Kapitel des ersten Buches. Direkt gegenüber war so ein kleines Hipster-Café für Asiaten. Während meiner Tage in diesem Café sah ich Leute mit Navis vorfahren, total gestylte Leute ein- und ausgehen. Die meisten machten ein Foto in einer Ecke oder tranken die in meinen Augen überteuerten Kaffees. Ich bestellte mir meistens einen Ingwer-Karotten-Saft, an dem ich ab und zu nippte, während ich meine Finger auf die Tasten legte. Chiang Mai war eine wunderbare lebendige Stadt, für mich kulturell gesehen die schönste auf unserer Reise. Doch so sehr ich es auch liebte, Zeit mit mir zu verbringen oder zu trainieren, so ertappte ich mich oft, wie ich auf mein Handy schaute, um eine Nachricht von Manni zu erhaschen. Reisen bedeutet auch Stillstand, den ich in dem Moment in Chiang Mai sehr genoss. Ich wagte mich oft ins Neue, ging in viele Bars und Restaurants, um einfach die Atmosphäre aufzusaugen. Am meisten faszinierte mich das Treiben auf dem abendlichen Streetmarket. Wann immer ich konnte, saß ich einfach nur auf einem orangen Klappstuhl mit einem Smoothie für 20 Baht und beobachte die Menschen. Einmal nahm ich mir abends verschiedene Fleischspieße mit und probierte mich zuhause durch. Da sie kein Englisch konnten und ich kein Thai, wusste ich nicht, was ich bestellte. Ich biss einfach genüsslich rein. Ein ovales Fleischstück empfand ich als besonders zäh und schaffte es nicht, es ganz aufzuessen. Die innere Füllung war mir auch zuwider, also legte ich es beiseite.

Als ich am nächsten Tag am Stand vorbeiging und zwei Ausländer diskutieren hörte, welches sie zum Probieren nehmen wollten, klangen sie leicht angewidert. Ich kam nicht drumherum, einfach zu fragen, welche Genüsse ich mir gestern Abend bestellte. Nun sagte einer der Beiden, manchmal wäre dort ein Verkäufer, der dir das beschreiben konnte. Ich erfuhr, dass es Tierinnereien waren. Ich dachte schon, dass es kein normales Fleisch sein konnte. Er deutete auf Hühnerherzen, Zungen, aber auch Genitalien. Mit dem Finger deutete ich auf die ovalen Teile und mit einem Lachen bekam ich die Antwort, dass dies Schweinehoden seien. In meinem Blick sah er direkt, dass ich die Erfahrung schon gemacht hatte und fragte trocken, wie sie gewesen waren. Tatsächlich lachte ich nur, und sagte „gefüllt". Wir drei lachten los und teilten ein Essen miteinander, ehe wir unserer Wege gingen.

Tag 19 brach an und Manni meldete, dass sie auf dem Weg zu mir sei. Ich wartete gespannt und voller Vorfreude, wann die Tür endlich aufgehen würde. Als es auf einmal klopfte, trat sie hinein. Zwischen uns lag eine Spannung aus Sehnsucht, Vermissen und Freude. Es begegneten sich mental aber auch zwei gewandelte Wesen. Uns schossen sofort Tränen in die Augen, ehe wir uns langsam annäherten und in einem tiefen Kuss und einer noch tieferen Umarmung endeten. Dieser Moment war so intensiv, dass ich ihn bis heute zwischen meinen Fingern spüren kann. Das Kribbeln, die Magie, das alles war elektrisierend. Diese Umarmung und diese Blicke waren die intensivsten Momente in unserer Beziehung. Es waren genau drei Momente, die dieses besondere Gefühl beschreiben. Als sie das erste Mal aus dem Bus stieg und ich sofort merkte, ich war verliebt, die Verlobung und der Moment im Hotelzimmer in Chiang Mai. Wir hatten offiziell eine neue Ebene in unserer Beziehung erreicht. Nicht durch den Wandel unserer Beziehung oder dem Miteinander. Sondern weil beide eine neue Stufe erreicht hatten in unserem Sein. Es war ein beindruckender Moment, ihre Aura zu spüren. Sie strahlte eine innere Zufriedenheit aus, die greifbar war. Sie wuchs und mit ihr auch das Wesen, welches sie umgab. Ich hatte einen großen Respekt vor den Tagen, die sie dort verbrachte und auch vor den Aufgaben, die sie noch bekam. Sie war rein und klar. Sie war Manni, aber irgendwie auch zu einem Teil weiterentwickelt. Vorsichtig versuchte ich, die Schritte auf ihr Wohlbefinden zuzugehen. Wir legten uns ins Bett und sprachen über die verschiedenen Phasen, die wir durchlebten. Was mich dazu bewegte, aus dem Tempel zu gehen und was sie dazu bewegte, dort zu bleiben. Irgendwann hörte ich ihren Magen knurren und fragte humorvoll, ob sie Lust auf eine Reissuppe hätte. Ich lachte und sie grinste zurück. Wir waren trotz der aufregenden Tage noch immer wir. Sie wollte unbedingt etwas anderes essen als Thaiessen. Also gingen wir los, suchten einen Mexikaner auf und bestellten uns zwei dicke Burritos. Beide schafften wir gerade einmal die Hälfte, doch es war wie eine Belohnung für unsere Mägen. Abends im Hotel überließ ich ihr die Wahl, ob wir am nächsten Tag etwas Actionreiches machen sollten, sie stimmte aber zu. Sie fiel schnell in einen erholsamen Schlaf, während ich noch ein bisschen Musik hörte.

Am nächsten Tag standen wir auf, packten unsere Sachen und riefen einen Uber, der uns zu einem Canyon-Wasserpark fuhr. Er beinhaltete alles, was das Kinderherz begehrte. Wie auf diversen aufblasbaren Schwimminseln wurde ein Riesen-Parkour errichtet mit Trampolinen, die direkt ins Wasser führten, Blobber-Kissen und einfach eine Menge Wasser. Wir hatten unglaublich Bock, loszulaufen und nach den ganzen Aufregungen endlich mal wieder alles auf uns einprasseln zu lassen. Wir ließen uns katapultieren, sprangen ins Wasser, jagten uns und waren endlich wieder diese starke Einheit. Was wir unterschätzten, war die Anstrengung die es kostete, sich auf die Attraktionen zu ziehen. Nach dreißig Minuten schnauften wir beide wie kleine Flusspferde, ehe wir uns eine Pause gönnten und einen Smoothie tranken. Es war eine gelungene Abwechslung, ehe wir Thailand für die letzten Wochen dankten und am Tag darauf den Nachtzug von Chiang Mai nach Bangkok zurücknehmen würden. Was wir auf der Hinfahrt nicht hinbekommen hatten, sollte zumindest jetzt etwas werden. Wir standen am Bahnhof und kauften noch zwei Schlafmasken. Eine von Captain America und eine von Spiderman. Diese würden wir nach der Reise an Mannis Neffen vererben. Der Zug selbst hatte einen besonderen Charme, er war sehr pragmatisch und weniger die kleine süße Dampflok aus meinen Vorstellungen. Obwohl wir in der zweiten Klasse Platz fanden, hatten wir zwei Betten übereinander. Der Schaffner baute diese im gesamten Zug eigenständig auf. Das obere Bett war kleiner und erinnerte an ein Klappbett, welches an einer Wand befestigt war. Da auch hier die Sicherheit eher kleingeschrieben wurde, waren die Rausfallnetze einfach Autoanschnaller. Einen gab es auf Kopfhöhe und einen auf Fußhöhe. Ich entschied mich, das obere Bett zu nehmen, damit Manni einen erholsameren Schlaf bekam. Leider schlief ich während der gesamten Zeit nicht ein. Ständig gab es irgendeine Lampe, die angemacht wurde, jemand unterhielt sich lauthals oder stolperte überall gegen. Natürlich wurde auch der Gedanke des Ausblicks obsolet, da der Zug dauerhaft erleuchtet war. Also sah man eher das eigene Spiegelbild als irgendetwas von der Natur.

Sichtlich gezeichnet kamen wir am nächsten Morgen in einer Gegend in Flughafennähe an. Die Gegend war alles andere als das uns bekannte Thailand. Tatsächlich wirkte alles eher wie ein kleines Ghetto. Ständig standen skurrile Gestalten in irgendwelchen Seitengassen herum. Sie blickten einen finster an, gingen sogar ein wenig hinter einem her. Manni wurde am helllichten Tag auf dem Markt sogar sehr aufdringlich angemacht. Wir fühlten uns sichtlich unwohl und waren froh, dass wir nur eine Nacht dortbleiben mussten, ehe wir den Flieger ins langersehnte Bali nehmen würden. Bali selbst war für Manni ein langersehnter Traum. Sie war durch und durch eine Sportskanone, besonders das Surfen hatte es ihr dabei richtig angetan. Schon einige Jahre zuvor surfte sie in den Niederlanden, in Portugal und an der Küste Frankreichs. Sie wurde zugleich meine Lehrerin in Thailand. Oftmals, wenn mir durch den Wellengang schlecht wurde, lehnte ich mich aufs Bord und blickte sie einfach an. Wie sie dort in den Horizont voller Sehnsucht startete, ehe sie mit weitaufgerissenen Augen versuchte, die nächste Welle zu erhaschen. Manchmal stand sie auf diesem Brett und grinste, während sie an mir vorbeischoss. In diesen kurzen Sekunden des Gleitens und des freien Falls war sie angekommen. Sie beschäftigte dort einzig und alleine ihre eigene Balance und die Spiegelung des Wassers. Wann immer ich sie sah, inspirierte sie mich durch ihre Leidenschaft. Es trieb mich oft an und erinnerte mich an etwas, das ich schon lange verloren hatte. Die Kunst, sportliche Aktivität zu mögen. In den Jahren meiner Depression, bekam ich oft genug den Hintern nicht hoch. Obwohl ich seit klein auf Sport machte, gab es diese innerliche Wand, die aufgetreten war, weil mein Kopf blockiert wurde. Was viele Menschen nicht begreifen können, ist, dass eine Depression dich lähmt. Wohlwissend, dass gewisse Aktivitäten, wie Freunde treffen, sich verausgaben oder eine gesunde Ernährung helfen würden. Es gibt da diesen inneren, großen Felsen vor der eigens geschaufelten Höhle. Wann immer man diesen berührt, raubt er einem die Kraft. Egal, wie stark du bist, diese Machtlosigkeit holt dich immer ein. Diese Leidenschaft verlor ich, weil ich mich verloren hatte. Ich war nicht mehr im Einklang von Kopf und Körper. Die Teufelsspirale war dabei aber, dass dich der Blick in den Spiegel zusätzlich demotiviert. So ernährst du deine Negativität von den immer wieder blockierenden Gedanken. Ich glaube fest daran, dass man seine Sterne ordnen kann. Dass man aus diesem Muster ausbrechen kann, doch auch ich habe bisher nicht den richtigen Schlüssel gefunden. Deshalb gefiel es mir umso mehr, Menschen in ihrer Wohlfühlzone zu erleben. Selbst der Anblick bestärkte mein Treiben nach diesem Schlüssel. Mir war egal, wie oft ich diesen Schlüssel an verschiedenen Türen ausprobieren musste, weil solche Momente mir Halt gaben. Sie ermutigten mich, selbst in der düstersten Stunde nicht meine Hoffnung zu verlieren.

Mannis Grinsen war unglaublich, als wir mit dem Flieger vom Rollfeld abhoben und Richtung Sonne flogen. In mir war dieses Gefühl als würden wir eine zweite Reise beginnen. Es war erneut ein neues Land mit anderen Verhaltensmustern. Ich denke, dass mir jedes neue Land eine neue Chance gibt, etwas für mich selbst mitzunehmen. Dieses kleine Etwas nährt meinen Kopf und füllt mein Herz. Nach einer kurzen Fahrt mit dem Uber erreichten wir das Arjuna Guest House. Eine kleine, mit Apartments ausgestattete Anlage, in der wir unsere Suite bezogen. Diese war komplett aus Holz gebaut und lag weit oben über den anderen. Die typische Balkontür zur Seite geschoben, erblickte man den wunderbar typischen balinesischer Charme. Da ich den Tempel noch nicht loslassen konnte und auch das Surfen mehr als probiert hatte, blieb ich oft für mich. Die kleine Arbeitsfläche am gegenüberliegenden Haus richtete ich mir in ein Freiluft-Büro ein. Auf der Terrasse überarbeitete ich mein Buch und schrieb die Danksagungen, ehe ich voller Stolz mein Endergebnis Manni präsentierte. In der Zeit, in der ich arbeitete, war Manni surfen oder schrieb selbst an ihrer Doktorarbeit. Dennoch ergab sich ein Zwiespalt in der Handlung. Manni wollte mehr Action und ich mehr Zeit für mich. Ich kam langsam an einen Punkt, an dem ich der Zukunft endlich Gestalt geben wollte. Mir war bewusst, dass ich die Depression ausmerzen musste.

Mir war bewusst, dass diese Hochzeit mehr Sicherheit verlangte und einen zusätzlichen Wandel erforderte. Daher arbeitete ich akribisch und behielt die Struktur mit dem Sport bei. Wann immer es uns möglich war, unternahmen wir etwas. Wir fügten erneute Dates ein und kamen mehr und mehr in eine Harmonie. Die Harmonie bedeutete mir unglaublich viel. Es war für mich ein Vorgeschmack auf die kommende Zukunft. Eine Zukunft, in der wir keine Fernbeziehung führen würden, eine, in der ich sie abends auch einfach mal auf dem Sofa antreffen würde. Kurzum ein Gefühl, wonach ich mich seit Beginn unserer Beziehung sehnte. Ich liebe Abenteuer und ich liebe es, Menschen den Freiraum zu lassen, doch ich wollte langsam das innerliche Ankommen erreichen. Ein Ankommen, das auch für meinen Kopf einen Stillstand bedeutete.

Nach zweieinhalb Monaten ließ uns die Wohnung nicht los. Randy schaffte es inzwischen, dass wir einen Kredit bekamen, auch ohne das Zutun ihres Vaters. Es gab nur ein einziges Problem, wir hatten vor dem Abflug niemandem eine Generalvollmacht hinterlassen. Gut, das ist eigentlich auch nicht üblich, bedeutete aber, wir mussten am 09.12. persönlich beim Notar erscheinen. Es gab für uns also noch genau drei Wochen. Die Reduzierung unserer Pläne machte uns aber keinesfalls traurig. Viel zu groß war die Vorfreude über den nächsten Schritt unserer Reise. Selbst Manni gefiel der Gedanke des Stillstehens. Wir machten also das, was wir inzwischen am besten konnten. Wir breiteten alle Elektronik aus und planten die nächsten drei Wochen. Wir würden noch für zehn Tage hierbleiben, das Hotel war eigentlich für noch länger gebucht, doch wir fanden schnell andere Reisende, die dort einzogen. Anschließend sollte es für eine Woche auf die Gili

Island gehen, ehe wir noch ein paar Tage in Bangkok shoppen würden. Immerhin stand Weihnachten vor der Tür und wir hatten viele unserer Liebsten länger nicht gesehen. Manni nahm noch jede Schnittwunde beim Surfen als bleibende Erinnerung an Bali mit. Ich genoss die Restaurants, in denen wir aßen, die so besonders waren, wie das Hipsterleben auf Bali generell. Einmal fanden wir uns einfach in einem Wohnzimmer eines älteren Ehepaars wieder. Während wir dasaßen und die Frau uns bekochte, guckte der Mann fern. An einem Klappstuhl gefesselt sog ich die Energie und das gute Essen auf. Das andere Mal aßen wir mit einem wunderbaren Blick über das Meer eine Pizza, die gar nicht nach Pizza schmeckte, ehe wir die Sonne den Horizont küssen sahen. Obwohl nur kurz beschrieben, zeigte mir Bali, dass es trotz des Trubels eine Heimat werden konnte. Mit der Beendigung meines ersten Buches ließ ich einen Teil meiner Geschichte zurück. Oben auf dem kleinen Holzstuhl, auf der großen Terrasse, wo ich saß und den Himmel über dem Berg erblickte. Bali zeigte mir auch, dass es richtig war, auf sich zu hören. Dass, wann immer ich für mich sein wollte, Manni mir diesen Raum gab. Wann immer ich etwas in mir bekämpfte, schaffte sie es, sich abzukoppeln, ihr eigenes Ding zu machen, ihre Gedanken zu fokussieren. Sie machte immense Fortschritte an ihrer Arbeit und noch phänomenalere Fortschritte beim Surfen. Sie zeigte mir stolz das Foto ihres Wellenritts, das ein Straßenfotograf von ihr geschossen hatte. Bali und Manni, das passte einfach unglaublich zusammen.

Ihr fiel der Abschied sichtlich schwerer, als wir Kurs auf Gili Trawangan nahmen. Die Gili-Inseln gelten als Paradies und sind bekannt für ihre Tauch- und Schnorchel-Spots. Insgesamt gibt es drei Inseln.

Die größte, Gili Trawangan, ist auch die belebteste und touristischste. Dort gibt es die meisten Hostels, die besten Restaurants und die meiste Bevölkerung. Auf allen Inseln gibt es keine Kraftfahrzeuge, also kann man sich nur mit dem Fahrrad fortbewegen, was den Inseln einen zusätzlichen Charme verleiht. Gili Meno ist die Insel mit den wenigsten Touristen. Das einzige Mal, als wir diese Insel besuchten, war bei Fahrten zu diversen Spots oder um die Schildkrötenauffangstation zu sehen. Gili Air gilt als Honeymoon-Insel, die Insel, auf der Paare am ehesten entspannen können. Die Inseln waren für mich eine Wohltat. Ich bekam eine innere Bestätigung, ohne dass ich eine suchte. Das Gefühl der Wärme durchströmte mich, wann immer ich die kleine schmale Passage zum Strand entlanglief. Die Momente an den Traumstränden, die Schildkröten, wie sie durchs Wasser glitten. Die Ausflüge und vor allem der Einklang mit Manni taten mir unglaublich gut. Es fühlte sich auf allen drei Inseln an wie ein wohlverdienter Urlaub meiner Gedanken. Eine Festigung meines inneren positiven Gefühls. Ein Strahlen aus der Ehrlichkeit des Momentums. Ich war wirklich bereit, in diesem Moment alles zu tun, um zu dem Bild meines gefestigten Traums zu gelangen. Ich schaute dieses Mädchen an und sah in ihr einen Teil meines späteren Familienalbums. Ein ungeschwärzter Kopf im Bild meines Lebens. Ich spürte eine Verbundenheit und eine tiefe Dankbarkeit. Eine Kraft, die unbändig war und vor allem eine Vorfreude auf zuhause. Ich lief häufig mit Musik in den Ohren über den Strand, fand meine innere Mitte und wusste, dass ich bereit war anzukommen. Nicht körperlich, sondern seelisch. Manni machte in der Zeit eine Erweiterung ihres Tauchscheins und berichtete abends im Bett stolz von ihren Kursen. So ewig mir die Zeit auf den Inseln vorkam, desto näher kam der Tag der Abreise. Es waren noch genau sechs Tage, ehe wir unsere Reise beendeten. Ich war stolz, dass ich aus einem Grund nach Hause flog, der besser nicht hätte sein können. Ich war bereit, ein Ehemann und Vater zu werden.

Nach einigen Shoppingtagen in Bangkok hob der Flieger dann Richtung Hannover ab. Wir entschieden, einige Tage früher zu fliegen aufgrund der Kosten und der Idee, meinen Bruder an seinem vierzigsten Geburtstag zu überraschen. Wie zwei Geheimagenten hielten wir den Kreis der Eingeweihten klein. Als wir dann am besagten Tag in die Bowlingalley kamen und ich ihn von hinten umarmte, war seine Freunde unglaublich groß. Er traute seinen Augen kaum. Für mich ein beindruckendes Gefühl, jemandem mit meiner puren Anwesenheit eine so große Freude zu bereiten. Da wir noch nicht in die Wohnung durften und dies erst nach der Überschreibung von den Vormietern gewollt war, schliefen wir vorerst bei meinen Schwiegereltern. In ihrem Haus hatten wir einen Keller für uns alleine. Ich erinnere mich an die ersten Tage. Tage, in denen ich alles, was ich lernte und alle Gedanken erstmal ordnen musste. Ich wollte auf keinen Fall in einen Reverse Culture Shock fallen. Wollte keine zu schnellen Schritte wagen, die die Depression weiter befeuern würden. Also blieb ich lange Zeit für mich, während Manni sich vertieft in die Doktorarbeit begab und sich nach einem Job umschaute. Wir genossen die Familienzeit, die bei Mannis Eltern immer besonders wertgeschätzt wurde. Als es dann zum Tag der Unterzeichnung kam und alles erledigt war, fielen wir uns in die Arme. Es war ein weiterer Schritt in die Richtung meines Traums, den ich nur verwirklichen konnte, da Manni an meiner Seite war. Diese Frau hatte einen so großen Antrieb nach dieser kurzen Zeit, dass ich mich echt wunderte, wo sie die Kraft herbekam. Alles, was zum Renovierungsstart noch fehlte, war die Unterschrift der Hausverwaltung. So warteten wir Tage, ehe wir die Hiobsbotschaft bekamen. Dadurch, dass die alte Hausverwaltung keinen gültigen Vertrag hatte, sah sie sich auch nicht in der Lage, die Unterschrift zu setzen. Bedeutete entweder, man würde eine neue Hausverwaltung finden oder es gäbe keine offizielle Bestätigung des Übertrags. Es blieb uns also nichts anderes übrig als zu warten.

Mir persönlich fiel es sehr schwer, die Gastfreundschaft meiner Schwiegereltern so zu strapazieren. Viel zu fremd war mir der Gedanke dieser heilen Familie. Viel zu sehr war ich mit mir selbst beschäftigt und versuchte, in die Spur zu kommen. Viel zu sehr keimte in mir der innere Druck auf, bezogen auf die Selbständigkeit und dem späteren Leben. Ich war gelähmt in meinen Handlungen und wusste nicht, wie ich es alleine schneller dort hinausschaffen würde. Also blieb mir nichts anderes übrig, als zu warten, bis die Zeit es zulassen würde, dass auch ich die nächsten Schritte gehen konnte. Diese Phase hielt, mit ein paar Ausnahmen, bis kurz nach Silvester an. Langsam keimte ein inneres Gefühl der Freude auf, langsam kam ich wieder im Hier und Jetzt an. Langsam begriff ich, welche enormen mentalen Anstrengungen es benötigte, um die Reise zu verarbeiten. Ich bemerkte aber auch, wie stark die Depression war, wie unglaublich lethargisch sie mich machte. In der Zeit konnte ich Manni kaum beiseitestehen. Ich konnte mich weder um die Kreditangelegenheiten kümmern, da ich auf dem Papier nichts damit zu tun hatte, noch konnte ich sie in den Fragen der Doktorarbeit unterstützen oder entscheidend bei der Dringlichkeit des Autokaufs beitragen. Sie fand nämlich zum Beginn des neuen Jahres eine Stelle als Kindertherapeutin und benötigte eines für die zu fahrende Strecke. Dadurch, dass ich nun seit einigen Monaten kaum ein Einkommen generierte, war ich hilflos. Obwohl ich wollte, war ich nicht mit dem ganzen Herzen dabei. Es lähmte mich. Ich kann gar nicht genau sagen, was es war. Der berufliche Werdegang, die Wohnsituation oder dass ich ihr in den Belangen kaum helfen konnte. Inzwischen war es bereits Februar, als ich die ersten positiven Zahlen schrieb und das erste Mal so langsam den Vertriebler ins Rollen brachte. Die Geschichten von Mannis Arbeit gaben ihr eine zusätzliche Belastung. Wenigstens in den Belangen konnte ich ihr zuhören und ihr bestmöglich beistehen. So dachte ich zumindest.

Eines Abends aus heiterem Himmel suchte sie das Gespräch und warf mir vor, ihr nicht beizustehen. Dass sie sich alleine fühle und nicht glaubte, dass wir die gleiche Zukunftsvision teilten. Der Streit und das Unverständnis waren so heftig, dass sie sogar mit der Faust mit voller Wucht auf den Tisch schlug. Ich erschrak, wusste nicht, wie mir geschah. Unsere Kommunikation war immer offen, sie war immer direkt, doch das wirkte nicht, als kam das einfach so aus dem Affekt heraus. Es baute sich auf und explodierte in einem Moment, wie ein Vulkanausbruch direkt in mein Gesicht. Wie gelähmt brannten sich die Worte ein. Ich teilte nicht die gleiche Zukunftsvision? Das glaubte ich nicht. Ich stand vor meinem Traum, vor dem, wonach ich, seitdem ich klein war, strebte. Mein Feuer dafür infrage zu stellen, war alles andere als wahr. Ich konnte ihr nicht helfen, wie ich es gerne wollte. Doch ich war da. Ich war da, wann immer sie mich brauchte. Wann immer es eine schwere Geschichte gab, hörte ich zu und nahm sie in den Arm. Wann immer sie eine Verspannung hatte, war ich der erste, der sie massierte. Wann immer ich etwas tun konnte, tat ich es. Das war meine volle Überzeugung. Sie fühlte sich in dem Moment allein und unverstanden, mit dem Berg des Drucks auf ihren Schultern. Es waren die Wohnung, die Arbeit, meine Phase und auch das Leben bei ihren Eltern, die uns dazu brachte, uns so zu streiten wie noch nie zuvor. In mir keimte ein Gefühl auf. Sie traute es mir nicht zu, dass ich unsere Wünsche wahrwerden lassen konnte. Wer sollte es ihr verübeln? Seit Wochen war ich ein Häufchen Elend. Stand neben mir wegen dem, was mir bewusst geworden war. Doch zwischen uns versuchte ich immer alles zu regeln, was zu regeln war. Es war viel mehr ihre Vorstellung, die nicht mehr mit mir matchte. Sie sah eine Version von mir, die ich noch nicht war. Sie gab mir das Gefühl, ungenügend zu sein. Jemand zu sein, der für seine Familie nicht alles geben kann. Das machte mich extrem wütend und verletzte mich zutiefst. Ich ging ihr die nächsten Tage aus dem Weg. Wir sprachen kaum ein Wort miteinander, was alles andere als leicht war, wenn man grade zusammen bei ihren Eltern wohnte. Ich bekam eine seelische Wunde dadurch, aber auch gleichzeitig einen Drang, es ihr zu beweisen. Doch trotzdem blieb diese Wunde bestehen. Zum ersten Mal spürte ich sie nicht neben mir oder an meiner Seite. Ich spürte sie von oben herab. Zum ersten Mal waren wir kein Team. Wir waren zwei fremde Personen in einer Beziehung, die vor großen Aufgaben standen. Ich wandelte meine innere Unruhe in eine Energie um. Ich konnte es nicht so stehen lassen, nicht so. Ich bin jemand, der für seine Träume kämpft und dennoch, dennoch blieb das Gefühl der Missverständnisse. Wie konnte ich mich so verbiegen, um sie noch glücklich zu machen? Wie konnte sie mich nicht so akzeptieren wie ich war?

Warum dieser Wandel, was war auf einmal passiert? Bis heute weiß ich nicht, was in der Zeit bei ihren Eltern geschah. So schnell dieser extrem tiefe Streit kam, desto schneller verstrich dieser auch. Am Ende blieb nichts über, außer meiner kleinen Wunde, die ich versuchte, in Arbeit und Kampf für unsere Beziehung zu vergessen.

Ende Februar kam endlich der erlösende Anruf, dass wir mit der Renovierung beginnen konnten. Endlich raus aus dem Trott, endlich wieder nur wir beide. Vom ersten Tag der Renovierung an gab ich alles, was ich hatte. Ich fuhr morgens früh in die Wohnung und war selten vor 20:00 Uhr zuhause. Ich hatte den Drang, so schnell wie möglich unser kleines Nest zu schaffen. Meine Termine und Telefonate erledigte ich entweder nebenbei oder abends. So gelang mir der aufreibende Spagat zwischen zwei Welten. Der farbbekleckerte, staubige Arbeiter und der Mann im Anzug. Mir tat die körperliche Arbeit gut, ich kam aus einer Handwerkerfamilie und war begabt, was einfache Handhabungen einer Renovierung betraf. Da wir unsere genauen Vorstellungen hatten, was wir alles wollten und die Wohnung eine klassische Wohnung aus den 70gern war, halfen sowohl Freunde als auch die Familie. Mein Vater, ihre Onkel und einige Freunde kamen vorbei und halfen uns tatkräftig. Es wurde die Heizung versetzt, der Boden komplett erneuert und die gesamten Wände verputzt, tapeziert und gestrichen. Während ich mit ihren Onkeln wunderbar klarkam, machte mir die Zeit mit ihrem Vater zu schaffen. Es mag seine Einstellung sein oder seine Erziehung, doch er ließ mich dauerhaft spüren, dass ich nicht der Schwiegersohn bin, den er sich vorstellte. Ich fragte mich in der Zeit oft, wieso er mir eigentlich seinen Segen gegeben hatte. Wir waren von Beginn an auf keiner gemeinsamen Welle unterwegs. Für ihn zählte Materielles mehr als der Charakter. Nach seiner Vorstellung wäre es besser gewesen, ich hätte ein Haus, ein dickes Auto und ein geregeltes Einkommen. Ich verstand ihn auch zum Teil, er wollte nur, dass seine Tochter es gut-hatte, doch war ich genau das Gegenteil. Meine Reife und mein Fort-schritt im Leben lagen in meinem Charakter, meiner Sichtweise und dem Wissen, dass ich meine Träume erreichte, egal was kam. Das war auch das, was seiner Tochter so guttat. Dass sie eine Verbindung spürte, die nie zuvor da war. Eine Tiefe, die kaum zu beschreiben war, und selbst wenn er es versuchen würde, könne er sie nicht verstehen. Es war wie Feuer und Wasser, Licht und Schatten. Ich bekam während des Umzugs einen Einblick in die Erziehung. Warum Manni so ver-bissen war, wieso sie so tickt. Für mich war alles eine Form des gerecht Werdens. Das Streben nach Anerkennung, das Aufopfern für einen Moment des Stolzes. Ein Funke der Zuneigung. Da ich es bereits auf-gab, ihm zu zeigen, was für einen Wert ich hatte, war ich zumindest frei von dem Gedanken eines guten Verhältnisses. Auf der Baustelle regte er sich auf, wann immer ich etwas tat, was nicht seiner Vorgabe entsprach. Dabei war es vollkommen egal, ob ich im Recht war oder nicht. Vernünftig erklären, war leider auch nicht möglich. Manni, die währenddessen bereits arbeitete, kam immer erst danach in die Woh-nung. Dieses Verhalten spitzte sich so zu, bis ich kurz vorm Platzen war. Die Verwandten bekamen dies mit und versuchten zu schlichten, selbst bei meinen Freunden vergriff er sich im Ton.

Ich sprach offen mit Manni darüber und erhoffte mir eine Vermitt-lung, die lange Zeit ausblieb. Erst als ich sie währenddessen beiseite zog und ihr sagte, dass ich ihm gleich eine verpassen würde, wenn er nochmal so mit mir redete, stellte sie sich auf meine Seite. Mir war bewusst, wie schwer es war, zwischen beiden Stühlen zu stehen. Dennoch war da die Gewissheit, dass ein Teil von ihr noch immer nach seiner Anerkennung strebte. Ich war darüber verwundert, wenn man mal bedenkt, was für ein Mensch Manni war. Einser-Abitur, Trainee of the Year, Bachelor mit einer Eins und jetzt das Medizinstudium sehr gut abgeschlossen. Bald würde sie Doktor sein. Sie konnte es vielleicht noch nicht fühlen, aber in meiner Welt waren dies ein unglaubliche Errungenschaften, auf die man stolz sein sollte. Von dem Menschlichen ganz abgesehen. Ich wechselte, um es nicht eskalieren zu lassen, kein Wort mehr mit ihm. Ich kann nicht meine Ehre und mein Selbstwertgefühl in den Keller sinken lassen, nur damit es keinen Konflikt gibt. Meinem Schwiegervater eine verpassen, konnte ich natürlich auch nicht. Als die letzten Handgriffe gemacht waren und der Umzug vollzogen war, war das Tischtuch zerschnitten. Ich lehnte Einladungen ab und fuhr für eine gewisse Zeit nicht mehr zu ihnen. Manni und die Onkel machten ihm klar, dass es an der Zeit wäre, mal über seinen Schatten zu springen. Als ich aufs Handy blickte und seine Nummer sah, konnte ich dennoch nicht rangehen. Ich wartete bis zu einer persönlichen Einladung, ehe er mich für ein Gespräch nach draußen bat. Er drehte sich eine Kippe, bevor er das Wort ergriff und sagte, dass er sich mal entschuldigen müsse. Dass er es nicht böse meinte, es ihm aber schwerfiel, Arbeit abzugeben und es ihm ebenso schwerfiel, Manni gehen zu lassen. Dass dies aber keineswegs gegen meine Person war oder er mich angreifen wollte. Dann noch ein leises, es täte ihm leid. Innerlich fiel mir die Kinnlade hinunter, da saß er, ein gestandener Mann und entwaffnete mich mit seinen Worten. Ich war bereit, in den Krieg zu ziehen, egal was es gekostet hätte. Doch von jetzt auf gleich schlossen wir Frieden. Er stand auf und drückte mich fest. Ich glaube, das war der erste Moment, in dem wir vollkommen auf Augenhöhe waren. Es war das einzige Mal, dass er mich als ebenbürtig wahrnahm. Mir war bewusst, dass ich das auch Manni und den Verwandten zu verdanken hatte. Doch was er sich erarbeitete, war mein Respekt. Fortan respektierte ich diesen Mann. Ich erfuhr später, dass dies wohl ein Novum war, dass er sowas noch nie gemacht hatte, und sah in Mannis Blick, dass auch sie sich das gewünscht hätte.

Die ersten Wochen in der neuen Wohnung waren pure Freude, langsam lebten wir uns ein, was für uns vollkommen neu war. Das Zusammenwohnen und das sesshaft werden, waren für uns bis dahin fremd. Für mich, da ich nie eine Heimat hatte, einen selbstgeschaffenen Ort, an dem ich komplett sein konnte und für Manni war es das erste Mal seit langem, dass sie in ihrer Heimatstadt länger als ein paar Wochen blieb. Obwohl es befremdlich wirkte, freundeten wir uns langsam, aber sicher mit allem an. Die einfachsten Dinge, wie das Kochen oder abends rumzublödeln, wurden für uns zu Highlights. Das Gefühl, nicht gut genug zu sein, blieb allerdings. Obwohl ich mich anstrengte und mein Leben lebte, sogar gutes Geld verdiente, waren dort einige Aspekte, die mir fehlten. Allem voran der mangelnde Zuspruch von der Person, die mich über alles liebte. Dies war im April bei einer großen Aussprache Thema. Ich fühlte mich nach wie vor nicht wertgeschätzt für die Dinge, die ich tat, obwohl ich bereits seit langem über meinen 100 % lief. Ich wusste nicht, was sie brauchte oder was ich tun sollte, was sie zufrieden stellte. So richtig verstand ich diesen Wandel und ihren Druck nicht, es war seit Anfang des

Jahres keine Leichtigkeit mehr zu spüren. Der Stress, den sie bekam, muss enorm gewesen sein, so dachte ich. Also hängte ich mich noch mehr ins Zeug. Ich versuchte, den kompletten Haushalt zu managen und alles so herzurichten, dass sie abends nach ihrer Arbeit bewusst den Freiraum nutzen konnte, um ihre Doktorarbeit zu verfeinern.

So zogen die Monate ins Land, wir lebten uns schnell ein, genossen Spieleabende und Geburtstage, veranstalteten die ein oder andere Party, ehe sich mein guter Freund Alex meldete. Es gäbe da eine Entwicklung in meinem Maklerverbund, das Team würde wohl geschlossen gehen. Ich schluckte. Genau jetzt, als die Sicherheit mein höchstes Gut war, genau jetzt, während die Hochzeit vor der Tür stand, musste ich eine Entscheidung treffen, die alles andere beeinflussen wird. Es dauerte eine Woche, bis ich die Nachricht verdaut hatte. Im Grunde genommen war meine Verbindung zum Maklerverbund zu 95 % aus meinem Team bestehend. Auf der anderen Seite musste ich maximal zukunftsorientiert handeln. Ich ging also mit einem Plan auf meinen Manager zu und sagte, wenn er mir garantieren könne, die Hochzeit notfalls zu retten, würde ich mich in die finanziell ungewisse Lage begeben und ihm die Treue halten. Wir gaben uns die Hand und ich teilte meinen Entschluss Manni mit. Obwohl sie die Familie des Maklerverbundes vermisste, sagte sie, sie würde mit mir kommen. Der Rosenkrieg begann und ich war der Leidtragende. Meine Gehaltsbezüge blieben aus, ich konnte die Miete an Manni nicht zahlen und musste in unserem Paris-Urlaub sehr auf das Geld achten. Dieses gesamte Konstrukt setzte mir ordentlich zu. Zum einen die Veränderung zwischen Manni und mir, die nicht deutbar war, zum anderen der Sprung ins Ungewisse. Zu diesem Zeitpunkt fühlte ich mich wirklich ungenügend. Ich glaubte nicht an mich, als hätte ich meine Muse verloren. Ich hoffte einfach nur, dass sich ihr Stress bald legen würde und wir wieder mehr Zeit miteinander hatten.

Im August hatten wir Besuch aus Hamburg und waren feiern, als mich Manni heranzog und mir ins Ohr flüsterte, es sei schon traurig, dass andere Leute mehr Aufmerksamkeit bekämen als sie. Nicht wissend, wie mir geschieht, verließ ich die Party. Seit geschlagenen acht Monaten riss ich mir den Arsch für sie auf. Seit dieser Zeit widerstand ich aller Negativität und jetzt warf sie mir das wieder an den Kopf? Ich schrie alles aus mir heraus, als sie mir hinterherlief. Sie war sehr betrunken, schaffte die Bahnfahrt kaum, ohne zu brechen. Doch mich ließ es nicht los, denn wenn man betrunken etwas sagt, ist immer etwas Wahres daran. Am Sonntag suchte sie nicht das Gespräch, ich schluckte alles runter, tat es als Momentaufnahme ab. Am Dienstag leuchtete ihre Nachricht auf, während ich auf dem Geburtstag meines besten Kumpels Kevin war. Ich las die Frage, ob wir mal reden könnten. „Na klar. Ich bin ja gerade bei Kevin, wie du weißt, aber morgen nach der Arbeit?" Sie fügte an, dass sie das von Samstag gerne nochmal besprechen würde, weil es noch in ihr wäre. Als wir am Mittwochabend auf der Couch saßen, sagte sie nur kurz und knapp, dass sie das nicht mehr könne. „Was nicht mehr können?", fragte ich, um Verständnis bemüht. Das könne sie mir nicht sagen, sie würde jetzt zu einer Freundin fahren und wir würden morgen sprechen. Verdutzt blieb ich alleine auf dem Sofa zurück. Am nächsten Morgen ein weiterer Text, in dem sie um einen weiteren Tag bat. Keine Erklärung, kein Hinweis. Freitag schrieb sie mir, ob wir heute reden könnten. Natürlich sagte ich zu und dass ich mir große Sorgen um sie machte.

Als ich später die Tür aufschloss, stand sie aufgelöst im Büro, begleitete mich ins Wohnzimmer. Wir setzten uns und sie sagte, dass sie Schluss macht.

Schmerz
Rihanna - Rehab

Ich zerbrach. Durch mich glitt ein Blitz, er war gebunden von Gefühlen. Schmerz, Trauer, Unverständnis, Liebe und Sehnsucht durchbohrten mich. Er spaltete alles, woran ich glaubte, woran ich festhielt, einfach alles, wofür ich stand. Meine Welt und meine Vorstellung wichen aus meinen Händen. Sämtliche Kraft schwand. Diese Worte nahmen mir meinen kompletten Lebenswillen. In mir zerbrachen sämtliche Böden, die mich sonst so wacker in den Seilen hielten. Wie dünne Zweige stürzte meine Überzeugung, meine Liebe und mein Glauben hinab. Ich hörte es knacken, ich spürte das schmerzvolle Holz, welches mich nicht auffangen konnte. Die positiven Gedanken, die mich stärkten, sie alle waren nicht stark genug. Nichts konnte mich halten, in dem freien Fall aus Wolke Sieben. Tiefer und tiefer schnitt sich diese Wunde in mein Herz, ihre Worte in meine Gedanken und vor allem der Schmerz in meine Seele. Ich schlug auf in einem Bett aus Dunkelheit. Eingebettet von tausend Dornen sah ich das kleine Licht der letzten hellen Wolke verschwinden. Alles, was eben noch mein sicherer Hafen war, war nun das Schlachtfeld meiner Seele. Nur der Gnadenstoß blieb aus. Ich wurde erdolcht von meiner eigenen Zuflucht. Verraten von meinem eigenen Teampartner, verlassen von der Liebe. Ein Geräusch machte sich bemerkbar, in der Ecke erhob sich ein Mann mit schwarzem Rabengefieder und schritt langsam auf mich zu. In seiner Hand ein Krückstock aus den Wurzeln eines Baumes. Sein Gesicht war faltig und seine Haut unrein, seine Bartstoppeln ungleichmäßig getrimmt. Selbst die Haare waren zerzaust und seine Zähne gelblich gefärbt. Er schritt mit einer Leichtigkeit des ewigen Wanderns auf mich zu. Ich kannte ihn, ich war ihm bereits begegnet. Ich richtete mich auf und wartete auf seine Ankunft.

Ein paar Zentimeter vor mir, blieb er stehen und setzte ein leichtes Lächeln auf. Er erhob seine tiefe, raue Stimme und sagte: „Willkommen zurück." Er war mir vertraut, er war schon früher für mich da, doch ich erinnerte mich nicht an ihn. Nur das Gefühl eines alten Bekannten umschlang mein Herz. „Du weißt nicht, wer ich bin, stimmt's?", richtete er erneut das Wort in meine Richtung, als habe er meine Gedanken gelesen. „Nein.", antwortete ich kurz und knapp. „Nun, das wundert mich nicht, die Erinnerung ist über die letzten Jahre deutlich verblasst und doch bleibe ich immer ein Teil von dir. Du kannst mich verdrängen, mich leugnen, du kannst dir selbst etwas vormachen, doch ich begleite dich schon eine sehr lange Zeit und weiß, wer du wirklich bist." „Mir ist bewusst, dass ich dich kenne, aber mir fehlen sämtliche Erinnerungen.", erwiderte ich. „Das, was du suchst, liegt nicht in deinen Erinnerungen. Diese sind nur Abbilder der Gefühle, die du in dir spürst. Der Kopf malt die Bilder, doch das Herz füllt sie. Ist dir mal aufgefallen, dass du dich mehr an wunderbare Dinge erinnerst, als an die negativen? Das ist der Trick dabei, der Kopf, der uns schützt, manipuliert uns, damit das Herz nicht heilen kann. Das was übrigbleibt, bin ich", entgegnete er. „Und du bist?", fragte ich prompt. „Ich bin der Schmerz. Jener Schmerz, den du über die Jahre vergessen hast, der dich angetrieben hat und der immer für dich da war, wann immer du ihn zugelassen hast." Mit einem Satz nach vorne, sprang ich in seine Arme und begrüßte ihn wie einen alten Freund. Ich drückte ihn mit all der Kraft, die ich besaß, während die Tränen meine Augen füllten. „Komm mit.", sagte er und wir gingen in Richtung der Dunkelheit, „Wann immer dir etwas widerfahren ist, war ich da. Bei Mama und auch bei Nils fing ich dich auf und auch jetzt werde ich da sein."

Wir setzten uns auf eine alte befleckte Matratze und blickten auf mehrere Bildschirme, die schmerzvolle Erinnerungen von mir zeigten. Die Verluste meiner Großeltern, die vielen Beerdigungen in den jungen Jahren, die vielen Menschen, die ich auf dem Weg verlor. Eine Abfolge von unglaublich schmerzhaften Dingen, die alle ein Teil von mir waren. Die ich begrüßte wie alte Freunde, wie ebenjenen Schmerz, der neben mir saß. „Du bist hier, weil du weißt, was kommt, oder?", fragte ich. „Nein.", sagte er, „Ich bin hier, weil ich nicht erahnen kann, was als nächstes mit dir passiert. Ich kenne dich und ich kenne deine Stärke aus den letzten Jahren und genau die macht mir Angst. Wo Licht ist, ist auch immer Schatten. Je heller du strahlst, desto tiefer der Abgrund, in dem du landen kannst. Das hier ist nur ein Zwischenstopp auf dem Leidensweg, der dich noch erwarten wird. Du kennst dieses Ausmaß nicht, in der dich diese Situation bringen wird, aber lass dir gesagt sein, ich bin da. Das Schmerzhafteste im Leben, wie du weißt, ist nicht eine gebrochene Nase oder ein Schnitt in die Haut, sondern mit anzusehen, wie Leute, mit den du Erinnerungen schufst, selbst zu welchen werden. Das, was in uns stirbt, während wir noch leben, ist, wie du weißt, noch hundertmal schlimmer, mein alter Freund."

Ich schwieg, war überfordert, begriff aber die Notwendigkeit. Wäre ich jetzt nicht hier, wüsste ich nicht, was wäre. Dann wüsste ich nicht, ob ich überhaupt noch etwas fühlen könnte oder jemals wieder. Ich begann in diesem Moment, den Schmerz wieder als rettendes Kissen zu sehen. Ich vertraute ihm und lauschte wie ein Schüler den weisen Worten seines Lehrmeisters. Ich musste ihm nicht direkt antworten, immerhin war er ein Teil von mir und ich ein Teil von ihm. Er fuhr fort: „Jemandem das Herz zu brechen, geht weit tiefer als du es dir ausmalen kannst, weiter als wir verstehen. Es zerbricht deine Wahrnehmung von Liebe, dein Vertrauen in deine Gefühle, foltert deine Gedanken, beschädigt deine Seele, zerreißt dein Selbstwertgefühl und hinterlässt einen Trümmerhaufen. Doch das schlimmste von allem ist, dass es sich sogar noch einmal unterscheidet von dem Tod eines Menschen. Stirbt eine Person, dann hat man keinerlei Hoffnung, sieht diesen Menschen nicht weiterleben. Der Schmerz ist klar definiert. Doch jetzt hat dein Herz keinen klaren Schlussstrich, weil es nicht gleichmäßig gebrochen ist. Einer leidet immer mehr, einer bekommt sein stures Herz und seine Liebe nicht nach unzähligen Stunden geschlossen und dieser Schmerz, Marc, der wirkt anders. Ich möchte nur, dass du weißt, dass ich in den nächsten Wochen dein Begleiter bin, ein weiteres Mal kannst du dich auf mich verlassen, glaub an dich."

Mit dem öffnen meiner Augen fand ich mich im Wohnzimmer wieder, mein Hintern auf das braune Sofa gepresst. Ich blickte sie an, sah in eine Kälte und einen Selbstschutz, der befremdlich wirkte. Keine Träne, keine Wärme, kein Moment der Wertschätzung. Das war nicht die Manni, die ich kannte. Nicht die Manni, die ich lieben lernte. Sie wusste, wenn sie diesen Schutz nicht wahren würde, würde sie einen Rückzieher machen. Doch bei mir kam nur diese Kälte an. Dieser Mensch, den ich nicht kannte, der unsere Versprechen und Geschichten gerade aufgab. „Okay.", sagte ich leise, kurz darauf ein kleines

„Warum?" Ihr fehle die Nähe zu mir und sie warf mir mangelnden Antrieb beim Erreichen unserer Zukunftsziele vor. In mir schrie es, ich verstand es nicht. Mir fehlte die Nähe doch auch, seit Monaten, seit dem Streit im Februar und davor, versuchte ich doch krampfhaft, für sie da zu sein. Ich versuchte, allem Druck zu widerstehen, auch dem, den sie mir auferlegte und der sich so unglaublich schwer anfühlte. Ich nahm mich doch sogar zurück, um sie in der vermeintlich schweren Phase zu unterstützen. Wollte mir Zeit schaffen, schaffte sie für uns, trotz der Wohnung, der Arbeit und dem Haushalt. Trotz meiner Freunde und trotz ihres Rucksacks. Ich limitierte unsere Zeit, um ihr Freiheit zu geben, in einer Phase, in der sie sie benötigte, nur um jetzt so die Quittung zu bekommen? Ich verstand es nicht, seit Monaten wollte ich Zeit zu zweit, seit Monaten riss ich mir den Arsch für uns und vor allem für sie auf. Ich machte uns Essen, gab ihr Mealprep für den nächsten Tag mit auf die Arbeit, hielt die Wohnung instand und das alles trotz meiner Jobs. Trotz des Gedankens der neuen GmbH, trotz unserer Hochzeit. Sie zog sich mehr und mehr zurück und jetzt hatte ich endlich einen triftigen Grund dafür, es war nicht die Arbeit, es war nicht die Wohnung, es waren ihre Zweifel an uns. Ihre Zweifel an mir und der Druck, der auf ihr lastete. Mangelnder Antrieb bei unseren Zukunftszielen? Ich hatte zwei und kurz darauf drei Jobs, hatte alles mit der Hochzeit geklärt und war trotzdem da. Ich stimmte mit ihren Plänen überein, nicht lange verlobt zu sein, schnell zu heiraten und dem Kinderwunsch nachzugehen. Ich stimmte mit jedem Plan überein, weil ich es mir vorstellen konnte. Das Einzige, das ich dazu brauchte, war das alte Team. Sie an meiner Seite und nicht bemutternd über mir. Meine Gedanken kreisten so wild umher, dass ich kaum ein Wort herausbrachte.

Der Selbstschutz meiner Seele wurde sofort aktiviert und fragte nur das nötigste. „Gibt es einen anderen?", sie verneinte es. Ich ring mit meinen Worten und versuchte, so klar wie möglich zu sprechen. „Ich kann es nicht glauben, das sind doch alles Dinge, die nicht so schwer wiegen. Das können nicht alle Gründe sein, dass du ein Jahr Verlobung wegwirfst, drei Jahre Beziehung und sechszehn Jahre Freundschaft?" Sie schwieg. Sie saß mir gegenüber und schwieg. Es fühlte sich an, als wäre sie komplett abgeklärt. Als hätte sie dieses Szenario mehrmals geplant. Als wäre unsere Zeit wertlos. Sie zweifle schon länger, seit Anfang des Jahres. Mich traf das Messer mitten ins Herz. Seit Anfang des Jahres bedeutete seit mehr als acht Monaten. Mir schossen die Gedanken nur so in den Kopf. Wir fragten unsere Trauzeugen und Moderatoren, sie suchte sich ihr Kleid aus. Wir überlegten, wohin die Hochzeitsreise gehen sollte, buchten die Location, besprachen alles mit dem Fotografen. Wir kauften diese Wohnung, in der mein Herzblut steckte. Wir feierten Geburtstage als wäre nichts gewesen und in der Zeit soll das alles schon dagewesen sein? In der Zeit, in der ich keine Veränderung merkte, soll es immer schlimmer geworden sein? Ich traute meinen Ohren nicht, acht Monate, in denen ich so dermaßen um uns kämpfte, über mich hinauswuchs. Das soll alles eine Fassade gewesen sein? Ein Schauspiel oder ein innerlicher Kampf, der so stark war, dass sie ihn nun verliere?

Ich kniff in meinen Oberschenkel, um zu wissen, ob dies wirklich echt war, doch es änderte nichts. Ich hatte die gleiche verheulte Sicht, sah den gleichen vollkommen fremden Menschen und erstarrte. Der Selbstschutz sprach aus mir. „Nun, da du es alles so rüberbringen kannst, als hättest du einen Plan, wie soll das Ganze denn weitergehen?" Ich deutete mit meinem Blick auf die Wohnung. „Du kannst erst einmal bis zum Ende des Monats hierbleiben, ich bin im Familienurlaub und schlafe so lange bei meinen Eltern. Ich würde dich bitten, dich am nächsten Donnerstag noch einmal mit mir zu treffen, um die harten Fakten zu klären." Das nächste Messer traf genau in mein Herz, diese Weite, diese Planung, damit kam ich nicht klar. Mit jedem Schmerz, mit jedem noch so kleinen Wort, zertrümmerte sie mein Herz auf die brutalste Art und Weise. Ich flüchtete und sagte beim Aufstehen, dass wenn ich nun aus dieser Tür gehe, dass es endgültig wäre. Sie nickte nur. Ich stand auf und ging, ohne einen weiteren Blick oder ein weiteres Wort. Dies erinnerte mich an ein Zitat aus meinem Lieblingsliebesfilm. *„Wie kann man die Person ansehen, die man liebt und sich selbst sagen, es ist Zeit zu gehen?"* In Trance ging ich die Treppen hinunter. Ich wusste nicht, was mir widerfuhr. Alles, was ich konnte, war einen Kumpel anrufen und u fragen, ob ich vorbeikommen darf. Als ich die Zündung betätigte, wurde mir im nächsten Moment klar, dass alle Erfahrungen und Kleinigkeiten nun zu Erinnerungen werden, die langsam verblassten. Die Art und Weise, wie sie ausrastete, wenn man ihre Füße kitzelt. Die Anordnung ihrer Muttermale auf dem Körper. Die Farbe ihrer Augen, ihr Geruch, die Gespräche, selbst die Momente, wenn ich sie bei den Gesellschaftsspielen aufregte. Die Momente mit ihrer Familie und ihren Neffen, wie ich sie aufwachsen sah. Das Essen ihrer Mutter und die Diskussionen über das Thema Kirche. Das Schnarchen ihres Vaters, wenn wir unbedingt seinen Actionfilm schauen mussten, den er nach zehn Minuten nur noch vor seinem inneren Auge sah. All dies waren Momente, die ich mit dem

Moment des Verlassens hinter mir ließ. Es war nicht nur verbrannte Erde und Asche, die bleib, es lag ein großes Stück meines Herzens in den Trümmern und ein Lebenstraum, den ich mit ihr begrub.

Die Tür sprang auf und ich Denni direkt in die Arme. Aylin und Denni sind ein Paar, das man nur schwer vergleichen kann. Oftmals sitze ich einfach nur da und höre ihre liebevollen Diskussionen, während ich mir vorkomme wie der Redakteur von RTL. Doch in Momenten, wo es ihnen schlecht geht, geben sie sich Halt auf eine Art und Weise, die mir zeigt, dass sie das Potenzial haben, für immer zu scheinen. Ihre Liebe merkt man in dem kleinsten Ärgern, bis hin zu den vertrautesten Momenten und das ist in meiner Welt der Schlüssel, um meine Behauptung zu untermauern. Hinzu kommt, dass sie unglaubliche Kraft versprühen, die ich mit dem Moment verspürte, als sich unsere Blicke trafen. Da saßen wir draußen auf dem Balkon, in einer sommerlichen Nacht und ich schüttete alles aus, was in mir war, nur um direkt von einer Liebe und Wertschätzung aufgefangen zu werden, die ich in Dankbarkeit kaum ausdrücken kann. Der Rest und auch meine Worte aus dieser Nacht waren schwammig. Ich weiß nicht, wann ich nach Hause fuhr oder wie ich parkte. Ich weiß nur noch, wie ich die Tür aufgeschlossen habe und in die leere Wohnung ging. Wie ich sie zum hundertsten Mal betrat und wie sich genau dieses Mal alles so dunkel anfühlte. Wie ich in diesen Flur schaute und sich kein Gefühl des Ankommens breitmachte. Keine Lebendigkeit war zu spüren, keine Freude. Ich warf den Schlüssel auf den Schrank und zog mich aus. Warf mich ungeduscht ins Bett. Ich rollte mich auf ihre Seite und atmete den Duft ein. Ich stellte mir bildlich vor, wie ich neben ihr aufwachen würde. Die Schockstarre hielt mich davon ab zu weinen.

Ich war einfach gefangen zwischen dem Schmerz und der Hoffnung, alles würde wieder normal werden. Ich schrieb meiner besten Freundin Jeni, lud mich selbst zum Frühstück ein. Ich sagte meinem Bruder, dass ich Sonntag vorbeikäme und sagte meiner Ziehmutter, was passiert war, ehe ich mir Musik anmachte und langsam durch die Wohnung strich. Es wirkte als wäre jede Wand eine Leinwand, die meine Sehnsüchte der vergangenen Zeit zeigte. Die besten Momente mit ihr aus der Schulzeit, die besten und schönsten Momente unserer Beziehung, die Verlobung und auch die Reise. Stunden vergingen, in denen ich antriebslos umherging. In denen ich aus dem Fenster schaute und das Flackern der Äste vor der Laterne wahrnahm, während mir leise die Tränen über die Augen liefen. Ich sprach kein Wort, beachtete keine Nachrichten, ehe ich mich ins Bett legte. Ich schlief einen unruhigen Schlaf, wachte alle paar Minuten auf, in der meine Hand sie vergebens auf ihrem Platz suchte. Jedes Mal zog sich mein Körper zusammen, als ich spürte, dass sie nie wieder einen Platz neben mir finden würde.

Am nächsten Morgen erwachte ich mit dem ersten Blick auf den leeren Platz. Die Wohnung wurde mehr und mehr zu einem Folterinstrument. Obwohl ich genügend Angebote hatte, bei jemandem zu übernachten, hielten mich Hoffnung und Schmerz gleichermaßen in ihr. Ich fuhr in Richtung Jeni, sprach mir im Auto immer Mut zu, dass ich nicht weinen würde. Doch mit dem Öffnen der Tür und dem Kreuzen unserer Blicke brachen alle Dämme. Ich schilderte das gesamte Gespräch, bekam viel Mut und fuhr wieder. Durch die Shuffle-Funktion meines Handys ertönte auf der Landstraße ein Lied, welches ich mit ihr verband. Meine tränengefüllten Augen sahen einen

Baum. Für einen Gedankenblitz, für einen kurzen Moment der Eingebung, war ich bereit, nach rechts zu lenken. Für diese Millisekunde wollte ich nicht mehr leben. Ich wollte dem ganzen Leid ein Ende setzen. Nicht weil ich keine Träume hatte, nicht weil ich keine Hoffnung hatte, sondern weil meine Seele müde war von dem gesamten Leidensweg, den ich durchlebte. Im Rückspiegel sah ich nur den alten Mann mit dem Krückstock seinen Kopf schütteln. Er gab mir zu verstehen, dass dies nicht der richtige Weg sei. Vielleicht sagte er mir auch, dass es nicht jetzt und nicht hier passieren wird. Vielleicht erinnerte er mich auch an das, was ich noch erleben werde. Im gleichen Moment war er auch wieder verschwunden. Die Bilder meiner Freunde schossen mir durch den Kopf. Ich sah die Bilder meines Bruders, sah das Bild von Sanni. Ich konnte es nicht, ich konnte nicht nach rechts lenken und es beenden. Ich wollte nicht, ich war stark und hatte noch so viel vor. So viel Einzigartiges zu erleben, so viel zu entdecken. So viel zu geben und so viel Gutes in mir.

Ich hielt im nächsten Ort an und weinte bitterlich los. Ich schlug mit der Faust auf das Lenkrad. Es waren so viel Emotionen in diesen Schlägen. Gefühle des Unverständnisses, Gefühle der Trauer, aber auch Gefühle der Wut. Wut auf das Leben, Wut auf einen Gott und Wut auf Manni. Ich fuhr direkt weiter zu Sanni, auch da war es ein ähnliches Bild. Ich klingelte, die Tür ging auf und ich weinte. Ich weinte so bitterlich, dass ich nicht mehr sagen konnte, was Rotz und was Wasser war. Nachdem ich auch ihr die Geschichte erzählte, sagte sie nur, dass es das Beste sei, wenn ich sofort aus dieser Wohnung rauskäme. Sannis Herz, Sannis Mamainstinkt, widersprach man nicht. Man wusste einfach, dass sie Recht hatte. Ich bat sie um eine weitere

Nacht, denn die Hoffnung sprach aus mir. Das sture Herz, der Dickkopf. Wenigstens dort waren sich Kopf und Herz in diesem Moment einig. Den Rest des Tages verbrachte ich auf dem Sofa bei Sanni. Abends raffte ich mich auf und fuhr zurück in die Wohnung. Es war das gleiche gewohnte Bild. Die dunklen Dämonen verbreiteten ihre Kälte in den Wänden der einzelnen Räume. Es wirkte alles tot, als würde sich die komplette Wohnung meinem Gemüt anpassen. Als wurde ihr diese Strahlkraft genommen, als starb ihre Schönheit mit meinem Traum, hier einmal mein Erstgeborenes zu halten. Ich machte mir Netflix an, schaute einfach irgendwas und schlief irgendwann ein.

Die größte Angst hatte ich vor dem Treffen mit meinem Bruder. Benni war nicht nur Vorbild und großer Bruder, nicht nur mein bester Freund, sondern auch Leidensgenosse in allen Belangen. Als er mir aufmachte, weinte er schon. Er konnte nur erahnen, wie es mir ging. Er drückte mich eine halbe Ewigkeit. Wir standen unten vor der Einfahrt und ich wusste, er spürte meinen tiefen Schmerz. Er wusste, welche Hoffnung ich in meine Vorstellung legte, wie tief dieser Traum verankert war und wie sich Schmerz anfühlte. Dieser Moment erinnerte mich an den Abschied kurz vor meiner ersten Weltreise, als wir uns auch verstanden, ohne wirkliche Worte zu sprechen. Als wir losließen und zum Frühstück hoch gingen, sah mich Käthe an, die Freundin meines Bruders, und ihr Blick verriet mir, dass sie mich auch noch nie so verletzt sah. Ich denke, besonders nach der ersten Reise, bei der ich so viel realisierte, wandelte ich mich. Ich bekomme aus meinem näheren Umfeld oft zu hören, dass ich vom rastlosen Jungen zu einem reiferen Mann wurde. Dass es mir gelang, meinen Fokus auf die wesentlichen Dinge zu richten. Dass ich lernte, dass ich auch gut alleine klarkomme. Dass es mir Spaß macht, durch die Welt zu gehen, ohne den schweren Rucksack der Vergangenheit. Dass dies nur ein weiterer Rückschlag, eine neue Erkenntnis, auf meinem Weg zu meinem Glück sein würde, war mir bewusst, wenn auch noch nicht in diesem Moment. Doch ich glaubte fest daran, dass es bessere Tage geben würde. Bessere Tage voller Freude, bessere Tage voller Glück und voller Liebe. Nach dem Frühstück fuhr ich direkt zu meinem besten Freund, erzählte die Story und bekam ein weiteres Mal Unverständnis. Jede Person, die Manni kannte, verstand es genauso wenig wie ich. Obwohl ich versuchte, ihre Seite zu sehen, fehlten mir so viele Details, so viele Fragen schwirrten in meinem Kopf. Selbst Außenstehende, die sie nicht persönlich kannten, ausgebildet waren in der Psychologie verstanden ihr Handeln nicht.

Mit unglaublich vielen Meinungen und noch mehr Trost fand ich mich abends im Gästezimmer bei Sanni wieder. Alles, was in meinem Kopf herumschwirrte, sagte mir, dass ich schnellstmöglich ausziehen sollte. Ich rief Jeni an und wir packten am nächsten Tag meine Klamotten ein. Mir fiel es unglaublich schwer, jeden noch so kleinsten Besitz in einen Karton zu packen. Erst die Anziehsachen, dann die Bücher, am Ende die Ordner. Beim Öffnen der Schranktür im Büro sah ich sie. Die kleine Schatulle des Rings. Ich weiß nicht, welche Nummer dieses Messer hatte, das mir mitten durch die Brust glitt. Es muss das tausendste gewesen sein. Mein Herz war nicht existent. Doch meine Augen knipsten ein innerliches Foto, welches mir seitdem jede Nacht vor dem Einschlafen vorgespielt wurde. Da war er, der Ring, das Symbol. Mein greifbarer Traum lag lieblos im Schrank. Der Hass wuchs, nicht auf die Entscheidung, sondern auf die Art und Weise.

Ich schluckte, während Jeni mich hilflos ansah. In keinem Moment meines Lebens bemühte ich mich so sehr um Beherrschung, nicht alles kurz und klein zuhauen. Ich erinnerte mich an das Skypen mit ihrer Schwester, als ich sie um Hilfe bat. Der Ring war wellenförmig und trug den Stein eingebettet in der Mitte. Es war eine Hommage an ihre Leidenschaft zum Surfen. Es sollte ihre Nähe zum Meer ausdrücken, ein Gefühl der Freiheit. Doch wurde es eine Fessel für sie und ein Horrorfilm für mich. Ich packte ihn mit allem, was dazugehörte, in die Verpackung, reichte ihn Jeni und sagte: „Kümmere dich bitte darum, gib mir irgendwann einfach das Geld." Diese Worte aus Selbstschutz und Kampf nahm sie hin. Jeni und ich verstehen uns oft blind. Wir hatten eine Freundschaft, bei der unser Schweigen meist mehr Verständnis zeigte als jedes gesprochene Wort. Nachdem ich die Kartons bewusst im Flur platzierte, fuhr ich wieder. Ich wollte, dass sie die sah. Dass sie sieht, was sie tut, was es für uns bedeutet. Sie sollte in eine kleine Schockstarre verfallen. Ich wusste, sie würde dieses Symbol verstehen. Zweifel daran, dass sie weiß, was sie tut, hatte ich nie. Was ich aber wusste, war, dass es keine Entscheidung aus mangelnder Liebe war. Es war auch keine Gewohnheit, kein Muster, es war ihr einfach zu viel, das gesamte Leben, das gesamte wir.

Ich musste beruflich am Donnerstag nach Bielefeld, dadurch legten wir unser Gespräch bereits auf Dienstag. Mit einem Zettel in der Hand kauerte ich auf dem Sofa. Mein Herz schlug mir bis zum Hals. Ich war gerade im Bad, als die Tür aufging. Sie trat einen Schritt hinein, sah die Kartons und erstarrte zu einem Eisblock. Es zeigte genau die Wirkung, die ich erzielen wollte. Wir schauten uns ein paar Sekunden an, ehe wir uns Richtung des Wohnzimmers begaben. Wir setzten uns. Ich blickte mit Tränen in den Augen in genau das kalte Gesicht, welches vor fünf Tagen alles beendete. Ich versuchte, mich zu sammeln, versteckte mich hinter meinem Zettel, ehe ich das Wort ergriff. Ich wollte einige Richtlinien klären, die ein vernünftiges Gespräch möglich machen sollten. Ausreden lassen, wenn jemand nicht mehr kann, warten wir einen Moment etc. Sie nickte nur. Obwohl ich diese Frage nicht stellen wollte, stürmte sie aus mir heraus: „Ist es endgültig?" Mit hoffnungsvollem Blick schaute ich sie an, hoffte auf eine erlösende Antwort. Doch es hallte ein stumpfes „Ja" durch meine Ohren. Ich schluckte, atmete einige Minuten ein und aus, ehe ich den Mut fand, ihr zu ihren Trennungsgründen meine Meinung zu sagen, dass es für alles Lösungsansätze gäbe, doch vergeblich. Sie zerschmetterte alle Hoffnungen mit wenigen Worten, sodass ich durchatmete und sagte, dass wir noch einige harte Fakten zu klären hatten. Ich drehte den Zettel um, es waren genau drei Themen: die Hochzeit, die Wohnung und dass ich ihr Makler war.

Wir fingen mit dem Hochzeitsthema an, leise stotterte ich vor mich hin, dass ich annehme, dass jeder seine Hochzeitsgäste informieren würde, was sie zugleich bejahte. Dann bat ich sie, da ich nicht in der Lage sei, bei der Location anzurufen. Sie habe es schon getan, meinte sie, es kämen Stornokosten auf uns zu in Höhe der Anzahlung und eine kleine Extragebühr. Das tausendundeinste Messer bohrte sich ins Herz und drückte mich in die Dunkelheit. Wie kann man so schnell in einen Modus verfallen, in dem man direkt funktioniert? In dem man direkt alle Eventualitäten abklären kann? Wie herzlos kann ein Mensch sein? Ich schluckte ein weiteres Mal. „Das zahle ich nicht.", sagte ich leise, „Manni, beim besten Willen, wie könnte ich? Ich möchte dich heiraten, nach wie vor, möchte, dass wir unser ausgemaltes Leben feiern." Sie sagte, dass es kein Problem sei, sie würde zahlen. Ich fühlte mich so betäubt, dass ich froh war, die Hand des Schmerzes auf meiner Schulter zu wissen. Der alte Mann wich wirklich nicht von meiner Seite. Er kämpfte wie ein Damm, um den Schmerz zurückzuhalten, sammelte die Bruchstücke meines Herzens auf und begleitete mich in den Selbstschutz. Ich funktionierte, klapperte Frage für Frage ab, ehe ich bei der letzten angekommen war, die das Thema Hochzeit beinhaltet hat. Die Hochzeit, auf der wir nächsten Monat eingeladen waren. Da unterbrach sie mich direkt und sagte, sie habe mit dem Brautpaar bereits gesprochen und sie überließe es mir, ob ich oder sie hingehen würde. Das tausendzweite Messer. Für mich war es nicht einmal endgültig, für mich gab es noch Hoffnung und so viele Leute wussten bereits, dass es für mich kein Zurück mehr gab. Alle wussten es, außer ich und mein Herz. Mit aufgerissenen Augen schaute ich sie an: „Manni, beim besten Willen und so lieb ich die beiden habe, meint du, ich kann ihnen dabei zuschauen, wie sie das Glück leben, welches mir gerade genommen wurde?" Ich würde das klären, meinte ich. Bereits nach dem ersten Thema, merkte ich wie tief diese Verletzungen in meiner Seele gehen werden, schon jetzt schnappte ich nach Luft, war ausgelaugt. Ich konnte keinen klaren Gedanken fassen, keinen Moment etwas anderes fühlen als diesen Schmerz.

Ich sprach das Wohnungsthema an. Wie sie sehen würde, habe ich bereits gepackt, alles was sie finden würde, könne oder wolle ich nicht mitnehmen. Das würde auch ungefähr mit der Balance unserer Ausgaben hinkommen. Morgen wäre ich aus der Wohnung weg, dann könnte sie dort in Ruhe weiterleben. Sie nickte dies ab. Das letzte Thema war mein Maklerstatus. Ich betreute sie, ihre Eltern und einige Freunde von ihr, natürlich müsste ich aus finanzieller Sicht wissen, wie ich damit verfahren sollte. „Ich möchte gerne in die Struktur zu Xy wechseln und würde gerne meine Tante und meine Eltern mitnehmen, dem Rest selbst überlassen, ob sie gehen wollen." Messer Tausenddrei. Dieser Plan konnte nicht erst in den letzten Tagen gereift sein, der war so ausgereift, so durchdacht, dass ich mich wirklich fragte, ab wann sie mich verarscht hatte. Wann ihr der nächste Oscar verliehen werden würde, für das Jonglieren mit meinen Gefühlen. Dass wir einmal an diesem Punkt stehen würden, hätte ich im Leben nicht gedacht. Es gab für mich nicht einmal die Perspektive, dass es so enden könnte. Mit dem Ring gab ich ihr ein Versprechen und ich hätte es im Leben niemals gebrochen. Immerhin war sie meine Frau. Erneut atmete ich nach diesem Dolchstoß durch. Es tat so weh, dass ich kurz davor war, ohnmächtig zu werden, das Bewusstsein zu verlieren, hätten meine Ohren nicht eine weitere Frage vernommen, was mit dem Geld auf dem Gemeinschaftskonto sei. Ich gab es ihr, um einen kleinen Teil der Stornogebühren fairerweise zu übernehmen.

Als alles gesagt war und die Stille eintrat, schaute ich sie an. Noch einmal in das Gesicht, welches morgens neben mir erwachte, mit dem ich abends einschlief. Das Gesicht, das ich liebte, zwischen beiden Händen zu halten und zu küssen. Das Gesicht, in dem sich ein Lächeln formte, das mein Herz zum Springen brachte. „Manni, ich möchte dich ein letztes Mal küssen, sowas wie ein Abschiedskuss." Sie nickte, ich zog sie zu mir und legte alles in diesen Kuss, was ich fühlte. Alles Positive, das ich noch in mir trug, war auf meine

Lippen konzentriert. Beim Absetzen sah ich, wie eine Träne über ihr Gesicht lief. Ein Zeichen, dass ihr Herz noch für mich schlug unter dem Mantel aus Selbstschutz. Ich drückte ihr einen Kuss auf die Stirn, so wie ich es häufig machte, um ihr zu zeigen, dass alles gut werden wird. Wir standen danach aufgelöst auf und gingen gemeinsam zum Auto, ehe ich davonfuhr. So endete meine Beziehung, so fühlte es sich an, wenn man Jahre investiert hatte, um sich etwas aufzubauen. So fühlte sich das Gefühl an, wenn man das Schiff des sicheren Hafens verpasste und einem nichts anderes übrigbleibt als traurig am Steg zu bleiben und zu winken, ehe das Schiff am Horizont verschwand.

Am Tag darauf half mir Jeni beim Einladen meiner Kartons. Mein Besitz reduzierte sich auf zwei Autoladungen, die ich zu meinem Bruder fuhr. Das Gästezimmer war für mich bereitgemacht worden. Dankbar blickte ich es einen Moment lang an, auch wenn ich wusste, dass dies ein derber Einschnitt in meinem Leben darstellte, war ich froh, zu wissen, dass jemand für mich da war. Sobald wir die Kartons ins Wohnzimmer brachten, fuhr ich zurück in die Wohnung. Ich schnappte mir meinen Laptop und fing an, den Abschiedsbrief zu schreiben. Auch wenn ich es nicht wollte, auch nur bedingt konnte, wollte ich doch für mich die Worte loswerden, die meine Dankbarkeit für die Jahre ausdrückten. Wie so oft konnte ich kaum die richtigen Worte finden. Das geschieht immer dann, wenn ich etwas schreiben muss, was ich eigentlich nicht verfassen möchte. Wenn ich mich zwingen muss zu funktionieren, anstatt die Kreativität von mir Besitz ergreifen zu lassen. Ich schloss die Augen und bat, wie so häufig in Momenten der Krise, nach einem Zeichen. Etwas, das mir helfen würde zu verstehen, mich leitet, mir Kraft gibt. Tatsächlich hörte ich ein lautes Krachen in dem Moment, als vor meinen Augen auf dem Innenhof eine starke große Eiche wegbrach. Ich traute meinen Augen nicht, da brach der Baum unter einer Riesenlast und schoss zu Boden. Verdutzt rannte ich in die Loggia, er richtete zum Glück keinen großen Schaden an, doch wusste ich den Schritt zu deuten. Ich begann den Brief so, wie das erste Geschenk, welches ich ihr zu Weihnachten schenkte. Es sollten auch die ersten Sätze meines Gelübdes werden, welches ich im Geheimen schrieb. Es war eine reine Danksagung an einen Menschen, dem ich unglaublich viel zu verdanken hatte. Am Ende schenkte ich ihr ein Kapitel, welches ihr noch einmal deutlich machen sollte, was sie als Person für mich bedeutete. Es war ein harter Kampf, die frische Wut und das Unverständnis so sehr im Zaun zu halten, dass dieser Brief durchweg positiv blieb. Ich legte ihn auf die Anrichte im Schlafzimmer, ehe ich ein letztes Mal durch die Wohnung schlich, begleitet von den kurzen und intensiven Momenten, die wir erlebten. Von dem ersten Handgriff der Wohnung bis hin zum letzten Blick aus dem Fenster speicherte ich alles in meine imaginäre Festplatte. Zu dem Brief legte ich eine kleine Pokémonkarte aus meiner Sammlung, das surfende Pikachu, welches ich ihr versprochen hatte. Ich machte meinen Hausschlüssel ab und legte ihn auf den Küchentisch. Lediglich der Briefkastenschlüssel für die Post blieb, wie abgesprochen, in meiner Tasche. Ich zog die Tür zu und schloss damit das gesamte Kapitel, welches wir teilten. Ich beendete jeden kleinsten und feinen Moment unserer Vergangenheit, da ich wusste, dass es ab jetzt niemals mehr so einen Kontakt geben würde. Mit dem letzten Schritt der Treppe gab ich der Vergangenheit einen letzten Kuss. Ich warf mich Zuhause aufs Sofa in völliger Bewegungsunfähigkeit. Es kam mir vor als lief meine Seele untrainiert einen Marathon. Jede Sekunde kämpfte ich gegen den Drang an, auf ihren WhatsApp-Chat zu gehen. Jede Millisekunde hoffte ich auf eine Antwort, die abends tatsächlich eintraf. Ein kleiner Dreizeiler, der sich bedankte. Der mir sagte, dass er nicht wisse, ob ich eine Antwort darauf bekäme und eine Frage. Das tausendvierte Messer. „Marc, wo ist denn der Briefkastenschlüssel?"

ABSCHIED
Papa Roach - Help

Ich blendete alles um mich herum aus. Das Plätschern des Wassers, das Gefühl der Kälte. Seit zwanzig Minuten trieb ich umher. Manchmal, wenn ich zu nah an den Rand kam, gab ich mir einen kleinen Push, um wieder in die Mitte zu kommen. Es war, als hörte das Karussell in meinem Kopf auf, sich zu drehen. Zumindest für einen kurzen Moment. Die überdimensionale Uhr, zu der ich ab und zu sah, tickte mit jeder Sekunde erbarmungslos weiter. Doch mein Kopf blieb still. Es war eine dunkle, aber dafür reine und ehrliche Stille. Alle um mich herum hatten Spaß. Überall hörte man das Lachen, den Aufprall auf Wasser. Ich fragte mich lediglich, warum es mich überhaupt aushielt. Ich war vierzehn und im Freibad. Ich lag auf einer dieser Schaumstoffmatten, die man sich ausleihen durfte. Ich mochte es, eins zu werden mit der Oberfläche. In diesem Moment war es so, als gäbe es nur mich und die Bewegungen des Wassers. Es hatte für mich etwas Therapeutisches, es brachte mich in einen Einklang.

Wieso meine Erinnerung gerade dieses Gefühl in meinen Kopf rief, verstand ich nicht. Generell war ich nicht zurechnungsfähig. Ich schlief seit nun drei Tagen gar nicht mehr. Vielleicht war diese Art des Treibens tiefer. Es fühlte sich an, als treibe diese Schaumstoffmatte einfach in einem Meer aus Dunkelheit. Ein Meer, das so weit reicht, dass selbst die Ozeane wie Pfützen erscheinen. Ein Meer, welches kein Wasser als Substanz hat, sondern Negativität. Ich selbst war auch nicht ganz. Ich war das, was von mir übrigblieb. Das Chaos meiner Selbst. Das Bruchstück, welches funktionierte, denn fühlen konnte ich nichts. Ich wusste nicht, welches Teil von mir dort trieb. War es der lebende oder der tote Teil? War es das letzte Klammern an den Glauben, dass es auch für mich noch eine Bestimmung gab? Mich überkam so viel, war ich so weit gekommen, nur um doch wieder in diesem vertrauten Meer angekommen zu sein. Das Meer und ich waren über die Jahre gute Freunde geworden. Wie eine Hassliebe fand ich mich regelmäßig in seinen Armen wieder. Es war wie ein All-Inclusive-Urlaub im schlechtesten Hotel dieser Erde. Trotzdem besuchte ich es immer dann, wenn mich eine Depression überkam. Bei Verlusten blieb ich länger, ähnlich wie eine Reise mit einem Backpack. Dieses Hotel habe ich mit aufgebaut und trotzdem würde ich in der Google-Bewertung lediglich sagen: „Sehr gut, ein Stern." Obwohl ich wusste, auch andere Leute besuchten dieses Hotel der Hölle, war es doch einzigartig. Es war eine schöne Metapher, um seinen Tiefpunkt der Emotionalität zu beschreiben und dennoch lernte ich, auf ihm zu segeln. Ich hatte keine andere Wahl, als mich durch die meterhohen Wellen leiten zu lassen, dem Sturm zu trotzen, um hoffentlich bald wieder das sehnsüchtige Land zu erreichen. Dort am rettenden Ufer lag er, mein letzter Faden, mein Lebenswille.

Meine Augen öffneten sich. Sie waren wund und es bildete sich eine Kruste in meinen Augenlidern. Jede Berührung fügte mir Schmerzen zu. Ich blickte auf die weiße Decke im Wohnzimmer von Sanni, dort lag ich seit Tagen nahezu teilnahmslos. Der abgeranzte, alte Mann, der meinen Schmerz verkörperte, schlich in seinem dunklen Gewand durch das Wohnzimmer. Er schaute sich alte Bilder in der Vitrine an. Das Foto meines Abiballs. Das Gruppenfoto von der Hochzeit mit Nils. Reden mussten wir nicht, wir waren eins. Er kannte meine

Gedanken auch ohne Worte. Ich spürte nichts, ich trieb einfach nur herum, mein Kopf drehte sich. Ich vermutete, dass er ein großer Teil des Meeres war und trotzdem war ich dankbar, dass ich durch ihn noch ein wenig Sinn fand. Nach der Frage des Briefkastenschlüssels waren nun drei Tage vergangen. Noch immer war ich geschockt von der Kälte. Ich versuchte, mir einzureden, dass dies lediglich ihr Selbstschutz war, doch das glaubte ich mir nicht. Es gehörte schon ein wenig mehr als Selbstschutz dazu, um mich so strikt zu zerstören. Mein Handy blinkte auf, Manni schrieb. Es war ein langer Text, in dem sie mir, für alles dankte, was war. Ein Text, in dem sie mir für mein weiteres Leben Glück wünschte. Ein Leben, bei dem ich selbst noch gar nicht sicher war, dies leben zu wollen. Damit meine ich nicht ohne sie, sondern generell. Es mag für viele verwunderlich klingen, dass ich dies sage. Vor allem, wenn man bedenkt, dass ich so vieles überstanden hatte. Der entscheidende Unterschied lag aber darin, dass ich etwas hatte, das ich jetzt nicht mehr fühlte. Die innere Sicherheit, dass ich meinen Traum von einer Familie wahrmachen würde. Doch jetzt? Jetzt war da nur noch Leere. Ich las den Text mehrere Male, es war das erste Mal, dass ich einen Bruchteil von der Manni spürte, die ich liebte. Mein Herz spürte die Wärme. Innerhalb einer Sekunde holten die paar Zeilen mich aus dem tiefen Sumpf. Es war, als klarte der Himmel über dem rettenden Ufer auf und schenkte mir für ein paar Millisekunden den erhofften Sonnenschein. Wie aus dem Affekt begann ich, ihr zu antworten. Ich bat sie um einen Spaziergang, um zu reden, sie bejahte. Allerdings erst in einer Woche, da sie im geplanten Familienurlaub war. Ein Urlaub, in dem ihr Neffe häufig nach mir fragte. Ich liebte es, mit ihm zu spielen, irgendwie wurde ich sein bester Freund

und ich entdeckte durch ihn etwas Ungeahntes. Einen Hauch vom Vater sein. Ich spürte, wie meine Augen versuchten, eine Träne zu bilden. Das merkte ich daran, dass die Wunde in der Nähe der Tränendrüse anfing zu schmerzen. Ich schluckte, da mir in diesem Moment klar wurde, dass auch dies nun ein Ende fand. Der kleine Schimmer der Hoffnung breitete sich wie ein Feuer in mir aus. Eine Woche durchhalten, Marc, und vielleicht, ja vielleicht, würden deine Gebete erhört.

Die Woche verging mit so viel Ablenkungen, wie es mir nur möglich war. Ich schaffte es mir ein bisschen Energie zu geben, mich aufzuraffen und es irgendwie zu überstehen. Wir trafen uns dort, wo alles begann, an unserer alten Schule. Bei dem grauen Gebäude mit den grünen Elementen. Dort oben im zweiten Stock war einst unser Klassenraum. Klasse 1105. Dort oben fing alles an, alles, was so drastisch endete. Mit dem Anblick der Schule kamen Erinnerungen aus den Klassenfahrten, das Nebeneinandersitzen, der Handschlag, bevor wir beide zum ersten Mal vom Zehner sprangen. Kaum hatte ich geparkt, kam sie vorgefahren in ihrem VW. Sie parkte hinter mir und wir gingen um den anliegenden See, um den bis heute Schüler herumlaufen müssen. Mir fiel der Smalltalk leicht und das trotz des Riesenfrosches in meinem Hals. Sie erzählte ein wenig von dem Urlaub, aus dem Alltag und errichtete dabei wieder diese Fassade. Nach einer halben Umrundung ließen wir uns nieder und blickten auf den See, der durch den Wind immer mal wieder aufgewirbelt wurde. In meinem Kopf hatte ich mir alles zurechtgelegt. Die Ablenkung der letzten Wochen taten zumindest beim Erhalten meiner Fassade ihren Job. Ich fragte sie: „Bist du hier, um zu reden oder nur, um mir Antworten zu geben?" „Nur, um dir Antworten zu geben.", hauchte sie mir mit ihrer

Eiseskälte entgegen. Das tausendfünfte Messer. Hoffentlich das letzte. Ein weiteres konnte ich nicht mehr ertragen. Zu diesem Zeitpunkt wurde mir bewusst, es gab für sie kein Zurück mehr. Also schützte ich mein Herz, als würde ich die Emotionen kappen. Ich sagte ihr, ich habe keine Fragen, aber dass ich zwei Dinge loswerden möchte. Zum einen, dass ich das Versprechen unserer Ehe sehr ernst nahm. Dass ich sie im Leben, egal wie die Probleme aussahen, niemals fallengelassen hätte und dass der Antrag für mich ein Versprechen an uns gewesen war, dass wir alles überwinden könnten. Dass ich bis zum heutigen Tag dazu stehe und sie gerne zurückhaben wollte, ich allerdings nicht verstand, wieso dies so plötzlich geschah. Immerhin hatten wir den Fotografen, die Location und unsere Trauzeugen gefragt. Wieso wir nicht darüber sprachen und wieso wir aneinander vorbeiredeten. Sie sagte, sie zweifle schon länger, seit Anfang des Jahres. Sie habe versucht, in den Gesprächen die Dringlichkeit darzustellen und dass sie schon länger nicht mehr glücklich sei. Ich erinnerte mich zurück, an einen großen Streit im Februar und eine Aussprache im April. Bei beiden Gesprächen spürte ich eine Veränderung, ja, deshalb versuchte ich, ihr mehr und mehr Last abzunehmen. Ich ging einfach davon aus, dass der Stress des neuen Jobs, der Wohnungskauf und die Doktorarbeit sie zusätzlich einnahm und dass dies ihre Laune wandelte. Zu keinem Zeitpunkt hätte ich gedacht, dass ihre Zweifel so stark waren, dass sie einen so drastischen Schritt ging. In keiner Minute hätte ich daran gedacht, dass unsere Liebe das Hauptaugenmerk ihres Wandels war. Sie schoss somit das tausendsechste Messer in meine Richtung, doch es prallte ab, an der Fassade meines zerbrochenen Herzens. Ich atmete durch, blickte mit Tränen in den Augen auf das Wasser, während mir der Wind meine Haare zerzauste. Als ich mich wieder fing, sagte ich noch, dass wir das hätten regeln können, doch sie schüttelte nur den Kopf. Ich atmete tief ein und aus.

 Die andere Sache die ich ansprechen wollte, war die Art und Weise. „Manni.", sagte ich, „Ich kann mit deiner Kälte nicht umgehen, es sieht aus, als seist du ein anderer Mensch. Es mag deine schützende Fassade sein, doch für mich ist es grausam. Es treibt mich immer näher zu einem ungeahnten Abgrund. Dein Selbstschutz verschlimmert es. Ich verstehe deinen Egoismus in diesem Fall und er mag für dich wichtig sein, trotzdem möchte ich, dass du dir diese Worte anhörst. Du kennst meine Geschichte, du weißt um meine Verluste. Den Weg, den ich gehen musste, aus dem tiefen Tal von Mamas Tod. Du hast mich begleitet, als ich Nils verlor. Du warst hautnah dabei, hast meine Tränen getrocknet, mir Hoffnung gegeben und warst eine unglaubliche Schulter. Du kennst meine Macken, weißt um meine Verlustangst und strafst mich trotzdem mit deiner Art und Weise. Es geht mir nicht darum, dass du dein Glück nicht finden sollst oder darfst. Bist du nicht mit mir glücklich, ist das eine Sache, jeder hat das Recht, glücklich zu sein und ich wünsche es dir. Aber diese Kälte, nachdem wir uns sechszehn Jahre kennen, drei Jahre eine Beziehung führten und nun fast ein Jahr verlobt sind, fühlt sich an, als stirbst du vor meinen Augen. Durch deine Art und durch deinen Beruf hätte ich mir da mehr Feinfühligkeit gewünscht. Du bist Therapeutin und verschlimmerst gerade meine Traumata, fügst sogar ein weiteres hinzu. Ich weiß, es gibt keine richtige oder falsche Art, so etwas zu sagen oder zu zeigen, dass du auch sehr überfordert bist mit allem. Doch die ein oder andere Träne vor mir hätte zumindest mein Leben ein wenig gefedert. Durch diese Art und Weise sind die alten Wunden wieder offen. Sie tun wieder weh, weil es sich anfühlt, als seist du gestorben. Dies, Manni, ist etwas, das ich dir nie verzeihen kann und auch nicht werde. Denn egal, was war, so eine Behandlung habe ich nicht verdient."

Es sprudelte nur so aus mir heraus, während meine Sicht immer benebelter wurde. Die Tränen schossen mir nur so in die Augen, während die warme Sommerbrise durch die Blätter strich. Nachdem ich den Satz beendet hatte, ring ich nach Luft. Irgendwie war ich stolz auf mich, diesen Mut gefunden zu haben. Ich hatte meiner Wut freien Lauf gelassen und das, was ich sagte, fühlte sich richtig an. Ich warf ihr keine Beleidigungen an den Kopf. Es war nur mein Cocktail aus Gefühlen der letzten Tage. Mein Herz schlug wie wild, so sehr, dass ich danach nur noch flüsterte: „Mehr habe ich nicht zu sagen, möchtest du noch etwas sagen?" Sie schüttelte den Kopf, ihre Tränen verrieten mir, dass es ihr nicht leichtfiel. Sie liebte mich, nach wie vor. Sollte uns das Leben so dermaßen überholt haben, dass wir es nicht einmal gemerkt hatten? Es klingt makaber, aber es tat mir gut, sie so zu sehen. Es tat mir gut, zu wissen, dass ich zumindest eine Bedeutung hatte. Wir standen auf. Ich blickte sie ein letztes Mal mit dem Gefühl der Liebe an. Die Silhouette verschmolz zu einem Schatten. Sie wurde zu meiner Vergangenheit und mit ihr alle Gefühle… endgültig. Wir standen auf, führten Smalltalk und umarmten uns. Ich hatte gesagt, was ich wollte und begriff, dass wir nicht unendlich waren. Wir, die so hell strahlten, dass andere neidisch wurden. Wir, die immer so harmonisch wirkten. Wir, die als wunderbar sympathisches Pärchen galten. All dies, meine Vorstellungen, meine Sehnsüchte, ließ ich im

Rückspiegel des BMWs verschwinden. Nicht nur unsere Autos fuhren in entgegengesetzte Richtungen. Sie entschied sich für ein anderes Leben und so sehr es mir wehtat, konnte ich es nur akzeptieren. Was blieb mir auch anderes übrig? Ein weiteres Mal schreiben, ein weiteres Mal sprechen, würde nur bedeuten, dass ich mich mehr und mehr in ihr verlieren würde. Das durfte nicht passieren, ich durfte nicht zerbrechen. Die Hölle sah ich ein paar Tage zuvor, als ich den Baum als Ausweg wahrnahm. Das sollte nicht noch einmal passieren, nicht so.

Ich fiel Sandra erneut verheult in die Arme und entschied, dass es Zeit wäre, zu meinem Bruder zu fahren. Dieser war gerade auf Lehrgang und käme morgen wieder. Keineswegs sollte er nach Hause kommen und mitten im Flur meine Sachen finden. Überhaupt gab er seine Singlewohnung auf, nur um mich aufzunehmen. Als ich die Tür aufschloss, sah ich meinen gesamten Besitz aufgereiht vor mir stehen. Es gab mir Flashbacks. Nach meiner ersten Reise musste ich die Kartons von den Eltern meiner Exfreundin abholen. Dieses unangenehme Gefühl in der Magengegend, dieses dumpfe Stechen. Da war es wieder, das Gefühl des vertrauten Schmerzes. Ich versuchte, nicht zu sehr darüber nachzudenken, sondern einfach nicht stillzustehen. Stillstand bedeutete inzwischen Trauer. Ich bezog das Gästezimmer. So dankbar ich meinem Bruder auch war, saß ich trotzdem verloren im Zimmer. Stundenlang saß ich regungslos herum. Das Zimmer war das ehemalige Zimmer seiner Exfreundin, sehr passend, wie ich fand. Er selbst nutzte es lediglich als Ankleidezimmer. Es gab ein pinkes Klappsofa, welches ungefähr einen Meter zwanzig maß. So ein Sofa, wie man es von früher kannte. Eine ultraharte Holzplatte wurde mit Schaumstoff beklebt und mit dem Wort „Sofa" betitelt. Doch ja, so sah meine Zuflucht aus. Dort alleine an einem Ort, an den ich nicht gehörte, in einer Zeit, in der ich nicht sein wollte. Als Robin vom Lehrgang kam, umarmte er mich direkt. Wir hatten bis dahin ein Verhältnis, das einer Achterbahn glich. Wir wussten, wir waren durch meine Vergangenheit zu Brüdern geworden und hatten jetzt eine Zeit bekommen, dies zu beweisen. Ich erzählte ihm die gesamte Geschichte, weinte bitterlich und er drückte mich einfach fester.

Durch das emotionale Auf und Ab war ich sehr geplättet. Ich wollte nur noch liegen. Ich verabschiedete mich und legte mich auf das fremde Sofa, in das fremde Zimmer. Ich begriff, wie sich ein wildes Tier in einem Käfig fühlte. Ich wusste nicht, wie ich mich verhalten sollte. Es war, als verlor ich sogar meine soziale Kompetenz. Seit einer Stunde musste ich auf die Toilette, aber traute mich nicht. Die Tür knarrte und ich wollte nicht noch mehr Umstände machen. Also hielt ich aus bis zum nächsten Morgen. Eingeschlafen war ich schon seit Tagen nicht mehr richtig. Es war mehr ein Rasten oder Zusammensacken, ehe ich wieder hochschreckte, um mein Handy zu checken. Mein Herz suchte nach einem Wandel, mein Kopf versuchte, es zu bändigen. Diese soziale Veränderung setzte sich fort. Wann immer ich einen VW des gleichen Models sah, war ich gelähmt und blickte starr auf das Kennzeichen. Erst als ich erkannte, dass dies nicht ihres war, konnte ich einen weiteren Schritt machen. Erst dann setzte meine Atmung wieder ein. So gebrochen zu sein, war selbst für mich neu. Die Angst, dass die Verluste von meinem kleinen Bruder und meiner Mama hochkommen würden, waren berechtigt. So mental schwach kannte ich mich nicht. So schwach, so leer, fühlte ich mich niemals zuvor. Ich verstand nicht so ganz, wieso, immerhin war es nur eine

Trennung. Ja, die schlimmste, die ich erlebte. Aber nicht mehr weitermachen zu wollen? Das war gar nicht Marc. Normalweise nahm ich mir ein paar Tage und suchte dann bereits die ersten Lichtblicke am Horizont, doch jetzt war da nur Dunkelheit. Eine dichte Materie, die unbeschreiblich dunkel war. Es fühlte sich an, als sei ich ein schwarzes Loch, so undurchdringbar war die Wand aus Wunden, die sich um mein Herz legte. Es war, als splitterte meine Seele in viele Bruchstücke, die ich alle wiederfinden musste. Im Leben war ich an einem Punkt angelangt, an dem ich kein Licht mehr sah. Ich sah keine Hoffnung, glaubte an gar nichts mehr. Ich war stumpf und ließ die Dunkelheit mehr und mehr von mir Besitz ergreifen. Wie ein Dämon hatte sie mich inne. Ich funktionierte, aber es war, als hätte man meine Gefühlsebene komplett zerstört. Nicht in zwei, sondern in viele kleine Teile. Man könnte fast sagen, ich wurde pulverisiert. Der Marc, der das Leben verstand und sich langsam sein eigenes aufbaute, starb mit ihren Worten. Die Worte die so unendlich oft in meinem Kopf widerhallten.

Ich überlebte nur aufgrund eines Fakts. Dass ich inzwischen ungeahnt weit reflektiert war. Das muss man sich mal überlegen. Kein Traum, kein Mensch, keine Zeit hat mir geholfen. Obwohl ich mich oft ablenkte, wurde ich abends doch von den bösen Gedanken eingeholt. Denn abends war ich alleine. Ich würde lügen, wenn ich sagen würde, dass die Zeit eine Heilung heraufbeschwor. Das tat sie nicht. Es war keine Wunde, die mir zugefügt wurde. Es war ein Schrotflintenschuss aus nächster Nähe, der mein Herz an das Mauerwerk hinter mir presste. Es war zerstörerisch, es war unaushaltbar. Ich hatte nur mich und ich konnte nicht sagen, ob dies genügte. Ich sah nichts, weder die Zukunft, noch das Vergangene. Ich kannte keinen Glauben mehr und wusste nicht, wie ich jemals auf schöne Gefühle vertrauen konnte. Diese Barriere, die ich mir zum Selbstschutz baute, war anders als erwartet nicht unendlich dick. Sie war dünn und zart, wie eine Zellmembran. So als könne man ihre Beschaffenheit unter einem Mikroskop genauer betrachten, wie früher im Biologieunterricht. Die Reflexion, die ich an den Tag legte, bestand aus drei Komponenten, die mir alles abverlangten. Die erste Komponente war Beständigkeit. Es gab nicht viele fixe Punkte in meinem Leben. Drei Wochen vor der Trennung fing ich mit dem Sport an. Ich schaute mich irgendwann im Spiegel an und entschied, dass ich eindeutig nicht so weiterleben mochte. Ich wog 88 Kilogramm, hatte fast 10 Kilogramm während der Beziehung zugenommen. Ich hatte Brüste bekommen, also diese super unattraktiven, die Männer bekommen. Von meinem Sixpack-Ansatz war lediglich der Bauch über. Die Depression hatte aus mir einen Mann gemacht, den man verlässt. Einen Mann, dessen Körper schreit, dass es ihm nicht gut geht. Ich widerte mich an. Jetzt, wo ich anfing und keinen Halt spürte, zog ich es weiter durch. Jeden Morgen um 6 Uhr stand ich auf, egal ob ich schlief oder nicht. Ich zog mich an und fuhr mit dem Firmenwagen zum Sport. Ich saß auf den Geräten im Fitnessstudio und weinte. Wann immer ich eine Wiederholung nicht beenden konnte, spürte ich, dass der Schmerz meiner Seele viel tiefer ging. Das gab mir sehr verheult eine unglaubliche Power. Ich achtete zudem auf meine Ernährung, sodass ich nicht einmal mitbekam, dass ich abnahm. Jeden Morgen stand ich, noch bevor das Studio aufmachte, vor dem Rolltor. Ich ging mit einer Ernsthaftigkeit zum Sport, als stünde mein Leben auf dem Spiel. Ja, das tat es auch. Die zweite

Komponente war Talent. Sofort, nachdem ich in eine traurige Phase kam, schrieb ich sie auf. Ich schrieb Kapitel, Lieder und Reime. Die ersten Zeilen dieses Buches entstanden nur, um meine Seele zum Überleben zu zwingen. Ich zwang sie daran zu glauben, dass hinter dieser Gewitterwolke, die auf ihr lag, purer Sonnenschein wartete. Dass es sich lohnt, weiterzumachen, weil wir irgendwann wieder den Glauben finden würden. Und die dritte Komponente war, das Lachen wiederzufinden. Wann immer ich konnte, wann immer ich mental dazu imstande war, umgab ich mich mit Personen, die mich zum Lächeln brachten. Selbst ein aufgesetztes Lächeln war besser als keins. Wann immer ich jemanden brauchte, waren sie da. Denni, Kevin, Aylin, Jeni – sie alle schufen einen Schild, wie ein undurchdringbares Netz, selbst keinen Schlussstrich zu ziehen.

Doch Alex war derjenige, der mich am meisten unterstützte. Alex und ich waren Teil der Freundesclique, die mich seit Kindheitstagen begleitete. Er machte selbst ein Jahr vorher eine ähnliche Situation durch, erreichte dadurch unglaubliche Stärke. Er war beruflich mein Mentor, ich war Teil seines Teams. Wann immer ich Hilfe benötigte, hielt er mir den Rücken frei und das auf eine Art, die bodenständig und geborgen war. Ich verdankte ihm erst die Reise durch Thailand, da er sich um meine Mandanten kümmerte. Wann immer ich einen Rat brauchte, war er da, wann immer ich nicht den Arsch hochbekam, stärkte er mir trotzdem den Rücken. Er glaubte in Phasen an mich, in denen ich nicht einmal selbst an mich glaubte, so auch jetzt. Wann immer wir uns trafen, fand er einen idealen Mittelweg zwischen Verständnis und Realität. Er war derjenige, der mir den Kopf gewaschen hatte. Dass ich Manni auf ein Podest stellte. Er sagte mir, dass ich dem

Ganzen zu viel Bedeutung gab. Wie könne ich sie so hochleben lassen, obwohl sie mich so verletzte. Das Zimmer in Den Haag, der Ort, an dem ich das erste Mal Magic Mushrooms nahm, war meine härteste Lektion. Dort im Zimmer überkam mich damals die Dunkelheit und Mannis Hand hatte mich erlöst. Wenn auch etwas banal ausgedrückt, sagte er, es hätte in dem Fall auch der Hausmeister sein können. All meine Energie und all meine Stärke waren doch mein Ursprung, wie könne ich einem anderen Menschen diese Gewalt zuschreiben? Er hatte recht, das hatte er mit so vielen Dingen. Doch in diesem Moment, in dem er mir das sagte, erreichte er nur, dass meine Wut sich gegen ihn richtete. Ehrlich gesagt wusste ich irgendwie, dass er dies bewusst machte, um sie herauszukitzeln. Ich denke, er war der Ursprung meines heutigen Glaubens an meine Stärke. Er sorgte dafür, dass der Kopf sehr früh begriff, was das Herz noch zu lernen hatte und dafür war ich ihm unendlich dankbar. Neben meinen engsten Vertrauten klammerte ich mich an meinen Nebenjob. Um mehr Geld für die Hochzeit zu verdienen, hatte ich mir einen Nebenjob gesucht. Ich war Fahrer für einen Catering-Service, die mit Bio-Mittagessen Kitas belieferten. Ich weiß nicht, wieso, doch wann immer ich ein Kind strahlen sah, ging mein Herz auf. Selbst in dieser dunklen Zeit, zu dieser dunklen Stunde, erreichten sie mich. Es war dieses unschuldige Lächeln, das sie gekonnt hinter ihren Milchzähnen versteckten.

Diese drei Komponenten waren der Sonnenstrahl, der durch die Wolken auf das Meer der Dunkelheit schien. Kraftlos trieb ich auf ihm umher und wusste, dass dies kein Wochenendtrip werden würde. Ich richtete mich auf eine sehr lange Zeit ohne wirklichen Glücksmoment ein. Momente, die das Herz so bedingungslos zum Strahlen brachten, die dir halfen, einen Schritt nach dem anderen zu machen. In mir bezweifelte ich, dass ich solche Momente nochmal bekam. Diese unglaublich tiefe Dunkelheit, die mich umschlang, war mächtig. Es war, als hänge ich wie ein Säugling in den Armen der Dunkelheit, während mich die Depression zu immer tieferen Abgründen trieb. Ich weiß, es klingt widersprüchlich. Dass ich sage, ich war allein und im gleichen Satz erzähle ich euch von unglaublichen Freunden, die mir den Rücken stärkten. Doch wart ihr schon einmal an so einem Tiefpunkt, dass ihr selbst nicht verstanden habt, wie tief dieser geht, was dieser in euch veränderte? Ich schon, jetzt zum dritten Mal. Ich wusste, dass die Menschen den Marc aufbauten, den sie kannten. Das, was aber niemand verstand, war, dass dieser starb. Alles, was sie bis dahin an mir schätzten, war zersplittert. Es war, als würde ich eine alte Haut, ein altes Leben ungewollt von mir abwerfen. Sie stärkten also lediglich die gute Seite, den fröhlichen Marc, und konnten den verletzten nicht verstehen. Wie auch, ich konnte das Ausmaß selbst nicht begreifen. Alles, was ich konnte, war, auf dem Meer zu treiben und mir das Stück meines Herzens bewahren, das ich durch ihre Sonnenstrahlen fand. Sehr paradox, doch ohne Licht gab es keinen Schatten. Daher wusste ich, wenn es auch nur eine Millisekunde Hoffnung gab, dass diese durch die Menschen in meinem Umfeld überlebte. In der Zeit fragte ich mich oft, was genau schiefgegangen war. Wo auf dem Weg hatten Manni und ich uns entfernt? Hatte ich ihr mit dem Ring die Luft genommen? War die Zukunft mit mir wirklich so düster, dass es ihr Angst machte? Hatte ich mich über die Jahre so sehr in einen Stillstand begeben, dass sie wie ein Sprinter an mir vorbeizog? Fragen, auf die ich keine Antworten bekam. Fragen, auf die ich in dieser

Verfassung keine Antwort finden konnte. Gedanken, mit denen ich mich jeden Tag im Bett hin und her rollte, ehe ich in einen Sekundenschlaf fiel.

Ich schreckte hoch, wurde von einem unglaublichen Donner geweckt. Ein Sommergewitter, so stark, wie es in meiner Heimatstadt selten der Fall war. Ich liebte dieses übermächtige Phänomen, doch in diesem Fall hatte ich nur Angst um Manni. Es war 05:30 Uhr, sie war seit einer halben Stunde wach. Ich zückte mein Handy und sah eine Instagramm-Story, wie sie es gefilmt hatte. In der Story stand das Hashtag „Blessed", zu Deutsch „gesegnet". Sie war also gesegnet. Wütend warf ich mein Handy an die Wand. Wenn sie in dieser Zeit gesegnet war, war ich dann verflucht? Sie hatte ihr Herz anscheinend geheilt, während sie meines ruinierte.

TIEFPUNKT
Sharaktah – Tausend Teile

Neben meiner Selbstständigkeit, die ich in dieser Zeit nicht weiterverfolgte, und dem Nebenjob mit den strahlenden Kindern, hatte ich noch meinen Außendienstler-Job. Ich sollte bei Lieferdiensten vorstellig werden und ihnen ein neues Betriebssystem verkaufen. Natürlich fuhr ich in dieser Zeit nicht raus. Mein Chef gab mir erst einen Aufschub bis September und wollte mich dann sehen. Also fuhr ich mit meiner letzten Kraft nach Bielefeld, parkte das Auto vor dem Büro und ging hinein. Ich war duschen und war vernünftig angezogen, doch er blickte mich nur an und sagte, wie scheiße ich aussah. Ich nickte nur. Ich sagte ihm, dass ich mich entschieden hatte, diesen Job nicht auszuführen. Es war nichts gegen den Job per se. Es war die Tätigkeit, charismatisch auf Leute zuzugehen, was ich nicht konnte. Selbst er sah mir meine Dunkelheit an. Wie könnte ich dann etwas verkaufen? Nachdem wir sprachen, reagierte er sehr cool, weshalb ich nochmals „Danke" sagen wollte. Obwohl ich ihn nur Nerven kostete, reagierte er in diesem Fall eher menschlich. Ich ließ das Auto da und fuhr mit der Bahn zurück. Ich rief meinen Mentor an, sagte ihm genau das gleiche, dass ich nicht wisse, wie ich jetzt für meine Kunden da sein sollte. Er verstand und Alex übernahm bis auf Weiteres meine Kunden. Ob dies geschickt war, wusste ich nicht. Ich hatte nur das Gefühl, dass ich die Dunkelheit mehr an mich heranlassen musste. Bevor ich sie heilen konnte, musste ich sie erst komplett werden. Man baut auch kein Haus auf den Trümmern eines vorherigen.

So fuhr ich tagtäglich das Kitaessen aus, ließ mich dort hochstufen auf Teilzeit, um meinem Bruder einen Teil der Miete geben zu können. Wann immer ich mit meiner Tour fertig war, ging ich zum Sport. Meist lag ich mit Lidia auf der Matte und animierte sie zum Bauchtraining. Ich kannte sie von früher, sie war die Exfreundin von jemandem aus der Clique. Wir erreichten durch das tägliche Training eine tiefere Freundschaft. Täglich trafen wir uns zum Sport, ich teilte meine Gedanken und sie ihre. Sie wuchs in sehr schweren Verhältnissen auf, hatte ein ähnlich gestörtes Verhältnis zur Familie wie ich, war inzwischen verheiratet und kaufte gerade eine Wohnung mit ihrem Mann. Es hielt nicht lange an, da bemerkte ich, wie tief auch ihr Trauma saß. Neben dem Sport hielten wir beim Bauchtraining regelmäßig eine Therapiestunde ab. Das Besondere an ihr war, dass sie den Schmerz meiner Vergangenheit fühlte, da sie die Situation kannte. Sie hörte mir zu, fühlte und antwortete erst danach. Das machte sie zu einem Unikat in meiner Welt. Sie hatte über die Jahre, wenn wir uns sahen, oftmals ein anderes äußeres Erscheinungsbild. Mal rote Haare, mal blonde, mal ein Tattoo oder Piercing mehr. Wann immer ich sie sah, sah ich den Schrei ihres inneren Kindes lauter werden. Das, was sie äußerlich verkörperte, war das, was sie innerlich ignorierte. Doch während dieser Minuten auf der Matte, in diesem kleinen Zeitfenster, sprachen nur unsere verletzten Seelen und heilten sich ein Stückchen. So sehr, dass auch sie Teil meines Netzes wurde, welches mir Halt gab. Ich fand es zudem sehr amüsant, sie zu sehen, wenn sie Rücken trainierte. Da ihr Herz größer war als ihr Körper, musste sie sich beim Kabelzug auf den Sitz stellen, um den Griff zu ändern. Als ich es zum ersten Mal sah, war dies der herzhafteste Lacher, den ich seit der Trennung lachte. Irgendwie schaffte ich es dadurch, zumindest den

Überlebensmodus aufrechtzuerhalten.

Viele Leute erkundigten sich in der Zeit nach mir, kamen aber nicht zu diesem tiefverletzten Marc, der auf dem Meer trieb, durch. Viel zu groß war meine eigene Unwissenheit, als dass ich wusste, was ich gebraucht hätte oder was ich wollte. Ich musste selbst erstmal den Besen nehmen und die Scherben meines alten Ichs zusammenkehren. An manchen Tagen gelang mir das ein Stück weit. An anderen hielt ich den Besen und betrachtete das Werk. Es war, als musste ich aus dem Pulver, den kleinen und großen Scherben ein neues Mosaik formen. Eines, welches, egal wie ich es zusammensetzte, nicht mehr passte. Es gab keine Anleitung oder Anhaltspunkte, also konnte ich nur ratlos auf die Zeit vertrauen. Während der treibende Marc immer ungewaschener, älter und bärtiger wurde. Zumindest die Schaumstoffmatte, die der alte ranzige Mann irgendwie beisammenhielt, war mein rettender Anker.

Frisch geduscht stieg ich in den Bus ein. Ich zückte mein Handy, übersprang den nächsten Song, als ich angerufen wurde. Mein Vater fragte, ob ich mit ihm zum Arzt kommen könnte. In neuen Situationen reagierte mein Vater oft mit Überforderung. Ich willigte ein und fand mich auf einem Mittwoch in seinem Auto wieder. Wir fuhren ins Krankenhaus, um seine Ergebnisse zu besprechen. Mein Vater war starker Raucher und humpelte seit knapp drei Jahren, da sein linkes Bein nicht vernünftig durchblutet wurde. Der Oberarzt sagte, dass er einen Bypass bräuchte. Die Stelle sei zu verkalkt, als dass man eine andere Möglichkeit sehe, doch er würde die Operation nicht machen. Verdutzt schauten wir ihn an, ehe er fortfuhr und das Wort direkt an meinen Vater richtete: „Herr Mucha, was bringt ihnen die Operation, wenn sie nichts an der Situation ändern? Vor drei Jahren lagen sie bereits auf dem OP-Tisch. Sie rauchen noch immer und haben keinerlei Veränderung in ihrem Lebensstil gezeigt. Warum sollte ich die Hochrisiko-Operation durchführen, die zudem nicht günstig wäre, nur um ihnen in ein- bis zwei Jahren dann doch das Bein abzunehmen?" Jede Unterbrechung, die mein Vater unternahm, erstickte der Arzt sofort im Keim. Er redete so sehr auf den Arzt ein, dass meinem Vater die Tränen kam. Es war eine Mischung aus Angst vor dem Tod und die Realisation, dass er ein unglückliches Leben führte. Die Chancen auf Erfolg, bei der Größe des Bypasses, lägen bei 50 %. Zudem pflege mein Vater einen absolut ungesunden Lebensstil. Ich sagte, dass er die Operation trotzdem tätigen wird, dass ich ihn dabei unterstützte und er bekam einen Termin. Als wir draußen waren, spiegelten sich die letzten Tränen in seinen Augen. Er zündete sich eine Zigarette an und blickte in die Ferne. Auf der Rückfahrt war er so still, dass es eine ungewohnte Situation für mich war. Er sagte, er wüsste nicht, ob er die Operation machen sollte und auch Tage danach half all unser Predigen nicht. Er zweifelte. Ich verstand es nicht, es war eine Entscheidung für ein glücklicheres Leben oder ein weiterer Abbau seiner Körperlichkeit. Irgendwann hatten wir ihn dann soweit, er machte den gefährlichen Eingriff. Er gab meinem Bruder und mir jeweils zwei Briefe. Einen zum Öffnen am Tag der Operation und einen für den Fall seines Ablebens. Ich hielt einen Abschiedsbrief meines Vaters in der Hand, in einer der schwersten Zeiten meines Lebens. Zuhause legte ich ihn auf den Tisch, schlenderte zwei bis drei Mal an ihm vorbei.

Am Morgen der Operation brachte mein Bruder ihn ins

Krankenhaus. Zum ersten Mal seit der Trennung betete ich wieder. Kaum zuhause angekommen, öffnete ich den ersten Brief. Es waren lediglich einige Daten. Bankkonto, Sterbeversicherung, etc. Von einem Satz der Liebe weit entfernt. Ich konnte der Neugierde meines inneren Kindes nicht widerstehen und öffnete den zweiten Brief. Lediglich die Aufteilung seines Geldes war dort zu finden. In dem Moment verlor ich die letzte Hoffnung, überhaupt jemals wieder ein „Ich bin stolz auf dich" zu bekommen. Wie ein Meisterdieb verschloss ich den Brief danach wieder. Wir besuchten ihn im Krankenhaus. Er war gedankenverloren, weil meine Stiefmutter ihn nicht einmal besuchte. Bereits seit längerem war er unglücklich in der Beziehung. Es war mehr eine Zweckgemeinschaft geworden. Mein Bruder und ich hatten zu dem Ganzen eine klare Meinung: Er sollte sich trennen. Mein Vater hingegen konnte sowas nur sehr schwer. Seit dem Tod meiner Mutter war sie der Halt, den er brauchte, um sein Leben weiterzuleben. Die Genesung schritt gut voran und auch die nächsten Wochen wurde mein Vater wieder mobiler. Ich hatte eine gewisse Stabilität in meinem Alltag gefunden. Es war nicht der stärkste Stamm, auf dem ich stand, aber er knackte nur und brach nicht direkt, was für mich ein voller Erfolg war. Ich ging sogar wieder mit den Jungs raus und war für einen kurzen Moment bereit, meinen sogenannten Marktwert zu testen. Der Marktwert ist das Ankommen eines Menschen bei dem anderen Geschlecht. Nach einer langen Beziehung war das vollkommen normal. Einige tun dies unbewusst, andere bewusst. Also ging ich aktiv auf Frauen zu, sprach sie ohne Hemmungen in der Disco an. Siehe da, ich kam noch gut an, ein Segen für mein Selbstbewusstsein. Mir war aber bereits bewusst, dass dies nicht die Lösung war und dass sich über den Abend hinaus niemals mehr ergeben könnte. Also beließ ich es dabei. Ich hatte die Gewissheit, die ich brauchte, und wollte nicht mit Anfang Dreißig noch planlos durch die Disco laufen. Die Abende endeten so schnell, wie sie begannen. Sport war mir viel wichtiger geworden in dieser Zeit.

Mein Bruder schrieb mir einen Text, dass er gerade erfahren hatte, dass sich mein Vater und meine Stiefmutter auf unschöne Art und Weise trennten. Angeblich soll er sie geschlagen haben. Direkt dachte ich, dass dies nicht möglich sei. Ich kannte Papa, er war zwar in nervigen Sachen sehr aufbrausend, doch das konnte ich mir beim besten Willen nicht vorstellen. Ich schrieb ihm und fragte, ob er Lust hätte, mit mir einen Döner essen zu fahren. Untypisch für die Ernährung eines Sportlers, nötig zum herauslocken eines älteren Mannes, dessen Leibgericht es war. So saßen wir beim Essen unweit von seinem Haus und ich fragte nach. „Ja, dann habe ich ihr eine geballert.", sagte er trocken. „Einfach so?", fragte ich. „Nein, das nicht.", erwiderte er. Mir war bewusst, dass er schon länger nicht glücklich war. Wenn man mal zum Essen kam, merkte man, wie es zwischen ihnen brodelte. Er fing an, mir seine Seite der Geschichte zu erzählen. Sie fragte ihn nach Unterlagen, die er nicht herausgeben wollte. Darüber war sie so erbost, dass sie eine Pfanne auf das Ceranfeld donnerte, ehe sie lauter wurde. Dadurch stritten sie so sehr, dass weitere Teller flogen. Er hielt sie mit beiden Armen fest und als sie sich nicht beruhigen wollte und immer lauter wurde, wollte er ihr eine Backpfeife geben, sie duckte sich und bekam die Hand in den Nacken. Genau das Chaos, das ich mental brauchte. Ich fand dies absolut nicht in Ordnung und sagte dies meinem Vater direkt ins Gesicht. Vor allem, da er sich dadurch in eine

Position brachte, die eine Trennung zwar beschleunigte, aber verkomplizierte. Ich möchte meinen Vater keinesfalls in Schutz nehmen, natürlich ist meine Seite dementsprechend parteiisch, trotzdem schildere ich die Geschichte und möchte nichts auslassen. Zu der anderen Seite gehörte eben auch, dass so eine Reaktion von meiner Stiefmutter viel Unaufgearbeitetes beinhaltete. Zu dem Zeitpunkt entschied sie, ihre starke Medikation nicht mehr zu nehmen. Sie entschied, von einem auf den anderen Tag, die durchaus hochdosierte Einstellung in Eigenregie abzusetzen. Ich bin kein Arzt, aber so etwas macht man meines Wissens normalerweise zumindest unter Aufsicht. Später erfuhr ich noch, dass die Polizei involviert war und dass ihr mittlerer Sohn, mit dem ich mir früher das Zimmer teilte, hingefahren war, um meinen Vater zu schlagen. Ich kam mir vor wie in einer Seifenoper. Wie eine neue Folge GZSZ. Ich hatte keine Wahl, obwohl ich dafür keine Kraft hatte, telefonierte ich mit ihren Kindern und versuchte, die Gemüter zu beruhigen. Zum Glück waren alle der gleichen Meinung, dass man für die beiden nach über zwanzig Jahren eine entspannte Lösung finden sollte. Die beiden machten aus dem Zusammenwohnen eine WG und mein Vater war fortan auf Wohnungssuche. Für mich waren die Telefonate und das Rekonstruieren der Geschichte unglaublich anstrengend und doch war es ein wenig Genugtuung. Fairerweise muss ich sagen, dass ich regelmäßig mitgegessen habe, wann immer sich die Gelegenheit bot. Aber für mich war diese Frau ein schwarzes Tuch, unter dem meine Familie schon viel zu lange litt. Erst der Auszug meines Bruders damals, dann das Fernbleiben meiner Verwandten, letztendlich mein Auszug. Dies alles war zurückzuführen auf das Verhalten meiner Stiefmutter. Daher freute ich mich über die Situation. Nicht über die Entstehung, aber für mich war die Situation eine der besten Nachrichten, die mich über die letzten Jahre ereilte.

Wenige Tage später bekam ich ein Memo von Manni. Sie war vier Minuten lang, mein Herz sprang mir direkt bis zum Hals. Direkt malte ich mir aus, wie sie sich um umentschied. Wie sie mir sagen würde, dass sie einen Fehler machte. Also begann ich sie abzuhören. Vier Minuten lang stand ich gebannt vor dem Eingang zum Fitnessstudio. Als ich sie hörte, glaubte ich meinen eigenen Ohren nicht. Sie habe erfahren, was bei meinem Vater passierte. Sie schrieben in dieser Zeit miteinander und sie erfuhr somit von der Trennung und der Operation. Sie könne sich nicht vorstellen, wie es mir ginge und was ich gerade durchmache und fragte mich am Ende, wo die Pokémonkarten ihrer Neffen seien, da sie sie nicht finden könne. Wut und Hass stiegen in mir auf. Sie könne sich nicht vorstellen, wie es mir ginge? Wie es mir ginge? War das ihr verdammter Ernst? Da war ich, wie ein angeschlagener Boxer auf wackelnden Beinen, rang nach Luft und sie versetzte mir einen weiteren Schlag? War dieses scheinheilige Bild des „Everybody´s Darling" sein so viel wichtiger als die Weitsicht, was sie mir mit so einer Nachricht antat? Sie schien doch sonst alles so akribisch zu planen, wieso fehlte ihr also das Gefühl, dass dies absolut nicht angebracht war? Ich spreche dabei nicht von den Genesungswünschen oder dem Erkundigen per se, sondern dass sie nicht verstand, wie sie mich in die größte Dunkelheit gestürzt hatte und mich nun noch tiefer reindrückte. Obwohl meine Gefühle unverändert waren, konnte ich nicht anders, als ihr forsch eine Antwort zu geben. Dass sie sich dafür entschied, mich nicht mehr in ihrem Leben zu haben und dazu auch gehöre, meinen inneren Kreis zu respektieren. Dass sie, wann immer sie mir schrieb, die alte Wunde wieder aufriss und verstehen müsse, dass sich der Kontakt ausschließlich über die noch zu klärenden Dinge drehen sollte. Und nein, ich wüsste nicht, wo sich diese verkackten Karten befänden. Ich war richtig außer Atem, als ich sie abschickte. Irgendwie regierte nur Wut in mir. Also lief ich hoch ins Studio, packte überall mehr Kilo auf die Stange und zog es durch. Ich war so wütend, dass ich jede Steigerung ohne Probleme bewältigte. Ich biss mir dabei so sehr auf die Lippe, dass diese blutete. Schweiß und Tränen liefen nur so aufs Handtuch. Erst als ich in der Umkleide saß, merkte ich, was ich mir damit angetan hatte. Jeder Muskel meines Oberkörpers brannte unaufhörlich. Ich schleppte mich in die Dusche, stellte das Wasser auf die kälteste Stufe. Ich brachte mich wieder in die Realität, das böse Tier in mir schlief wieder beruhigt ein.

Als ich anschließend im Bus saß, schreckte ich umso mehr zusammen, als mein Handy erneut aufblinkte. Das Leben kann sich innerhalb von Sekunden um 180 Grad drehen, das macht es erst so spannend. Doch in meiner Verfassung hätte ich auf die ein oder andere Drehung durchaus verzichten können. Ich hasste alles, was sich drehte, daher war ich auch der perfekte Begleiter für einen Vergnügungspark. Liebend gerne stand ich unten und schaute auf die Taschen, während sich neben mir die Achterbahnen überschlugen. Mein Bruder hatte schon länger unerklärliche Kopfschmerzen und konnte nicht richtig sehen. Er hatte heute einen Termin bei seiner Augenärztin. Ich las die Nachricht: „Ich komme gerade von der Augenärztin, sie sagt, die Augen sind zu 100 % in Ordnung, es ist etwas anderes in meinem Kopf." Ein kurzer Einteiler, der meine Tränen im Bus unaufhörlich fließen ließ. Ich merkte direkt, wie ich durch die Fassade zu ihm sprach, dass alles gut werden würde. Er solle sich keinen Kopf machen. Da saß ich, schrieb ihm das und glaubte es mir selbst nicht. Etwas im Kopf zu haben, was da nicht hingehört, ist in den seltensten Fällen gut. Ich stieg ein paar Stationen früher aus, ring nach Luft. Es regnete leicht. Ich blickte in den Himmel und schrie in meinen Gedanken, während die Tropfen sich mit meinen Tränen vereinten. „Du Wichser.", schrie ich einen vermeintlichen Gott an, „Wieviel soll ich noch ertragen? Sag es mir, was willst du von mir?! Wie kann es sein, dass ich innerhalb von drei Wochen Ereignisse bekomme, die andere Menschen ihr Leben lang nicht aushalten müssen? Was soll das? Ich habe keinen Bock mehr, willst du, dass ich es beende? Komm, gib mir ein Zeichen, glaub mir, ich zögere nicht. Du testest meine Stärke? Am Arsch! Komm runter, stell dich vor mich und dann zeige ich dir, wie stark ich bin." Ich sank auf alle Viere, kniete auf dem nassen Boden, meine Hände leblos auf den Asphalt gelegt. Ich wollte nicht mehr leben. Dies war für mich kein Leben. Ich saß eine Weile dort, ehe der erste Fußgänger kam. Ich tat als habe ich gerade etwas wiedergefunden. Ich lief los, ich rannte mir die Lunge aus dem Hals und warf mich zuhause auf das Klappsofa. Ich schrieb meinem Bruder, er solle sich erstmal nichts ausmalen und dass ich für ihn da wäre. Daran glauben, konnte ich nicht, ich hatte keine Stärke mehr über. Ich hatte wirklich einfach keine Lust mehr weiterzumachen.

Mein Bruder musste am nächsten Tag direkt ins Krankenhaus. Sie testeten ihn auf alles, was relevant war. Blut, Urin, Aids, ihm wurde Rückenmarkswasser entnommen und er musste diverse Funktions-

und Fitnesstests machen. Von 6 Uhr morgens bis abends 23 Uhr ging der gesamte Marathon. Am Ende saß er im Zimmer des Oberarztes, der ihm trocken sagte, dass sie sehr vieles ausschließen könnten. Es sei nach den Ergebnissen das wahrscheinlichste, dass es ein Gehirntumor sei. Die Chancen, dass es so war, lägen bei 96 %. Als ich die Nachricht bekam, warf ich mein Handy durchs Zimmer, griff die Decke und alle Kissen, die ich hatte, und schrie mir alles aus der Lunge. Mit aller Kraft schrie ich ins Kissen, ehe dem kraftvollen Geschrei ein Wimmern folgte. Ich schloss meine Augen und sah bildlich, wie ich auf dem Meer trieb, der Sturm war erbarmungslos. Noch nie im Leben erlebte ich so einen Sturm. Die Wellen erreichten an die fünfzehn Meter und schlugen erbarmungslos auf mich ein. Ich klammerte mich, mit allem was ich hatte, an die Matte. Der ranzige alte Mann versuchte, sie mit aller Kraft zu stabilisieren, ehe sie in zwei Teile brach. Das Meer der Dunkelheit umschlang mich und zog mich in die Tiefe. Wie mit einer Tonne Gewicht an einen Fuß gekettet, rauschte ich in die unendliche Dunkelheit. Das letzte, was ich vernahm, war die ausgestreckte Hand des alten Mannes, ich erreichte eine Tiefe, die nicht einmal der Schmerz kannte. Aufgeschlagen auf dem Grund, ereilte mich ein Gefühl, welches ich bis dato nicht kannte. In mir entstand kein positiver Gedanke. Nicht mal der Hauch einer Idee, wie ich aus der Situation herauskommen sollte. Ich fühlte mich tot. Ich sah meine Hand vor meinen Augen nicht, spürte kein Wasser, keinen Drang nach Luft. Alles, was ich fühlte, war negativ. So stand ich eine Weile am Grund, bei klarem Verstand, aber weit entfernt von einem Glücksgefühl. Dort unten, in der Tiefe meines Herzens, begriff ich erst das Ausmaß meiner Situation. Alle Stärke, die in mir schlummerte, war hinfort. Alle Menschen, die mein Netz hielten, waren nicht präsent. Alles, was ich kannte, war nicht wirklich. Sollte dies mein neues Leben sein? Ist es überhaupt ein Leben? Kann ein Mensch, der Verlust und Depressionen kannte, noch tiefer sinken? Gab es eine Zwischenstufe zwischen dem Gefühl der Machtlosigkeit und dem Tod? Entdeckte ich diese gerade? Meine Gedanken riefen alles Negative in meinen Kopf. Sämtliche Verluste, sämtliche Ängste, all das schlug dort, wo einst mein Herz verankert war. Sehr makaber, mich in dieses Szenario zu stecken, wohlwissend, was mit Nils geschah. Doch so sehr ich mich bemühte, es gelang mir nicht, auch nur den geringsten Fortschritt zu erreichen. Es war, als wäre ich nicht existent, gefangen in einem Raum, in dem die Gesetze der Physik nicht länger herrschten, verdammt in der Ewigkeit zu verweilen. Gefesselt und gefoltert von meinem eigenen Leben, von meinen eigenen Erfahrungen. Dort unten sollte es für mich weitergehen. Nicht mal den Drang, an die Oberfläche zu gelangen, konnte ich manifestieren. Ich sollte nicht sein, ich wurde niemand. Ich war genau das. Eins mit der Dunkelheit am Abgrund des unendlich schwarzen Meeres.

Ein Geräusch machte sich breit, die Strömung wandelte sich. In der Sekunde, in der ich sie vernahm, blitzten feuerrote Augen auf. Je näher sie kamen, desto mehr sah ich ein überdimensionales Gesicht erscheinen. Ein riesiges Monster, dachte ich. Die Umrisse bestätigten dies. Es kam mir näher und näher. So nah, dass ich die Reißzähne sah, die eindeutig größer waren als ich. Ich war wie ein Weingummi, den es sich mal eben zwischen die Kiemen werfen wollte. Es öffnete sein Maul und es zog mich, trotz dieses immensen Gewichts, an. Zentimeter um Zentimeter kam ich dem Maul näher. Die Zähne sahen aus wie

Felsen, die von Wellen geformt wurden, nur dass diese elfenbeinfarben waren. Ich erkannte sogar einzelne Strukturen innerhalb der Zähne, als wurden diese mit Hammer und Meißel eingehämmert. Noch ein bisschen näher erkannte ich die Zunge. Diese war keine gewöhnliche Zunge, vielmehr war sie ein Knäuel aus verschiedenen Menschen, die es nicht mehr in meinem Leben gab. Als würden sie fix in einer Formation verharren. Sie alle sahen nicht aus wie Menschen, die ich einst kannte. Sie waren zersetzt vom Meer, zersetzt von den Qualen und man sah ihnen an, dass sie keineswegs einen Lebenswillen besaßen. Alle hatten sie blutunterlaufene Augen, als hätten sie noch nie geschlafen. Sie sahen eher aus wie Zombies, die langsam zerfielen. Ich klammerte mich an einen Zahn, den ich nicht einmal mit beiden Händen umschließen konnte. Das Gewicht, welches ich nicht hochheben konnte, welches mich am Boden hielt, flatterte wie ein Ballon in das Maul der Bestie. Ich verlor den Halt, krallte mich mit meinen Fingernägeln fest an die Struktur des Zahns, doch vergebens. Meine Umklammerung riss, ehe ich wie durch einen Abfluss in sein Maul gezogen wurde. Gerade als ich die Augen zumachte, ertönte eine Melodie, es war der Song aus meiner Spieluhr, die früher in meinem Zimmer stand. Mit dem letzten Tönen verschlang es mich.

Ich schreckte hoch, ich lag im Sand und spuckte Wasser. Mehrere Male hustete ich wie wild unkontrolliert das Wasser aus mir raus, ehe ich einen tiefen Atemzug nahm. Ich lag am Strand, das dunkle Meer vor mir. Ich verstand nicht. Neben mir kauerte der alte Mann, dessen Rabengefieder tropfte. Er keuchte nicht, das Wasser schien einfach von ihm abzuperlen. Ich richtete mich auf und blickte ihn an. „Warst du das?", fragte ich vorsichtig. Er antwortete nicht. Er deutete nur auf sein Herz, welches nicht mehr vorhanden war. Man konnte durch seine Brust gucken. Verständnislos schaute ich es mir an. Die Wunde war nicht blutend. Sie wirkte, als wäre sie schon immer da gewesen, doch gleichzeitig so unglaublich frisch. Ich fühlte an meine Brust, immerhin waren wir eins. Doch mein Herz schlug langsam und bedacht in meiner Brust. Sand rieselte von den Haaren in meine Augen, die ich mir augenblicklich rieb. Nichts veränderte sich, das Meer und die Momentaufnahme blieben gleich. Ich rückte näher zu dem alten Mann und sah, wie er weinte. Ich dachte, der Schmerz sei eine Emotion, doch er unterbrach mich. „Ein Teil von uns starb soeben, dort unten am Grund des Meeres unseres Ichs.", hauchte er mir entgegen. Verwirrt von dieser Aussage blickte ich ihn fragend an: „Ich dachte, du hast mich soeben gerettet." „Ja und Nein.", antwortete er, „Weißt du was das dort auf dem Grund war, dieses Monster mit den scharlachroten Augen?" „Nein, ich dachte nur, es wäre mein Ende.", erwiderte ich. „Das war es auch. Das, was du sahst, war das volle Ausmaß deiner Depression. Das hier, das Meer, das Wetter, auch ich, sind deine wahren Emotionen, so siehst du das Leben, ohne deine lachende Fassade. Die Hilfslosigkeit, das Umhertreiben, die Kälte, das ist dein Herz. Das war es nicht immer, aber deine Gedanken und Gefühle gestalten den Ort so, wie er ist." Wir befinden uns in meinem Herzen, dachte ich unglaubwürdig. Das warf mehr Fragen als Antworten auf. Es erklärte, wieso der Schmerz hier auch präsent war, weil der Ursprung meiner Dunkelheit die Depression war. Irgendwo ergab es einen Sinn, doch es stellten sich so viele Fragen auf einmal. „Komm.", sagte der alte Mann, „Ich möchte dir etwas zeigen, danach wirst du besser verstehen."

Wir gingen in die Mitte der Insel. Diese war nach wie vor in einem tristen Grau gehalten und alles sah unglücklich aus. Die Palmen wehten unaufhörlich, verloren Blätter. Der Sand war ständig in Bewegung und inmitten der Insel brodelte ein Vulkan, der, wie ich jetzt merkte, die Wolken und das Wetter produzierte. Wir gingen durch das Dickicht. Ich war wie ein Tourist auf einer Dschungeltour, nur, dass ich mich irgendwie selbst erkundete. Schritt für Schritt ging ich weiter in Richtung des Vulkans, während der alte Mann, der meinen Schmerz verkörperte, nahezu glitt. Die Pflanzen und die Tierwelt, alles war so traurig, als habe sie wie ich vergessen, wie es ist, glücklich zu sein. Alle waren ungesund und irgendwie für nichts zu begeistern. Wie ein Dschungel des Schmerzes und der Depression. Wir kamen zu einer Lagune mit einem Wasserfall, doch ehe ich mich versah, bemerkte ich das schlammige Wasser. Das Wasser, von dem sich alles ernährte. Am Ende dieses Wasserfalls muss der Ursprung für diese triste Welt liegen. Doch das alles warf mehr Fragen auf, als dass ich sie beantwortet bekam. Der alte Mann sprach nicht mit mir, er glitt Yoda-ähnlich nur immer weiter voran, bis wir an einer Mauer ankamen, die aus hellem Vulkangestein bestand. Er tippte mit seinem Stock dagegen und die Wand riss auf. Ein schmaler Pfad erstreckte sich durch das Gestein, ehe wir in einer Art Höhle zum Stillstand kamen. Es war unglaublich heiß, es brannte in meiner Lunge und in den Augen. Wir blieben über einem Vorsprung stehen, und schauten in einen See aus reinster Lava. Es brodelte, es zischte und wir beide standen hoch oben. Er regungslos, ich aufgebracht, doch Antworten bekam ich keine. Wir standen lediglich Minute um Minute auf diesem Felsvorsprung. Mir platzte der Kragen, ich öffnete meinen Mund, noch bevor ich etwas sagen konnte, sprach der alte Mann zu mir: „Was siehst du, Marc?" Ich blickte mich um und antwortete: „Eine Höhle voller Lava." „Auch wenn du genauer hinsiehst?" Ich blickte ihn verdutzt an, ehe ich näher an den Vorsprung ging. Ich blickte in den blubbernden Lavasee. Je tiefer ich mich in ihm verlor, desto mehr sah ich einzelne Bruchstücke in ihm. Keine, die ich erlebt, sondern mir gewünscht hatte. Viele Bilder einer Familie waren zu sehen, viele glückliche Tage. Doch ich verstand das alles nicht. „Du hast das Loch in meiner Brust bemerkt, oder?" „Ja, ich schaute durch es hindurch." „Gut." sagte er. „Wir gehen zurück, ich muss mit dir reden, doch das ist an diesem Ort in deinem jetzigen Zustand zu gefährlich." Verwundert fragte ich mich, ob sich dieser Weg für einen „Sieh näher hin"- Moment wie aus König der Löwen gelohnt hatte. Dennoch war ich gespannt, was er mir zu sagen hatte, was ich mir selbst zu sagen hatte. Welche Erkenntnis das Meer und der Vulkan mir bringen sollte. Ich setzte mich sehr nah neben den alten Mann. Ich ließ mich in den Schneidersitz fallen und war wie ein Schüler gespannt, was nun passieren würde.

LEKTIONEN

Three Days Grace – Animal I have become

Sehr weise und leise begann der Mann, mit mir zu sprechen: „Wie du sicherlich bereits erkannt hast, befinden wir uns tief in deinem Herzen, in dem, wie du auch unschwer erkennen kannst, Chaos herrscht. Dieses Chaos ist nicht allein deiner Situation geschuldet oder den vielen Nachrichten, die dich in den letzten Wochen erreichten. Dieser Ort und dieses Gefühl, das dich und dein Herz umgibt, existieren schon sehr lange. Den Ort hier gibt es seit deiner Geburt und alles, die gesamte Landschaft, hast du geformt, mit all deinen Erfahrungen, mit all deinen Erlebnissen und Gefühlen. Dass dieser triste Anstrich herrscht, dieses Grau, das ist die Folge deiner Traumata. Den ersten Pinselstrich machte Mamas Tod, Nils tunkte diesen erneut in das Grau. Jetzt, am Boden deines Ichs, machten die Nachrichten über Papa, die deines Bruders und vor allem der Verlust von Manni die Welt zu dem, was sie ist. Es ist unglaublich wichtig, dass du begreifst, am Ende dieser Lektionen musst du eine Wahl treffen. Doch bis dahin hör mir bitte weiterhin zu. Ich muss dir etwas beichten, du bist nur aus einem Grund noch hier und in der Realität am Leben. Das Monster am Grund deines Meeres aus Dunkelheit ist deine Depression und diese hätte dich eben verschlungen, daran gibt es keinen Zweifel. Ich musste mein Herz opfern, einen Teil von mir abgeben, sterben lassen, damit du noch hier an Land sein kannst. Das Herz, welches ich opferte, war die Manifestation deines Lebenstraums. Du hast ihn eben gesehen im Kern des Vulkans, du hast es gesehen in den Bläschen, die aufstiegen. Du sahst die Bilder. Ich musste unseren Traum von einer

Familie opfern, um dich jetzt am Leben zu halten. Alles, wonach wir nun fast zwanzig Jahre strebten, starb dort unten auf dem Grund. Mein Herz starb dort unten. Ich möchte, dass du verstehst, dass ich dich nicht ewig begleiten werde. Wie Ying und Yang hast du am Ende dieser Lektion die Wahl, ob du mit mir verharren willst oder nicht. Doch wir müssen über den Unterschied zwischen Traurigkeit und Depression sprechen. Traurigkeit passiert, wenn ein Umstand in deinem Leben sich ändert. Wenn sich etwas, an das du gewöhnt bist, wandelt. Das kann ein Verlust sein, eine schlechte Nachricht und so weiter. Eine Depression jedoch gleicht einer Müdigkeit. Gehen wir mal vom englischen Wort „Depressed" aus und zerteilen dies. So entstehen die Wörter „deep" und „Rest", mit ein wenig Fantasie. Eine Depression ist also lediglich eine Art deines Körpers zusagen „Fick dich", ich möchte diesen Charakter, diesen Avatar, der du geworden bist, nicht mehr sein. Er zwingt dich zum Pausieren, alles wirkt so unglaublich schwer, so unglaublich anstrengend. Man prokrastiniert in seinen Aufgaben, schiebt diese auf, weil sich ein Teil von uns einfach nicht damit befassen möchte. Dass du dich in den letzten Jahren so gefühlt hast, ist also dem geschuldet, dass du jemand warst, der du nicht sein wolltest. Sowohl in der Beziehung zu Manni, als auch in deinem Beruf und anderen Belangen. Versuch diese Worte, die ich krampfhaft in dir verankere, nun zu verinnerlichen. In deinem Fall bedeutet Depression noch etwas weiteres. Die Depression, in der du dich befindest, sorgt dafür, dass du den eigenen Glauben an dein Potenzial verloren hast. Deine kreative Ader zum Beispiel. Wenn du das verstehst und fühlst, hast du im Leben einen großen Schritt gemacht. Hast du diesbezüglich Fragen?"

Ich war sehr ruhig und in mich gekehrt, trotz oder wegen der Worte. Eigentlich hatte ich erwartet, dass ich sauer wäre, dass ich wütend wäre, über die Aufgabe meines Traums. Ich denke, es war dem geschuldet, dass ich oftmals vergaß, dass der Schmerz und ich eins waren. „Ja, zu diesem Thema habe ich eine. Bedeutet das, dass wir diesen ehemaligen Traum nie erreichen?" „Nein, das bedeutet es nicht, verwirrend, nicht wahr?" „Ja, sehr." „Gut, das bedeutet, du versuchst zu verstehen, lass mich also weiter ausführen. Stell dir einmal vor, du sitzt auf einem Fahrrad und fährst auf einen Berg zu. So einen traumhaften Berg, wie das Panorama von Alaska oder die Aussicht auf den Mount Fuji. Du strampelst tagtäglich mehrere Kilometer wie ein Besessener auf diesen Berg zu. Bald schon siehst du die schneebedeckte Kuppe, die einzelnen vakanten Eigenschaften des Berges, kennst jede Facette, als wärst du schon einmal dort gewesen. Der Berg ist dein ausgemalter Traum. Dein Gedanke, als altes Ehepaar auf einer selbstgebauten Veranda zu sitzen, irgendwo in der Nähe zum Meer, während du Schach spielst und deine Enkelkinder vor dir im Sand spielen. Das war dein Traum der letzten Jahre, für den du alles gabst, was du konntest. Doch du hast nicht alles gegeben. Ehrlich gesagt, konntest du es gar nicht. Das gesamte Potenzial schlummert in dir, in der Tiefe dieses Meeres. Hinzu kommt, dass du nichts, wirklich rein gar nichts wahrgenommen hattest. Blick mal zurück, sahst du rechts den See mit dem unglaublichen Wasserfall oder die wunderbar blühenden Blumen auf der anderen Seite? Nein, du warst so fixiert, so maximal darauf fixiert, dass du die Schönheit des Lebens nicht wahrnehmen konntest. Was glaubst du, wieso wir hier sitzen? Weil wir alles richtig machen, natürlich nicht. Nun schau mal auf dein Fahrrad, wie schlecht du die kaputten Dinge geflickt hast. Manches hast du ignoriert, siehst du die große Beule da, kurz unter deinem Sattel? Die war mal ganz klein, aber du hast gar nicht bemerkt, was mit ihr geschehen war. Du bist nur, ohne Rücksicht auf Verluste, immer weiter und weiter geradelt. Nicht einmal nach hinten hast du geblickt. Verstehst du, was ich meine?" „Noch nicht so richtig.", sagte ich. „Gut, dann hier Klartext, wie du sicherlich gemerkt hast, ist der Berg dein Traum, den du, komme was wolle, erreichen möchtest. Dabei blickst du nicht auf dich, du symbolisierst das Fahrrad und die Macken, die du über die gesamte Zeit bekamst. Die Aussichten links und rechts sind Erlebnisse, Erfahrungen, neue Dinge, einfach alles, was das Leben aufregender macht. Dein Herz ist also ein verdammter Dickkopf und so werden wir den Traum nicht erreichen. Das Leben ist eine Reise und die kleinen Abzweigungen sind wichtiger, als zwanghaft an sein Ziel zu kommen. Also, versteh endlich, dass du erst dein verdammtes Rad heile machst und dich durch die Abzweigungen erweiterst, anstatt dich kaum zu kennen, wenn du überhaupt jemals an diesem Traum ankommen willst. Sei zudem nicht so verbissen auf den Traum, wieso muss es unbedingt dieser sein, kannst du nicht auch reisen oder vielleicht etwas erschaffen? Bist du echt so blöd, dass du dein inneres Kind alles aussuchen lässt, anstatt deinem erwachsenen Ich etwas zu gönnen? Sei doch nicht so dumm und naiv." Einige Zeit schwieg ich und blickte auf das Meer, dessen Wellen unaufhörlich gegen den Strand peitschten. Da saß ich und begriff in meinem Herzen, was ich für die Zukunft zu tun hatte. „Ich verstehe es.", sagte ich trocken und der alte Mann, dieser fleischgewordene Schmerz, grinste mit seinen gelblichen Zähnen in meine Richtung und hauchte nur: „Ich weiß, ich spüre es." Mit jedem Wort, das er gesprochen hatte, wurde ich mir mehr und mehr sicher, was ich zu tun hatte. Ich spürte einen kleinen Funken, ganz tief in mir.

„Da du nun verstehst, wieso ich den Traum enden lassen musste, gehen wir über zur zweiten Lektion. Ich weiß, wir haben den Film 127 Hours niemals geschaut. Der Film, in dem ein Wanderer stürzt und sein Arm zwischen zwei Felsen steckt. Er ruft um Hilfe, doch nach knapp fünf Tagen hatte er keine andere Wahl, als seinen Arm mit einem Taschenmesser abzutrennen und sich dort heraus zu kämpfen. Das ist so ziemlich der Inhalt, wie wir wissen, und das müssen auch wir machen." „Ich soll mir einen Arm abschneiden?", fragte ich unglaubwürdig. „Nein, manchmal bist du vernebelter als ich annehme. Das, was ich meine, ist etwas anderes. Du musst lernen, was es bedeutet, seinen imaginären Arm abzuschneiden. Nennen wir die zweite Lektion „Cut it off". Was würdest du tun, wenn dein Fuß eingeklemmt ist und die Flut immer weiter steigt, so sehr, dass du drohst zu ertrinken? Du würdest deinen Fuß abschneiden, um weiterzuleben, richtig? Das ist die Kernaussage, wir haben den Traum getötet, um zu wachsen. Wenn die Depression dich runterzieht, dann tut sie das nicht in glücklichen Momenten, sie tut es, wenn du traurig bist, wenn dich die Gedanken einholen, wenn dich das Leben einholt, deshalb sage ich dir „cut it off!" Der alte Marc, mit dem wir uns verbunden haben, muss ein Stück weit mehr sterben, er muss zum Teil beerdigt werden, um als neuer Marc zu entstehen. Also hör auf mit dem Selbstmitleid, mit dem Bullshit, hör auf, in der verfickten Vergangenheit zu leben. Hör auf mit den Ausreden, dass du nicht seinet- oder ihretwegen da bist, das machen nur Verlierer und das bist du nicht. Du magst deinen Weg verloren haben und ihn über die Jahre nie ganz wiedergefunden zu haben, aber ist da nicht dein Gefühl? Das Gefühl, mehr zu wollen, die Sicherheit, dass ihm mehr zu steht? Also Cut it off! Beende den verdammten Bullshit. Ändere alles, woran du glaubst, alles, woran du festhältst und fang an, an dich zu glauben." „Ist ja nicht so als …" „Nein!", schrie mir der alte Mann mir mit einer Wucht entgegen, „Cut it off, finde nicht wieder Ausreden, warum du dies oder das nicht tust, wieso du so bist, wie du bist. Hör auf, wegen der Vergangenheit zu heulen. Kennst du noch das Zitat, welches Rafiki Simba in dem Film der König der Löwen beibringt?" *„Die Vergangenheit kann schmerzen, aber so wie ich das sehe, kannst du davor weglaufen oder dich ihr stellen."* „Ja, genau. Du musst all deine Glaubensätze ändern, um ein anderes Leben zu erreichen. Machst du nur das, was du immer getan hast, wirst du auch nur das erreichen, was du immer erreicht hast. Beginn zu verstehen, dass Veränderung gut ist, das ist die Essenz, vor der du so lange weggelaufen bist. Hör auf mit den Ausreden, hör auf, dich selbst zu belügen, cut it off! Denn nur dann kannst du ein anderes Leben gestalten. Willst du es direkter hören? Du bist fett und faul geworden, Depressionen hin oder her, du machst nichts aus dir und deinem Potenzial, du ruhst dich auf der Erkenntnis aus, dass es alles mit der Depression zu erklären ist und beraubst dich dabei deiner eigenen Stärke, der Reflexion. Woher kommt die Depression denn? Bestimmt nicht, weil wir alles unternahmen, um sie zu verstehen oder ihr genauso viel Positives entgegenzuwerfen, wie wir Negatives erfahren. Wer lag tagelang auf dem Sofa und bestellte einen Burger nach dem anderen? Die Depression wird sicherlich nicht bei Lieferando bestellt haben. Die Depression hat dich sicherlich nicht stagnieren lassen in der Selbstständigkeit, es war der Bullshit, den du dir eingeredet hast. Du hast dich selbst in eine Rolle gebracht und sie mit Bravour gespielt. Dieses Hamsterrad füttert die Depression und ließ sie wachsen, guck dir doch mal das Monster auf dem Grund an. Eines noch, du wirst viele Erkenntnisse über diese Beziehung bekommen, doch ich kann dir sagen, egal was es war, diese Phasen waren ein Hauptgrund, wieso sich Manni von dir trennte." Ein Blitz durchzog das Meer und ein lauter Donner war zu hören, die Wut, die bei dem letzten Satz in mir aufstieg, war deutlich zu spüren. Ein letztes Mal blickte mich der Schmerz an: „Cut it off!"

Es fühlte sich an, als könnte ich mich nicht aus diesem Gespräch befreien, so sehr ich mich auch bemühte. Der Dialog mit meinem inneren Schmerz traf mich genau am schwächsten Punkt in meinem Leben. Ich war auf die letzte Lektion gespannt, während sich die kleine Gewitterwolke meines Zorns verzog. Als sich der Himmel beruhigte, sah ich ein leichtes Grinsen auf den Lippen des alten Mannes. „Sollen wir fortfahren mit der letzten und wichtigsten Lektion?", fragte er mich, als ob ich eine Wahl hatte. Antworten musste ich nicht. „Die letzte Lektion sage ich dir direkt. Du musst lernen, den Schmerz zu lieben. Du musst lernen, mich zu lieben, denn ich bleibe ein Teil von dir, ob du mich an deinem tiefsten Punkt sehen kannst, so wie es jetzt der Fall ist, oder bei deinen künftigen Leben nur spürst. Du musst mich nicht nur akzeptieren, sondern lieben. Wie oft haben wir eine Situation akzeptiert, wohlwissend, dass wir diese ändern können? Genau das ist der Punkt, wann immer du Schmerz empfindest, sowohl körperlich als auch geistig, musst du ihn lieben. Lieben wie die Tasse Kakao an einem kalten Winterabend. Lieben wie den ersten Kuss einer neuen Liebe. Lieben wie das Gefühl, mit den Jungs um die Häuser zu ziehen. Leiden ist der einzige Weg, um an die Spitze zu kommen, Hindernisse sind der einzige Weg zum Erfolg, Schmerz ist der einzige Weg zu einem Wandel. Du musst den Schmerz lieben. Egal wie, ob körperlich oder seelisch, liebe ihn. Wenn nicht, dann bleibst du dort stecken, wo du bist. Der Weg ist gepflastert von Schmerz, Leiden, Frustration und Demütigung, akzeptiere sie, akzeptiere mich, lern mich zu lieben und nutze mich als Antrieb. Heb dein Potenzial aus den Tiefen dieses Meeres, steh auf, werde stärker als jemals zu vor und hol dir das, was dir zusteht. Harte Arbeit, geh an deine Grenzen und durchbrich sie, immer und immer wieder. Hab keine Angst, verletzt zu werden, denn wenn du mich liebst, wird es dich nicht zerstören, sondern entwickeln. Lache dem Schmerz entgegen und werde ein mentales und körperliches Biest. Dann wird sich dein Mindset ändern, von dem bemitleidenden Marc zu einem Marc, der versteht, wie stark er durch den Weg geworden ist. Dann wird sich zeigen, ob du stark genug bist, deine Ziele zu erreichen oder ob du wieder nur blöd daherredest." „Wieso gerade jetzt? Wieso an diesem Punkt?", fragte ich den Schmerz innerhalb einer Sekunde. „Nun.", holte er ein weiteres Mal aus, „Du bist an dem tiefsten Punkt in deinem Leben, an dem waren wir vorher noch nicht. Durch die Selbstmordgedanken vor ein paar Wochen, du erinnerst dich sicher an die Szene im Auto, sind wir in eine Tiefe vorgedrungen, die die Voraussetzungen schafft. In diesem Moment bat ein Teil von dir, zu sterben, und heute tötete ich ihn. Wie sagte Franz Kafka einst: „Das erste Anzeichen für Verständnis, ist der Wunsch zu sterben." Ich glaube an etwas, es ist sowas wie mein Mantra. Wenn der Schmerz der aktuellen Realität größer ist als die

Angst vor dem Unbekannten, dann bist du bereit, das Unbekannte zu erforschen. Wenn du dann an dem Abgrund stehst, der dir jahrelang so unglaubliche Angst machte, dann springst du mit einem Kopfsprung in ihn hinein. Das wird jetzt passieren, wenn du richtig wählst. Ich sagte dir ja zu Beginn bereits, dass du am Ende eine Wahl von mir bekommst und hier ist sie. Möchtest du sterben oder überkommst du die Angst vor dem richtigen Leben?" Obwohl ich keine Kraft hatte und machtlos war, schrie ich es hinaus: „ICH WILL ENDLICH RICHTIG LEBEN!"

ERKENNTNIS
Linkin Park - Lost

Ich schreckte hoch, war wohl vor Erschöpfung eingeschlafen. Die mentale Belastung forderte ihren Tribut. Ich war wieder in der Realität angekommen. Mein Herz schlug in meiner Brust, ich war leicht verschwitzt. Ratlos über das Ereignis saß ich zerzaust auf dem Bett. Ich wusste nicht, ob es ein Traum war oder eine Eingebung, und ebenso wenig, ob das alles in die Idee der Wirklichkeit passte. Der einzige Anhaltspunkt war, dass ich ja auch den alten Mann sonst immer vor mir sah. Der Schmerz begleitete mich und er war Teil dieser Erfahrung. Daher entschied ich mich, fest daran zu glauben, denn es war ein Strohhalm in einer dunklen Zeit. Gerade jetzt dachte ich, ich sollte für jeden Strohhalm dankbar sein. Ich spürte eine kleine Veränderung im Rhythmus meines Herzens, nicht in den Schlägen, sondern in der Melodie. Sie klang ein bisschen weniger gebrochen, als klebe man ein zu kleines Pflaster auf eine große Wunde, doch für den Moment konnte ich ein bisschen atmen. Es war, als haben die neuen Glaubenssätze einen Samen in ihm gepflanzt und diese Erkenntnis reichte mir fürs Erste.

Ich zog mich an und fuhr mit dem Bus zur Arbeit, wie immer die Sportsachen im Gepäck. Die Fortschritte, vor allem in der Diät, waren zu sehen, was mir zumindest körperlich Selbstvertrauen brachte. Seelisch fühlte ich mich nach wie vor leer. Während der Fahrt sang ich alle Lieder mit, obwohl mir nicht danach war, versuchte ich das Leben von der positiven Seite zu betrachten. Denn eine Gewissheit, die war seit dem Morgen fest verankert. Ich wollte mich freiwillig in eine

Klinik begeben. Obwohl ich sehr reflektiert an die Verarbeitung meiner Vergangenheit ging, waren zwei Dinge gewiss. Zum einen durfte ich es nicht zulassen, dass Manni zu meinem dritten Trauma wurde, zum anderen täte mir eine andere Sichtweise auf die Ereignisse sicherlich nicht schlecht. Immerhin waren dort ausgebildete Ärzte, die mir sicherlich eine professionellere Art zeigen könnten, mit Rückschlägen umzugehen. Also rief ich meinen Bruder an. Dieser war zuvor bereits in einer psychosomatischen Klinik gewesen und war von dieser sehr begeistert. Er half mir bei der Erstellung der Dokumente, bis wir außer einem alle zusammenhatten. Ich brauchte ein psychologisches Gutachten. Ich rief jeden Psychologen im Umkreis von 50 Kilometern an. Die Enttäuschung war groß, als sie mir schilderten, den frühsten Termin hätten sie im Februar 2026 frei. Februar 2026, das musste man sich mal vorstellen. Diese ewiglangen Wartezeiten in einem Land, welches als modern galt. Ich verstehe nicht so viel von dem System dahinter, aber 2026 würde ich sicherlich wieder lachend über Wiesen laufen. Doch jetzt, in dieser akuten Thematik, wusste ich nicht, was ich tun sollte. Da war ich, ein gestandener Mann und suchte nach Hilfe. Jemand, der vor ein paar Tagen fast bewusst gegen einen Baum gefahren wäre und das Land ließ mich machtlos zurück?

Mit Unverständnis entschied ich mich für einen drastischen Schritt. Ich ging zu meinem Hausarzt an den Empfang und sagte, ich würde gerne heute einen Termin haben wollen. Als die Frage kam, was denn mein Anliegen wäre, sagte ich trocken: „Suizidale Gedanken und Selbstgefährdung." Mit geschockten, großen Augen blickte mich die Dame an. Die Worte kamen so aus mir heraus, dass ich selbst nicht genau wusste, wie mir geschah. „Ähm, nehmen Sie bitte unverzüglich im Wartezimmer Platz, der Doktor sieht gleich nach Ihnen." „Nein.", antworte ich trocken, „Ich gehe jetzt zur Arbeit und komme heute Nachmittag zum Termin." „Sind Sie sicher?", fragte die Dame noch. „Ja.", antwortete ich erneut trocken. Ich verließ die Praxis, als habe ich gerade gesagt, ich hätte ein wenig Husten, fuhr meine Tour und ging am Nachmittag zu dem Termin. Direkt als die Ärztin hineinkam, schilderte ich ihr alles, dass ich diesen Schritt gehen musste, um zeitnah einen Termin zu bekommen, dass ich die Gedanken bis auf diesen einen Moment im Griff hätte, aber so schnell wie möglich in die Klinik müsse, da ich Angst vor jeder weiteren schlechten Nachricht hatte. Meine Ärztin, die ihr Handwerk wirklich verstand, griff sofort zum Hörer und telefonierte mit einer Kollegin. „Morgen früh, 8 Uhr." Ich traute meinen Ohren nicht, irgendwie verstand sie, dass ich nicht hier wäre, wenn es einen anderen Weg gäbe. Ich bedankte mich mit Tränen in den Augen und ging am nächsten Tag zum Termin. Auch hier erklärte ich, was ich benötigte und sie schrieb fleißig mit, ehe ich eine Woche später das letzte Puzzlestück in der Hand hielt. Es war eins zu eins das, was ich ihr diktiert hatte und dazu noch ein paar Anmerkungen. Den Schritt so zu gehen, war hochgradig riskant. Die Akutklinik, in die ich wollte, war nämlich nicht darauf spezialisiert, suizidgefährdete Patienten aufzunehmen. Ich setzte also meinen ganzen Plan auf eine Karte und gewann. Mein Bruder schickte die gebündelten Unterlagen und ich musste fortan auf einen Platz warten. Im November, drei Monate nach der endgültigen Trennung, klingelte mein Telefon. Die Sekretärin der Klinikleitung war am Telefon, sie hätten einen Platz für mich und zwar bereits eine Woche später. Obwohl ich Tag für Tag auf diesen Anruf gewartet hatte, wurde ich trotz allem davon überrumpelt. Irgendwie hatte ein Teil von mir Angst vor dem, was ich vorfinden würde. Der andere Teil freute sich, da die Hoffnung auf Besserung ein Riesenantrieb war. Die Glaubenssätze aus der Eingebung, so nannte ich meine Begegnung mit dem schwarzen Herzen fortan, waren irgendwie auf meine Seele tätowiert. Ich hatte die Gewissheit entwickelt, wirklich daran zu glauben, dass ich diesen Leidensweg überstehen könnte.

Ich traf mich ein letztes Mal mit meinem Bruder. Inzwischen war herausgekommen, dass es lediglich eine Zyste sei, die bereits länger im Kopf wäre und fortan stünde diese unter Beobachtung. Den Umständen entsprechend ging es ihm als gut. Wir trafen uns mit seiner Freundin Kathleen auf ein Essen und ein anschließendes Eis. Als wir so rumblödelten und Scherze miteinander machten, sah ich, wie sich eine Träne in seinen Augen bildete. Von jetzt auf gleich wurde die Stimmung komplett ernst. Er kramte in seiner Tasche und zog ein Schmuckkästchen heraus. Er stellte es auf den Tisch und schob es zu mir rüber. Wann immer ich sehe, dass er beginnt zu weinen, kommen auch mir die Tränen. In Momenten der Gefühle sind wir uns total ähnlich. Das sieht man bei einem Lachflash oder eben in Momenten der Traurigkeit. Er wollte es mir schenken, meinte er. Als ich es öffnete, fand ich eine Kette mit einem Anhänger vor. Sie war Silber und der Anhänger war der heilige Christopherus, der Schutzpatron der Reisenden. Ich machte mir nichts aus Religionen, ich denke, dafür bin ich zu spirituell angehaucht. Doch wollte ich so eine schon immer besitzen. Ich fand den Gedanken schön, dass mich ein Stück von meinem Bruder durch die bevorstehende herausfordernde Zeit begleitete. Zudem waren meine letzten Jahre sehr geprägt von dem Wort des

Reisens. „Du wirst als anderer Mensch wiederkommen.", sagte er. Ähnlich wie damals am Berliner Flughafen, kurz vor meiner ersten Weltreise. Mir war klar, dass er wusste, wovon er sprach, immerhin sah ich seinen Wandel, als er vor ein paar Jahren aus ebenjener Klinik kam. Den Fortschritt, den er dadurch machte, erfüllt mich bis heute mit unglaublichem Stolz. Wir weinten beide. Wir sind schon besonders, musste sich Kathleen gedacht haben. Ich ärgerte meinen Bruder sonst sehr gerne und das nicht nur, weil er immer so viele Vorlagen gab. Als wir früher um die Häuser zogen, schaffte er es doch tatsächlich einmal, in der Disco einzuschlafen. Dennoch ist er eines meiner wichtigsten Vorbilder und dort im Eiscafé war es wieder ein kleiner Moment für die Ewigkeit, den wir miteinander teilten. Ich hatte schon länger die Eigenschaft, mein Leben nicht nach Errungenschaften oder Leistungen zu messen. Viel wichtiger war es mir, meinen persönlichen Stempel in der Welt zu hinterlassen. Ebenjene bleibenden Momente zu erschaffen. Leute vergessen oftmals, was man mit ihnen erlebte, doch niemals, wie sie sich bei dir fühlten. Mein Bruder schaffte es, wann immer wir uns sahen, mich ein Stück weit sorgenfrei in die Rolle des kleinen Bruders fallen zu lassen und zwar egal in welchem Alter ich mich befand. Natürlich bedankte ich mich ausführlich, als ich mir die Kette umhing, die zum Glück die perfekte Länge hatte. Ich mochte Ketten, wenn sie kurz unter dem Brustkorb baumelten. Ich drückte die beiden zum Abschied und begab mich auf eine Reise der besonderen Art. Am Mittwoch darauf fuhr ich sehr früh mit dem Zug in Richtung der Klinik. Sie sei leicht zu finden, sagte mir mein Bruder. Ich müsse nur die Straße hoch, gute zehn Minuten, meinte er. Als ich meine Tasche schulterte und mit dem Gewicht von zwanzig Kilo, 45

Minuten bergauf musste, ehe ich die Klinik erreichte, boxte ich ihn in meinen Gedanken. Da schlug sie auf, die Tür, die den Grundstein legen sollte für mein künftiges Ich.

Disclaimer: Ich war lange am Überlegen, ob und wie ich dieses Kapitel schreiben sollte. Ich habe großen Respekt vor allen Schicksalen, die mir begegnet sind. Noch größeren Respekt habe ich vor der Handhabung der Patienten innerhalb der Klinik. Ich wusste nicht, ob ich an meinem direkten und authentischen Schreibstil etwas ändern sollte. Ob ich diesem Thema überhaupt mit Humor begegnen darf oder ob ich besonders Rücksicht nehmen sollte. Je mehr ich darüber nachdachte, desto mehr würde es meine Eindrücke verfälschen. Daher entschied ich mich, mir treu zu bleiben. Aber bevor ich weiterschreibe, diesen Text zu formulieren: Egal, wie ich es ausdrücke, ich habe großen Respekt vor jedem Einzelnen, der diesen Schritt ging. Ich habe großen Respekt vor den Ärzten und dem Personal, welches sich dort so um einen bemüht. Vor allem aber habe ich den größten Respekt vor den Schicksalen, die ich erfuhr, von dem Impact eines jeden Einzelnen auf meiner Reise. Daher werde ich zu keinem Zeitpunkt die Klinik beim Namen nennen. Des Weiteren sind die Namen der Patienten, deren Begegnungen ich erzählen möchte, abgeändert. Es war meine besondere Reise zu mir selbst, meine besondere Reise an diesem Ort, meine Gefühle, die ich unterstreiche. Dabei möchte ich niemandem zu nahetreten, egal wie ich ihn darstelle. Ich weiß, dem einen oder anderen werden einige Stellen missfallen, doch alle Geschichten, die etwas in mir auslösen, die mir Antrieb gaben oder mich nachdenklich stimmten, gehören in dieses Buch. Ich danke jedem Menschen, dem ich dort begegnen durfte.

Die Klinik sah von außen sehr unscheinbar aus. Man merkte zwar, dass dies ein öffentliches Gebäude war, doch hatte es nicht dieses Krankenhausfeeling, das ich mir ausmalte. Die Klinik war umgeben von einem wunderbaren Wald, der zum Sport einlud. Als ich mein Gepäck ein letztes Mal schulterte und durch die automatische Eingangstür ging, stand ich in einem Mittelgang zwischen zwei weiteren Glastüren. Links etwas Hallenähnliches, rechts war eine Rezeption zu sehen. Ich ging rechts durch die Eingangstür und fand eine Frau wildgestikulierend mit der Dame am Empfang diskutieren. Ich stellte meine Sachen ab und wartete geduldig, ehe ich nach gut zehn Minuten an der Reihe war. Ich erklärte, wer ich bin, gab meinen Personalausweis ab und sollte in der Lobby warten. Diese war mit drei Sitzecken bestückt, an der Wand war eine künstliche Steinwand zu sehen. Es gab einen Tisch, an den Leute saßen, die puzzelten. Puzzeln, das machte ich das letzte Mal mit Mama. Sie liebte es, 1.000-Teile-Puzzle zu vervollständigen und sie danach mit einem blauen Rahmen an die Wand zu hängen. Ich setzte mich auf das Sofa, ehe ich nach weiteren zwanzig Minuten erneut aufgerufen wurde. Ich bekam einen Zimmerschlüssel und einen weiteren für ein Postfach. Mir wurde erklärt, dass ich meine Stundenpläne und Änderungen dort finden würde. Es könne ja immer mal sein, dass jemand ausfiele oder eine Vertretung gemacht wird. Den ersten Stundenplan bekam ich in die Hand, ich musste in zwei Stunden zum EKG und zur Besprechung mit dem Pflegepersonal. Ein Pfleger begleitete mich auf mein Zimmer, erklärte mir das Telefon und wie ich um Hilfe bitten konnte, wie der Safe funktionierte und was es mit den vielen Decken auf sich hatte. Es gab eine graue, die durfte ich zu jeder Therapiestunde mitnehmen, egal wohin, eine Tagesdecke und eine weitere Decke, wenn es einem nicht gut ging. Der Pfleger verabschiedete sich und ich stand in meinem Zimmer. Das Zimmer hatte den typischen blauen PVC-Boden und der Holzrahmen des Bettes war weiß. Es war ein Einzelbett, in dem super viel verbaut war. Nicht nur das Leselicht, sondern auch eine Freisprechanlage, die gleichzeitig als Radio herhielt. Ein Alarmknopf, falls etwas Wichtiges sein sollte und eine Lampe mit Gelenk. Der Pfleger argumentierte den Alarmknopf mit einem möglichen Sturz im Badezimmer. Doch mir war bewusst, dass es hier auch Menschen gab, die nachts Panik bekamen. Hinter dem Bett war ein Spiegel montiert, darunter der Mülleimer. Das Badezimmer verfügte über eine Schiebetür. Die Armaturen waren ebenfalls weiß und die Dusche war sauber. Ich hatte einen kleinen Balkon und blickte auf einen Teil des Waldes. Ich verstaute meine Sachen und warf mich auf das Bett. Man spürte zwar, dass dort bereits einige vor mir nächtigten, trotzdem konnte man der Bequemlichkeit nichts absprechen. Ich kramte nochmals meinen Stundenplan hervor, nach dem Aufnahmegespräch hatte ich mich abends in der Lobby einzufinden. Der Rest der Woche war frei.

Ich zog mir meine Jogginghose an und verlor mich im Handy, ehe ich mich zu den Tests aufmachte. Ich musste in die erste Etage zum Pflegepersonal, stellte mich vor und wurde in ein Behandlungszimmer gebeten. Ich sollte mich ausziehen und auf die Waage stellen, 85,2 Kilogramm. Obwohl es hieß, es wäre leichtes Übergewicht, wusste ich, dass ich bereits knapp 3 Kilogramm verloren und dabei ordentlich Muskelmasse zulegt hatte. Daher grinste ich nur. Ich bekam das EKG angelegt und sollte mich für ein paar Minuten auf die Liege legen. Alles normal. Nachdem ich mich anzog, ging es rüber zu dem Raum, in dem ich dem Pflegepersonal meine Geschichte erzählte. Der Herr schrieb fleißig mit, fragte mich noch nach meinen Vorlieben bezüglich des Essens, wie ich zu Drogen stand und was meine Ziele hier wären. Ich verschwieg nichts. Dass ich auf einem Spieleabend vor gut zwei Wochen an zwei Joints mitrauchte und gnadenlos bei Risiko verlor. Dass ich hier einen professionelleren Blick auf die Traumata in meinem Leben wollte, damit sich mir ein neuer Blickwinkel öffnete. Dass ich keine Allergien habe und Wert darauflegte, eine Ernährung zu bekommen, die meinem sportlichen Ziel nicht im Wege stehe. Es fühlte sich überhaupt nicht danach an, als wäre ich in einer Klinik. Es war, als würde man einen alten Kumpel wiedertreffen, mit dem man sich lange nicht mehr unterhalten hatte. Nach gut einer halben Stunde durfte ich mit der Information gehen, dass ich morgen früh zur Blutabnahme nüchtern sein sollte. Dies würde sich nachher in einem neuen Stundenplan wiederfinden, den ich in meinem Spint fände. Anschließend ging ich auf mein Zimmer, holte meinen Laptop heraus und schrieb weiter an diesem Buch. Es war mein Ziel, mir während des Aufenthalts meine Gedanken und Ziele zu notieren, um so später für mich Erkenntnisse zu gewinnen.

Ich schrieb, bis es abends dunkel wurde und mein Wecker mir sagte, es wäre Zeit für das Abendbrot. Ich ging hinunter, durch die leicht belebte Lobby und die beiden Glastüren, zwischen denen ich mich am Morgen noch entscheiden musste. Es gab drei Abzweigungen, links ging es zu meinem Speisesaal, geradeaus zur Privatklinik und rechts zu deren Speisesaal. Irgendwie war alles ein wenig gehobener, aber das Essen gleich. Im Vorflur der Speisehalle gab es kostenloses Wasser und Tee sowie das Besteck und die Teller. Unser Speisesaal war ein Anbau, wo sehr viel mit Holz gearbeitet wurde. Es gab genügend Sitzplätze und ich sah bereits einige Gruppen, die sich bildeten. Das Buffet war klein, aber in drei Kategorien unterteilt. Vollkost, halbe Vollkost und Fitnessessen. Ich aß querfeldein. Abends bestand das Essen meist aus Brot und Obst, dazu gab es einige Salate und buntgemischten Belag. Ich, der kaum Obst mochte, aß meistens einen Salat und dazu ein Brot mit Putenbrust. Ich saß an meinen eigenen Tisch, weil ich leicht verunsichert war, ob es eine Sitzordnung gab oder sich jemand unwohl fühlte, wenn ich mich einfach dazusetzte. Nach dem Essen wartete ich in der Lobby gespannt bis kurz vor 7 Uhr. Ich wurde von meinem Paten angesprochen. Es gab Paten, die einen zur Orientierung durch das Haus führten. So lernte ich die Wege in die Kapelle, zu den Ärzten und Einzel- sowie Gruppentherapieräumen. Mir wurde die Waschmaschine erklärt, wo wir ins Fitnessstudio gehen und wo es in die Therme ging. Wir durften einmal die Woche in unserer Freizeit für vier Stunden kostenlos in die Therme, inklusive Sauna. Die Klinik war ein kleines Labyrinth, daher fand ich die Führung sehr aufschlussreich. Bevor ich mich bedankte und sehr übermüdet auf mein Zimmer verabschiedete, schaute ich ein weiteres Mal in mein Postfach. Ein neuer Stundenplan und mein Personalausweis lagen in darin. Gespannt schaute ich ihn an, morgens um sieben zur Blutabnahme, um 10 Uhr ein Gespräch mit der Ärztin und um 11 Uhr ein Gespräch mit der Psychologin. Gut, dachte ich, er wird sich schon über die Zeit hier füllen.

Ich blickte ein letztes Mal aus dem Fenster. Das Licht war bereits gelöscht. Meine „Memories – do not open"-Playlist spielte in meinem Ohr. Ich blickte auf die leicht erhellte Straße und den Wald dahinter. Ich dachte an Manni. Mir war bewusst, dass sich mein Blickwinkel auf alles ändern würde. Dass ich hier einen Schritt für meine Zukunft ging, eine ohne sie. Doch so sehr ich auch wusste, was ich zu tun hatte, fragte eine kleine Stimme, dort unten tief in dem dunklen Meer, noch immer nach ihr. Ich war lange bereit, sie gehen zu lassen, doch ich wollte dies ohne Groll tun. Ich wollte nichts unausgesprochen lassen, nichts unverarbeitet. Denn sie war meine härteste Lektion, die ich bestehen musste. Sie war nicht nur dafür verantwortlich, dass ich auf der Zielgeraden meinen Traum verlor. Nein, sie wandelte mich so sehr, dass ich diesen Traum nicht mehr wollte. Zumindest nicht so. Sie war der Auslöser, der mich in die Klinik brachte, ich wusste nicht, ob ich ihr dafür danken sollte. Immerhin bin ich hier, weil sie durch ihre Art und Weise meine Wunden aufriss. Doch mir war bewusst, dass ich diese Hürde meistern werde und das Wort glücklich nicht nur buchstabieren würde. Ich legte mich ins Bett und schlief einen tiefen Schlaf.

Mein Wecker klingelte, ich stand auf, machte Katzenwäsche und begab mich in Jogginghose zur Blutabnahme. Danach lernte ich den Oberarzt kennen. Wir sprachen ausführlich über die Klinik, was mich erwarten würde und ob sie körperlich auf etwas achten müssten. Abgesehen von Rückenschmerzen gebe es da nichts, meinte ich. Er gab mir ein paar Dehnübungen mit auf den Weg. Er fragte noch, ob ich an etwas nicht teilnehmen möchte, doch ich erwiderte, dass ich alles probieren wollen würde. Immerhin wüsste ich nicht, wie die neuen Dinge mir halfen oder nicht, ehe ich sie probierte. Zustimmend blickte er mich an. Ich ging ein Zimmer weiter, lernte meine Psychologin kennen. Ich erzählte ihr vom Verlust von Mama, dass ich alles detailliert in einem Buch verarbeitete. Wie ich mich fühlte, nachdem Nils ging, dass ich dort das Gefühl hätte, versagt zu haben und wir sprachen über die Gefühle meiner Situation. Über die Art und Weise der Trennung, was es hochholte, was ich mir im Leben wünschte. Sie sagte kaum etwas, machte sich nur Notizen und sagte, dass sie sich mir teilt mit einer Kollegin, da sie in den Urlaub fahre. Ich nickte zustimmend, sie schaute verwirrt. In dem Moment sind wohl einige Patienten ausfallender geworden, doch ich brauchte sie in erster Linie nicht als Bezugsperson, sondern als professionelle Hilfe. Ob es nun sie ist oder ihre Kollegin änderte für mich ja nichts an der professionellen Hilfe. In der ersten Woche gäbe es noch keine Einzelgespräche, die soll für mich rein zum Ankommen sein. Doch an den anderen Kursen werde ich ab morgen teilnehmen, da sehe sie keine Probleme. Ich bedankte mich und ging auf mein Zimmer. Kurz vor dem Abendessen ging ich erneut zum Postfach und bekam einen neuen Stundenplan. Es war ulkig, wieder nach einem Stundenplan zu leben. Es gab alles Mögliche: Achtsamkeit am Morgen, Bewegungen in der Natur, Sport, Fitness, Wassergymnastik, Yoga, Entspannung zur Musik, Gruppentherapie und Malen. Nächste Woche kämen dann noch zwei Mal Einzelgespräche hinzu. Das gesamte Gefühl, welches ich bekam, war das Gefühl des Einlassens. Irgendwie musste man sich und seine Seele treiben lassen, irgendwie aufgeschlossen sein, für alles, was einen erwartet. Es war ein schönes und befremdliches Gefühl zugleich. Irgendwie erinnerte es mich auch an die Schaumstoffmatte im Schwimmbad, als ich 14 war. Nach dem Essen musste ich noch zum

Pflegepersonal zur Auswertung meiner Blutwerte. Mein Cholesterinspiegel war leicht erhöht. Das läge an meinem Fleischkonsum und der unausgewogenen Ernährung der letzten Jahre. Sonst hätten sie keine Bedenken, mich an allem teilhaben zu lassen.

Ich wurde der Gruppe 3 zugeteilt, mit dieser Kleingruppe würde ich alle Gruppenaktivitäten zusammen machen. Dies diente dazu, dass man sich geborgen fühlt innerhalb seiner Gedanken und Gefühle. Daher war es auch strikt verboten, jemandem ohne seine Erlaubnis nahezukommen. Wann immer man sich irgendwo hinsetzen wollte, musste man diese ebenso einholen. Da es einige Patienten gab, die durch sexuelle Übergriffe dort waren, war diese Regel immer einzuhalten. Dies taten auch alle, bis auf meinen Paten Ryan. Er war ein sehr gläubiger, fast schon ein zu gläubiger Mann. Er trug immer Sandalen und ein weißes Gewand. Dies tat er, um nicht von seiner Seele abzulenken, so wie er es beschrieb. Das Problem mit Ryan war, dass er in einer Kommune großgeworden war, in der Interesse und Zuneigung durch Berührung gezeigt wurden. Kurz gesagt, er fasste gerne Menschen an. Er war ein komischer Kauz und ich wurde nie so ganz aus ihm schlau. Er hatte eine Halbglatze und die Haare, die er hatte, trug er schulterlang nach hinten. Er begann oft, die Bibel zu rezitieren oder fing ohne Vorwarnung an, zu singen. Seine Stimme war trotz allem sehr geschult. Leider war es selten Gesang, sondern er jodelte mit seinem Kehlkopfgesang fröhlich durch die Gänge. Er war der festen Überzeugung, dass man jeden Menschen so akzeptieren sollte wie er ist. Das Problem war, dass die Weitsicht den meisten anderen Patienten fehlte und er zu wenig auf seine Mitmenschen hörte. Wann immer ihm Kritik entgegensprang, fühlte er sich nicht akzeptiert. Diese

Spirale wiederholte sich nahezu täglich in der Klinik. Zu allem Übel war er nicht nur in meiner Gruppe, sondern auch mein Pate. Also sah er mich als seinen Schützling. Als ich mich gerade hinsetzen wollte, schrie er lauthals durch die Halle, dass neben ihm noch Platz war. Nicht nur, dass die Ruhe beim Essen oberstes Gebot war, nein, alle schauten mich verdutzt an, als hätte ich das Schreien hinaufbeschworen. Wir sprachen meist über sein Lieblingsthema, die Klangtherapie, die er selbst ausführte und freiwillig am Abend in der Klinik präsentierte. Damit konnte ich nichts anfangen, also antwortete ich meist kurz angebunden, da ich ihm selten zuhörte. Ich fand ihn auf eine Art faszinierend, aber das was mich reizte, hatte er selbst noch nicht für sich entdeckt. Daher sprang bei unseren Gesprächen leider selten etwas Konstruktives heraus. Ich versuchte, immer schneller zu essen, wenn er mit mir an einem Tisch war, um aus seinen Fängen zu entkommen.

Nachdem ich dem tibetanischen Mönch entkam, setzte ich mich ins Foyer und begann, die anderen Patienten kennenzulernen. Oft stellte ich mich mit allem vor, was mich in die Klinik brachte, Mama, Nils und Manni. Ich erzählte, was ich hier erreichen wollte und war auf die Geschichten der anderen gespannt. Bereits nach ein paar Minuten hörte ich von ihnen, dass sie nicht darüber sprechen, weshalb sie hier sind. Ich fiel aus allen Wolken, irgendwie dachte ich mir, dass es nicht richtig sei. Ich bin doch genau deshalb hier, um über meine Probleme zu sprechen. Daher sollte ich doch jeden Rat, jedes Gespräch, außer die mit Ryan, mit offenen Armen empfangen. Ich wurde angeschaut wie jemand, der eine unausgesprochene Regel missachtete. Wie jemand, der mit einem falschen Ansatz an die Sache heranging. Es überforderte mich, zwar war ich für jede Diskussion offen, wollte aber auch nicht ihren Weg beeinflussen. Wie ich damals im Tempel in Chiang Mai lernte, jeder beschreitet seine eigene Reise selbst. Nachdem ich merkte, dass mir die Gespräche nicht halfen, ging ich auf mein Zimmer. Mir wurde bewusst, dass es zwei Arten von Menschen gab, die in der Klinik waren. Zum einen die Menschen, die wissen wollen, was ihr Trauma ist und noch nicht sagen können, was das alles in ihnen auslöst. Die Menschen, die seit einer gewissen Zeit in dieser antriebslosen Phase stecken, die nur spüren, dass da etwas ist. Doch dann gab es auch diejenigen, die ihre eigene Hölle gesehen hatten, die ihre eigenen Dämonen kannten und lediglich einen anderen Weg aus dem Dilemma suchten. Ich gehörte definitiv zu den zweiten Menschen. Das Problem war nur, dass mich die Gespräche triggerten. Wann immer ich auf jemanden aus der ersten Gruppierung traf, musste ich sehr aufpassen, nicht meinen eigenen Weg zu verlieren, da so etwas wie Anerkennung oder das Helfersyndrom sich dann instinktiv meldeten. „Du warst doch schon an dem Punkt vor ein paar Monaten, los, sag was.", hallte es oft in meinen Gedanken, aber ich war reifer. Ich wusste, dass es mir nichts bringen würde, wenn ich mich für jemanden verausgabte. Wenn ich das für jemanden tun müsste, dann für mich selbst. Mein Wohlbefinden und die Schritte, die ich gehen wollte, standen an erster Stelle. Deshalb zog ich mich häufig nach dem Essen auf mein Zimmer zurück, ging spazieren oder hörte Musik. Ich wollte auch ankommen in der Klinik und nicht mit dem Kopf 24/7 woanders sein.

Meine Mandanten betreute Alex in der Zeit und so musste ich auch selten am Handy sein. Bereits die ersten Tage, fernab von Garbsen, weg von den Erinnerungen, taten mir sehr gut. Ich war maximal fokussiert auf mich, obwohl ich mich gleichzeitig treiben ließ. Am Wochenende waren keine Pflichttermine angesetzt. So entschied ich mich, in die Therme zu gehen. Dort in der Therme gab es erhitzte Marmorsteine, auf die man sich legen konnte. Nackt auf so einem Stein zu liegen und durchzuatmen, war so eine Heilung, dass ich einschlief und nachzahlen musste. Den Rest des Wochenendes lieh ich mir Zettel und Stifte und versuchte, aktiv mit Gedanken und Mindmaps zu arbeiten. Fragen wie, was möchte ich für mich erreichen? Was platziere ich an die Stelle des Traums? Wie bekomme ich die Dunkelheit aus mir heraus oder was kann ich aktiv gegen die Depression machen, beschäftigen mich. Ich schrieb mir alles von der Seele, baute ein eigenes Punktesystem und versuchte, zumindest logisch die nächsten Schritte zu planen. Bei meinem Bruder zu wohnen, war der richtige Schritt nach der Trennung. Er fing mein verlorenes Ich auf, doch ich war inzwischen viel weiter in meiner Suche nach dem neuen Sinn in meinem Leben. Ich wusste, das Wohnen war begrenzt, immerhin entschieden wir uns, zu sagen, dass ich erstmal bis Ende des Jahres bei ihm bleibe. Das würde bedeuten, wenn ich aus der Klinik komme, hätte ich nur noch wenige Tage, um eine neue Wohnung zu finden. Das hat also die höchste Priorität. Dann musste ich einschätzen, wie viel von dem alten Marc auch während der Verarbeitung starb. Wieviel von mir konnte sich noch mit dem, was ich tue, identifizieren? Auf die meisten Fragen fand ich keine Antwort. Doch sich aktiv tagtäglich mit sich zu befassen, zeigte auch deutliche Fortschritte. So schlief ich mehr und mehr mit der Sicherheit ein, dass dies der richtige Schritt war, sowohl für meinen Körper als auch meinen Geist. Doch aber noch viel wichtiger, dass dies der richtige Schritt für meine Vergangenheit war.

VERARBEITUNG

Casper – Immer noch nervös

Montagmorgen stand meine erste Stunde Achtsamkeit an. Ich traf mich mit meiner Gruppe in der kleinen Kapelle. Es gab eine Bestandsaufnahme unserer Gefühle und unserer Gesundheit, ehe wir meistens mit geschlossenen Augen einer Geschichte lauschten. Das Ganze ging fünfzehn Minuten und half mir tatsächlich, den Fokus nicht zu verlieren. Erst habe ich gedacht, dass diese Übung für mich komplett unnötig wäre, sowas wie verschwendete Zeit. Doch ich konnte ja schlecht dasitzen und sagen, ich möchte mir alles anschauen, um abwägen zu können und beschwere mich bei der kleinsten Gelegenheit, weil ich nicht offen dafür war. Direkt im Anschluss ging es in den Keller, der, weil es so negativ klang, nicht so genannt wurde. Mit meiner grauen Decke ging es hinab zu der Gruppentherapie. Wir saßen zu neunt in einem Stuhlkreis. Zum ersten Mal nahm ich die anderen wirklich wahr. Wir waren eine buntgemischte Gruppe, in der ich mit Abstand der jüngste war. Zum einen fand ich diesen Fakt interessant, weil es kein Alter für Traumata und Depressionen gab, zum anderen fragte ich mich, nach welcher Idee diese Gruppen eingeteilt wurden. Im Laufe der Gespräche wurde mir bewusst, dass es auf keinen Fall, die Erlebnisse sein konnten. Die Bruchstücke, die ich erfuhr, reichten von Übergriffen und Misshandlungen bis hin zu einem verlorenen Willen, das Leben zu lieben. Jeder durfte sich in der Gruppe öffnen und nach einer Vorstellungsrunde, taten dies auch die meisten. Es wurden in der privaten Neunergruppe verschiedene Alltagssituationen besprochen. Es wurde auf jeden einzelnen eingegangen.

Ich brachte mich immer ein, versuchte, meinen Weg des Leidens darzustellen. Doch die Hoffnung, dass jemand dabei einen Funken Wahrheit für sich mitnahm, war gering. Oftmals wurde auch untereinander oder alle gegen Ryan gestritten. Ich verstand, dass meine Theorie der unterschiedlichen Stadien, in der sich die Leute befanden, stimmte. Wann immer ich etwas hörte, schrie die Reflexion in mir, wieso sie das nicht sehen würden. Es gab mir eine Sicherheit, dass ich auf einem guten Weg war. Dabei spreche ich keineswegs von Ignoranz, sondern von Reife. Der Tod von Mama und Nils, die Reisen und auch der Verlust ließen mich unglaublich reifen. Es war fast beängstigend, auf welche Stufe mein Ich gelang. Es machte mir Angst, weil der Vergleich zu den anderen keineswegs meine Absicht war. Doch sondierte ich bereits in der Gruppe, wer meine Entwicklung fördern und wer diese bremsen würde. Ich musste höllisch aufpassen, den Respekt vor den anderen nicht zu verlieren, ihnen nicht zu nahezutreten. Was mir auch irgendwie gelang, nur einmal schoss ich gegen die Gruppe, als sich alle auf Ryan eingeschossen hatten.

Für mich war schnell klar, dass ich in dieser Gruppe keine Antwort finden würde, deshalb war ich heilfroh, wenn es danach zum Sport ging. Ich ging daheim ungefähr vier Mal die Woche, hatte meinen fixen Plan und achtete akribisch darauf, die Struktur einzuhalten. Leider sah der Klinikchef das anders. So sehr ich auch wollte, so sehr ich mich auch bemühte, mehr als zwei Mal die Woche durfte ich nicht. Umso glücklicher war ich, als ich die Tür zum Studio aufmachte. Ich ging zur Anmeldung und sollte warten, bis mir die einzelnen Geräte erklärt wurden. Schnell wimmelte ich die Dame ab, ging zur Hantelbank und legte los. Es gab leider nur Kurzhanteln mit einem

Maximalgewicht von 20 Kilogramm, keine Möglichkeit Bankdrücken zu praktizieren und sonst waren es eher Geräte für ältere Menschen. Ich stellte aber meinen Plan um, machte den Rest meiner Auslastung mit Cardio. Die Stunde, in der ich trainieren durfte, war meine einzige Möglichkeit, körperlich über mich hinauszuwachsen. Also nahm ich die Stunden immer als Ziel der Woche.

Wieder auf dem Zimmer ging es zum Mittag, dann gab es eine Dusche und rüber zur Maltherapie. Ich muss sagen, ich war zwar kreativ, aber zu verkopft fürs malen. Die erste Stunde, durften wir uns ein Bild von einem Baum aussuchen, das wir weitermalen sollten. Ich suchte mir ein Bild eines Baumes aus, der auf einer Lichtung stand. Er war geküsst von der Abenddämmerung, war nur schattig zu erkennen. In mir löste das Bild etwas aus. Dass egal wie dunkel es um einen ist, man niemals die Schönheit und das Licht der Welt vergessen sollte. Meine künstlerische Darbietung ließ zu wünschen übrig, doch ich verstand, dass es gar nicht darum ging. Es ging viel mehr darum, sich innerlich zu öffnen und seine Gefühle auch auf das Papier zu bringen. Sobald ich dies verstand, war das Malen ein Highlight für mich. Doch auch hier musste ich lernen, dass mein Weg nicht der Weg derer sein kann, die mit mir in diesem Boot saßen. Die Dame rechts von mir malte eine Stunde lang nur schwarze Kreise und schrieb überall das Wort „Chaos" hin. Mein Helfersyndrom schrie, doch dies hatte hier keinen Platz. Ich musste es kontrollieren, musste mich kontrollieren, um voranzukommen. Ich war inzwischen auch an einem Punkt, an dem ich nicht verstand, wieso man das Licht im Dunkeln nicht sah. Wenn man davon ausging, dass sie wie ich in einem Meer aus Dunkelheit schwammen, hatten sie dann nicht den Antrieb, auch dort das

Schöne zu sehen? Sollte es wirklich Menschen geben, die ihre eigene Stärke so wenig kennen, dass sie sich dort unten alleine nicht zurechtfinden? Ich biss mir auf die Zunge, wie so oft bei der Therapie. Ich war immer hilfsbereit und höflich, zeigte aber auch regelmäßig meine Grenze auf, wann immer es mir zu weit ging. Die Schicksale der anderen erdrückten einen teilweise so sehr, dass man sich oftmals zurücknehmen musste, um seinen eigenen Fortschritt nicht zu gefährden.

Es tat mir gut, in den anderen Stunden, wie Yoga oder Wassergymnastik, meinen Kopf auszuschalten und sich nur meinem Körper hinzugeben. Auch der musste über die Zeit sehr leiden, so sehr, dass ich nicht nur zunahm, sondern extreme Rückenbeschweren bekam. Yoga half mir dabei ungemein. Ich mochte es, mich in anstrengenden Positionen zu halten und mich zu dehnen, als wäre ich ein Schlangenmensch. Nach der ersten Woche hatte ich meine Position in der Gruppe gefunden, hatte für jeden ein Lächeln auf den Lippen und machte gute Fortschritte. Besonders, das erste Buch, *„The man who can´t be moved"*, überarbeitete ich. Schon länger war es fertig, aber so richtig überarbeitet hatte ich es nie. Also fing ich damit an, schrieb gleichzeitig an einem zweiten. In meinem Kopf verankerte sich der Gedanke, eine Trilogie zu schreiben. Irgendwie war dies der erste Gedanke, das erste Ziel für die Zukunft, welches sich formte. Ich setzte mich tagsüber auch öfter in die Lobby und las meine mitgebrachten Bücher. Ich wusste, dass der Drang zu lesen aufkeimen würde, also nahm ich extra drei Bücher mit. Immer wenn ich dort saß, sah ich die Leute aus dem Nebengebäude kommen. Ich war schockiert. Alle waren sie verheult, immer kamen sie von der Einzeltherapie. Sie sagten mir, die Termine seien die Hölle. Doch ich verstand es nicht. Ich grinste. Ich sah die Termine als Kern meines Aufenthalts. Wenn die Therapeutin mich so aufbrechen könnte, dass ich so rauskäme, würde ich ja einen Schritt näher bei mir sein. Warum also Angst haben, sich zu begegnen, wenn es doch darum geht, sich zu verstehen?

Als der Tag schließlich kam und ich von meiner neuen Therapeutin abgeholt wurde, war sie mir sogar sympathischer als meine erste. Sie ging mit mir in die zweite Etage, der Raum war mit hellem Holz gestaltet, es gab zwei Stühle, auf dem einen nahm ich Platz. Kaum hatte ich mich hingesetzt, blickte ich auf den alten Mann mit den gelblichen Zähnen. Er lehnte sich entspannt an die Wand und blickte zur Decke. Mir wurde bewusst, dass er hier war, weil er dieses Mal wusste, was mir blühte. Er tauchte immer dann auf, wenn ich meinen Traumata auf die Spur kam. Er war, obwohl er den Schmerz verkörperte, in der schweren Zeit zu meinem besten Freund geworden. Doch jetzt ignorierte ich ihn. Mir reichte die Gewissheit, dass er da war, um mich gegebenenfalls aufzufangen. Die Therapeutin bat mich, zu erzählen, was mir widerfahren war. Ohne zu zögern begann ich: „Mit elf Jahren sah ich meine Mutter sterben. Zuhause trieb mich mein Umfeld in die Isolation. Alle Bezugspersonen mieden den Kontakt zu mir. Dadurch erlitt ich tiefe charakterliche Einschnitte, deren Ausmaß ich erst Jahre später begriff. Dazu zählen Verlustangst, der Drang, es allen recht machen zu wollen, sowie das Gefühl, ungeliebt und nicht gut genug zu sein. Es kostete mich fast zwanzig Jahre, um das zu realisieren und einzuordnen. Dies alles mündete in einer Weltreise und einem ersten Buch, das ich nächstes Jahr veröffentliche. Dabei bin ich hundertprozentig ehrlich zu mir selbst, denn nur so kann ich an meinem Kern arbeiten. Das gelang mir gut – bis zu dem Moment, als mein kleiner Bruder mit siebzehn Jahren ins Eis einbrach und starb. Beide Tragödien habe ich durch intensive Reflexion und einen ständigen Wandel meines Ichs verarbeitet. Vor gut vier Monaten beendete meine Verlobte plötzlich die Beziehung mit mir. Das Problem war nicht die Trennung an sich, sondern die Art und Weise, wie sie es getan hat. Innerhalb von fünf Tagen brach mein ganzes Leben zusammen. Es ging so weit, dass ich für einen Moment daran dachte, mit dem Auto gegen einen Baum zu fahren. Jetzt fühle ich mich, als hätte ich kein Selbstvertrauen mehr, als müsste ich ein zielloses Leben führen. Ich bin antriebslos und habe Angst, dass alte Wunden wieder aufreißen. Was das Gesamte so unglaublich schwer macht, ist, dass ein gewisser Punkt mir diesmal fehlte, denn wann immer mich eine schlechte Nachricht oder Trauma einholte, konnte ich mich an etwas klammern. Ich konnte weiterleben, weil ich meinem Traum erreichen wollte. Ich wollte eine Frau finden, die mich so nimmt, wie ich bin, mit ihr mindestens zwei gesunde Kinder bekommen und ihnen alle Wünsche erfüllen, sowohl materiell wie auch immateriell. Seit der Trennung spüre ich diesen Traum nicht mehr, es fühlt sich an, als starb er in dem Moment, als meine Verlobte mich verließ. Seither treibe ich gefühlt auf einem Boot durch die sieben Weltmeere und versuche, die Scherben meines Ichs zu sammeln und irgendwie wieder neu zusammenzuflicken."

Verdutzt sah sie mich an, als hätte ich ihre Arbeit erledigt. Ihre Reaktion bestätigte nur meine Theorie: Es gibt zwei Arten von Menschen, die Suchenden und die, die ihr Leid bereits gefunden haben. „Was erhoffen Sie sich durch den Aufenthalt hier?", fragte sie als nächstes.

„Nun, ich denke, mir würde bei meiner Heilung ein professioneller Blick guttun, zudem ist es nötig, mich einmal aus dem Alltag rauszunehmen, besonders jetzt in der Situation. Daher versuche ich, so viele neue Eindrücke wie möglich aufzusaugen, um mir selbst neue Blickwinkel zu ermöglichen." Bis hierhin war ich selbst erstaunt, welche Reife aus mir sprach. Mein Gefühl sagte mir, dass die Wahrscheinlichkeit sehr gering war, dass ich nun hier anfangen würde zu weinen. Sie machte sich fleißig Notizen, versuchte, sich ein Bild zu machen. Ich hatte einen Zwiespalt, entweder war ich ein sehr harter Brocken oder weiter als andere. Welches der beiden, konnte ich nicht sagen.

Sie stand auf und setzte sich an ihren Schreibtisch. Ich blickte auf den leeren Stuhl vor mir und mein Herz sank in die Hose. Irgendwie hatte ich eine schlechte Vorahnung. Selbst der Schmerz blickte mit weit aufgerissenen Augen auf den Stuhl. „Ich möchte ein Experiment mit Ihnen machen, Herr Mucha.", sagte die Therapeutin. „Ich möchte, dass wir gemeinsam in den Moment der Trennung hineingehen. Dabei spielen sie aber beide Parteien, sowohl sich als auch Manni." So stark meine Fassade auch war, desto stärker fiel sie auseinander, meine Augen füllten sich sofort mit Tränen. Allein der Gedanke, nochmals ein Messer tief in die Wunde zu drücken, schnürte mir die Luft weg. Mein Herz schlug schneller, meine Atmung wurde flacher. Ich spürte die Dunkelheit, wann immer ich den Stuhl auch nur ansah. Bevor ich fortfuhr, schaute ich ein letztes Mal den alten Mann an. Er formte mit den Lippen die Wörter „cut it off". Also nickte ich der Therapeutin zu. „Beschreiben Sie, wo wir uns befinden.", sagte sie mit einer gelassenen Stimme. „Ich stehe am Fenster im Schlafzimmer, ich blicke auf die Straße. Ich spüre, wie mein Herz schlägt. Ich kann keinen klaren Gedanken fassen. Hinter mir ist das Bambusbett, welches wir einst aus Hamburg abholten. Ich drehe mich um, schlief auf der linken Seite. Ihre rechte Seite ist seit drei Tagen leer. Es tut mir weh, den Platz zu sehen. Ich sehe ihr Auto vorfahren und sie aussteigen. Ich gehe ins Badezimmer, welcher links vom Schlafzimmer liegt. Ich wasche mir die Hände und schaue dabei meine rotunterlaufenen Augen an. Ich spreche in meinen Gedanken ein Gebet. Im Flur stehen meine gepackten Kartons, mein letztes Aufbäumen. Die Hoffnung, dass es sie so sehr verletzt, wenn sie sie sieht, habe ich bereits aufgegeben. Die 180-Grad-Wende, die ich sehe, als wäre es ein Liebesroman, wird nicht stattfinden. Als die Tür aufgeht, zittere ich. Sie sieht die Kisten und gerät in Schockstarre. Wir schauen uns aus drei Metern Entfernung an, beide unwissend über die Begrüßung. Wir gehen ins Wohnzimmer. Links ist die Steinmauer, die wir unbedingt wollten. Darüber hängt die Lampe aus einer alten Leiter, die wir zum Einzug bekamen. Dahinter ging es raus in die Loggia. Hinten links in der Ecke steht unser braunes Big Sofa, davor der Tisch im industriellen Stil. Ich setze mich, sie mir gegenüber." Mir kamen beim Erzählen die Tränen, mir brachen alle Dämme. Es war, als wäre ich wirklich wieder in diesem Tag gefangen, während ich starr auf den leeren Stuhl blickte. Der Schmerz ging zu mir rüber, legte einen Arm auf meine Schulter.

Die Therapeutin ergriff das Wort: „Herr Mucha, ich möchte, dass Sie sich vorstellen, wie Manni auf dem Stuhl Ihnen gegenübersitzt. Ich möchte, dass Sie all ihren Schmerz in Worte fassen, was würden Sie ihr sagen?" Ich brauchte eine Minute, um mich aus dem Gemisch von Rotz und Wasser zu befreien. Ich putzte mir die Nase, wischte mir die Tränen ab. Ich atmete ein und aus, ehe ich fortfuhr: „Manni, ich verstehe es nicht. Ich verstehe nicht, wie du all dies wegwerfen konntest und das innerhalb so kurzer Zeit. Wie kannst du mich ansehen und trotzdem diese Kälte an den Tag legen. Wir hatten Ziele, hatten fest vor, zu heiraten und jetzt bin ich einfach gebrochen, liebst du mich denn gar nicht mehr? Was ist passiert? Waren wir so blind? Gibt es überhaupt noch eine Chance?" Ich schniefte ihr alles entgegen, was ich nur in mir hatte, sehr ungeordnet, sehr real. Es war in diesem Moment so, als sähe ich Manni wirklich vor mir sitzen. Als könnte sie wirklich spürbar vor Ort sein. Ich vernahm ihren Geruch, vernahm ihre Merkmale, jeden Gesichtszug. Die Hand des Schmerzes drückte mir fester in die Schulter, als würde er mich erinnern, dass er da ist. Vielmehr noch, als würde er mich erinnern, dass es gut war, alles herauszulassen.

„Nun stehen Sie bitte auf und schlüpfen in die Rolle von Manni. Sprechen Sie zu Marc, versuchen Sie, sich dabei so sehr in sie hineinzuversetzen, als wären sie wirklich Manni." Ich brauchte einige Sekunden, ehe ich das Gesagte aufnehmen konnte. Ich war zugleich überrumpelt von dem, was mich erwarten würde, welche Worte ich sprechen würde. Ich stand auf, mein Kreislauf drehte sich unaufhörlich um meine Person. Doch ich wollte es, ich wollte die Stärke beweisen, ich wollte leben. Ich hielt an diesen Gedanken fest, also setzte ich mich auf den Stuhl. Es war, als könne ich wirklich spüren, wie ich in die Rolle schlüpfte. Ich weiß nicht, ob es der Moment war oder ob ich eine so ausgeprägte Fantasie besaß, doch ich war wirklich in dem Gefühl, wirklich in ihren Gedanken. Ich atmete ein weiteres Mal ein. „Marc, ich kann das nicht mehr. Ich bin am Ende meiner Kräfte. Ich fühle mich, als würden wir auf unterschiedliche Ziele zusteuern. Ich möchte so viel mehr vom Leben, so viel mehr von dem, was ich jetzt habe. Es fühlt sich an, als laufe ich im Sprint an dir vorbei. Erst dachte ich, es sei eine Phase. Dass die Depression, die dich umgibt, noch eine Auswirkung von Nils ist. Dass du deine Zeit brauchst, doch je näher wir der Hochzeit kommen, desto weniger sehe ich mich neben dir. Es fühlt sich nicht an wie ein Verlobungsring, sondern über die Monate eher wie ein Strick, der meine Freiheit beerdigt. Ich kämpfte lange mit mir, verstand es lange selbst nicht, bis mir klar wurde, dass ich mir kein Leben mit dir vorstellen kann. Nicht so." Die Worte sprudelten aus mir heraus, als würde ich keine Kontrolle haben. Als würden sie wie von Geisterhand in meinen Mund gelegt werden. Irgendwann stoppte ich, war erschöpft und rang nach Luft. „Möchten Sie darauf antworten?", fragte die Psychologin. Ehe sie die Worte fertig ausgesprochen hatte, saß ich bereits wieder in der Marc-Rolle auf meinem alten Platz. „Du hast mich so kennengelernt, als einen Mann, der stetig am Wachsen war. Ein Mann, der gerade nicht nur Schritte nach vorne machte. Jetzt wird es zu einem Problem? Nach drei Jahren und dem Aufbauen meiner Hoffnung fällt dir ein, dass es vielleicht doch nicht das Leben sein würde, das dich glücklich macht? Erinnere dich einmal zurück an die ersten Tage, die du mit mir verbracht hast. Wie du sagtest, dass ich dir die Liebe neu zeige und von dem Gefühl ist nichts mehr übrig?", sprudelte es wieder aus mir heraus. Ich stand auf und machte mit dem Dialog einfach weiter. Die Therapeutin schaute sich das Schauspiel an. Wieder in der Rolle von Manni ging ich auf die wütenden Vorwürfe ein: „Marc, mir ging es immer darum, dich wachsen zu sehen. Mir ging es auch immer darum, dass wir gemeinsam wachsen. Doch ich merkte eben, dass wir unterschiedlich schnell wachsen. Ich bin dir irgendwie enteilt. Obwohl ich zu Beginn des Jahres noch an der Liebe festhalten konnte, wurde es mit der Zeit immer weniger, letztendlich musste ich mir eingestehen, dass ich mir ein anderes Leben vorstelle. Daher zog ich den Schlussstrich, wenn auch zu spät. Bitte versteh, dass ich in den Monaten immer mit mir gerungen habe, ehe ich diese Entscheidung traf. Mir ist bewusst, ich hätte sie bereits im Februar nach unserem Streit treffen sollen. Ich musste einfach irgendwann ehrlich zu mir selbst sein und eine Entscheidung treffen."

Ich schwieg. Lange war es in dem Zimmer still, ehe ich gefragt wurde, ob ich noch etwas ergänzen möge. Ich verneinte. In dem Moment begriff ich alles, was ich über die Trennung wissen musste. Durch diese Erkenntnis habe ich verstanden. Durch dieses Schauspiel habe ich einiges begriffen. Selbst der Schmerz schaute mich verdutzt an. Ich fing mich wieder und setzte mich zurück auf den alten Platz. Die Stunde war bald um. Wie ich mich fühle, wollte die Therapeutin wissen. Erst wusste ich es nicht genau, dann bedankte ich mich aber bei ihr, ehe ich sagte, dass ich eine neue Ebene erreicht habe und ein wenig Zeit bräuchte, dies sacken zu lassen. Ich ging aus dem Raum wieder zurück in die Lobby. Alle blickten mich an, mein Gesicht war gezeichnet. Ich wimmelte sie ab und ging auf mein Zimmer. Ich setzte mich in den Schneidersitz und ignorierte den Schmerz. Musik ins Ohr und in eine Meditation gehen. Bevor ich meine Gedanken aufs Papier bringe, musste mein Kopf stillstehen. Eine Stunde verharrte ich in der Position, ehe ich bereit war, meine Gedanken zu formulieren. Es war niemals ihre Entscheidung, es zu beenden. Sie tat den letzten nötigen Schritt. Derjenige, der diese Beziehung eigentlich beendet hatte, war ich. Nicht nur, dass ich alles um mich herum vergaß, um verbissen mein Ziel zu erreichen. Ich ignorierte auch die Zeichen des Alltags. Ich glaubte so verbissen daran, dass sie die Richtige sei, dass ich mich nur darauf fixierte. Je mehr ich darüber nachdachte, desto sicherer wurde ich mir, dass wir niemals zusammenpassten. Wenn ich an unsere Probleme dachte, die wir seit Jahren mehr und mehr verschleppten, war ich derjenige, der diese nicht vernünftig äußern konnte. Ich kannte sie schlichtweg nicht. Ich unterstützte sie, egal was dies für mich bedeutete. Mein Traum war es, anzukommen und eine Heimat zu bekommen. Doch das, was ich bekam, war anders. Ich fand einen Partner, der die Freiheit liebte, der ständig unterwegs war. Teilweise aus Flucht, teilweise aus Herzenswunsch. Wann immer ich musste, ordnete ich mich ihr unter. Ich fuhr nach Oldenburg, dann Den Haag, dann in die Nähe von Berlin. Als dies hinterließ Spuren, die mir sagten, ich verrenne mich, doch ich war zu geblendet. Ich schluckte jede Mini-Verletzung runter, weil das Einzige, woran ich dachte, mein Traum war. Ich zerstörte ebendieses Fahrrad, welches so wichtig war. Ich schaute nie nach links und rechts. Ich blickte nur nach vorn. Durch diese unterbewusste Veränderung wandelte sich mein Gefühl innerhalb der Beziehung bereits. Ich war blind. Manni hingegen lebte ihr Leben weiter. Sie lebte ihr Leben die gesamte Zeit bis zur unendlichen Ausschöpfung. Für sie rannte ich so lange mit, bis die ersten negativen Gefühle mich innerlich heimsuchten. Ich war ein Bittsteller, der sein eigenes Leben und seine eigenen Ziele nicht nur unter den Traum stellte, sondern auch unter Manni. Wir waren fortan nicht mehr gleichgesetzt in der Beziehung. Dieser Mangel nahm ihr die Gewissheit, den richtigen Partner an ihrer Seite zu wissen. Sie hatte recht, wir hätten niemals funktioniert und in der Klinik lernte ich meine Lektion. Die Wut auf Manni verflog in dem Moment des Begreifens. Ich sah alles in einem anderen Licht. Unsere Beziehung, sie als Mensch, aber vor allem mich. Ich fühlte mich, als übersprang ich grade mehre Treppenstufen auf einmal. Ich kam mir näher als jemals zuvor und mein inneres Licht begann den gesamten Raum zu durchfluten. Zum ersten Mal seit langem fand ich es auf dem Grund des schwarzen Ozeans, mein Bruchstück vom Glück. Ich blickte hinüber zu dem Schmerz und erstarrte. Das, was eben noch der Mann ohne Herz war, sah nun eher geisterähnlich aus. Ihm fehlten sowohl die Hände als auch die Füße. Er schwebte neben mir her. Doch das, was blieb, waren seine gelblichen Zähne und sein unnachahmliches Grinsen. „Gut gemacht.", sagte er.

HEIMAT

Linkin Park – Somewhere I belong

Mein gesamtes Erscheinungsbild wandelte sich. Von jemandem, der eine andere Blickrichtung wollte, zu jemandem, der anderen eine andere Blickrichtung gab. Das Glück über die gelernte Lektion spiegelte sich in meiner Aura wider. Ich holte mir die Bestätigung, dass die Einzelgespräche eher Segen als Fluch waren. Ich freundete mich mit mehreren Leuten aus der Klinik an, doch mit keinem so sehr wie mit Laura. Sie fiel mir schon eine ganze Zeit auf, da sie meistens alleine im Speiseraum saß. Sie bekam oft ein anderes Essen als alle anderen. Sie trug immer eine Coronamaske und wirkte auch sonst sehr isoliert. Zu Beginn machte sie mir große Angst, weshalb ich mich von ihr fernhielt. Keine Angst, dass sie schlecht für mich sei, eher andersherum. Irgendwann setzte ich mich beim Mittag neben sie. Wir kamen ins Gespräch und ich erfuhr ihre Geschichte. Sie litt an einer Immunerkrankung, die sie jahrelang in eine Isolation zwang. Sie erzählte mir, dass es für sie tödlich sein kann, wenn sie sich mit irgendwelchen Viren ansteckt. Die Krankheit haben ganz wenige Leute in Deutschland. Diese Krankheit zwang sie in eine siebenjährige Isolation. Sie hatte daher körperlich kaum Kraft, um schwere Dinge zu tragen, müsse genaustens darauf achten, was sie zu sich nimmt, daher das gesonderte Essen. Sie habe durch die Isolation verlernt, wie es ist, körperlich zu fühlen und auch Berührungen fielen ihr schwer, was sich besonders in der Partnerschaft äußerte. Von Beginn an fühlte ich kein Mitleid. Ich fand eher eine Person, die gewisse Aspekte meines Ichs verstehen würde. Ich half ihr, wo ich konnte, das stand außer Frage. Dies äußerte sich besonders in ihrer Einstellung. Es gab bei ihr gute und schlechte Tage, nur waren die bei ihr super extrem. An guten Tagen lachte sie viel und man sah die Seite, die ihre Isolation nicht klein bekam, an schlechten Tagen hatte sie nicht die Kraft aus ihrem eigenen Zimmer zu kommen. Mit ihr arbeitete ich fortan an ihrem Mindset und holte mir dabei selbst die Bestätigung, dass die neue Ebene meines Ichs richtig ist. Ich brachte sie zum Lachen, wurde eine große Stütze und hielt sie, wann immer eine dunkle Wolke über ihr schwebte, im Trockenen. Wir beide waren es auch, die in der Gruppe versuchten zu schlichten, wenn sich alle wieder einmal auf Ryan einschossen. Die Harmonie der Gruppe war so sehr gestört, dass ich nicht verstand, wie man für seine eigenen Trigger nur mit dem Finger auf andere zeigen konnte. Daher war es mir fast unmöglich, die Gruppentherapie für meinen Vorteil zu nutzen. Generell war ich niemand, der mit den Fingern zuerst auf andere zeigt. Verarbeitung fängt immer zuerst bei einem selbst an.

Anfang Dezember bekam ich zwei große Pakete, aus denen ich mir keinen Reim machen konnte. Sie waren sehr schwer und der Absender war beschädigt. Erst oben im Zimmer, als ich beide Kartons öffnete, wurde mir bewusst, dass es sich um Adventskalender handelte. Sanni bastelte mir den einen und meine Freunde den anderen. Ich war überrascht von so viel Liebe im Detail. Es waren viele nützliche oder lustige Dinge zu finden. Mein Zimmer glänzte vor Liebe und ich schaffte es, ein Stück Heimat in das triste Klinikleben zu bekommen. Es war jeden Morgen ein Highlight, das nächste Türchen zu öffnen. Besonders lachen musste ich, als ich die Fotos sah. Denni und Aylin, die Könige des Ärgerns, fanden es super witzig, mich als Lauch darzustellen. Also wirklich, sie haben eine Lauchstange mit Armen versehen und ein Namensschild mit „Marc" drangetackert. Sie zeigten mich beim Zocken, Weihnachtskekse backen oder Ausflügen. So witzig die Aktion auch war, desto tiefer war der Sinn. Sie waren bei mir und ich bei Ihnen. In der fordernden Zeit gaben sie mir zu verstehen, dass ich nicht alleine war. Dies pushte mich bei allen Stunden, die ich in der Klinik verbrachte. Auch die regelmäßigen Anrufe, die ich bekam, fand ich amüsant. Meistens, wenn die Jungs eine Party machten, machten sie immer einen Videoanruf. Ich weiß nicht, ob sie es wissen, aber sie pushten mein positives Ich über ein Limit, welches ich an einem Ort wie diesem niemals für möglich hielt. Meinte Tante Claudia, die mich im Leben bereits das ein oder andere Mal auffing, rief mich an. Sie waren auf dem Weg irgendwo hin und der Empfang war schlecht. Trotzdem erkannte sie meine Umgebung und fragte, wo ich sei. Als ich antwortete in einer Klinik, um alles zu verarbeiten, wurde uns schnell bewusst, dass meine Tante, wie der Zufall es so wollte, auch auf dem Weg in die gleiche Klinik war. Es kam mir vor, als wäre sie mein Schutzengel, wann immer ich einen Halt brauchte. Schon erstaunlich, wie das Schicksal so seine Spielchen treibt. Da versuchte ich krampfhaft, meinen Weg alleine zu finden und wann immer es konnte, zeigt es mir, dass ich niemals alleine bin. Inzwischen war ich aber so sehr bei mir und so weit in meiner Therapie, dass ich diesen Denkzettel dankend annahm. Ich musste lernen, dass ich im Leben nicht alles kontrollieren konnte. Es werden mir immer Rückschläge begegnen und ich wollte, dass mich keiner von ihnen je wieder so sehr aus der Bahn werfen könnte. Das einzige Treiben, welches ich bisher kannte, war das Treiben im Meer der Dunkelheit. Daher wusste ich, dass diese Lektion diesmal länger dauern würde.

Das zweite Einzelgespräch stand an. Wieder in dem Raum sitzend, durchzog mich kein Gefühl der Fremde, vielmehr freute ich mich auf das nächste Learning. Überrascht war ich nur, dass der Schmerz diesmal nicht vor Ort war. „Herr Mucha, Sie sehen verändert aus, wie geht es Ihnen?", fragte die Therapeutin. „Erstaunlich gut, das erste Gespräch hat mir sehr geholfen. Ich habe nicht nur den Grund der Trennung verstanden, sondern auch, dass wir so niemals glücklich geworden wären." „Lassen Sie uns trotzdem ein weiteres Mal auf die Trennung blicken, besonders auf die Autofahrt, bei der sie für einen kurzen Moment nicht mehr leben wollten." „Okay.", antwortete ich, „Als ich von meiner besten Freundin nach Hause fuhr, war es kein Moment der Machtlosigkeit, es war vielmehr, als wollte ein Teil von mir gegen diesen Baum fahren. Lediglich der Gedanke an die Menschen in meinem Leben, denen ich damit Leid zufügen würde, hielt mich davon ab. Ich war wirklich schockiert, da ich so einen Drang vorher niemals verspürte. Mal lose Gedanken, ja, aber es gab da immer meinen Traum, der mich davon abhielt." „Wie denken Sie jetzt über den Moment, wenn Sie wissen, dass dieser Traum nicht mehr da ist?" „Ich weiß inzwischen, dass der Traum nur eine Manifestation meines Glaubens war, der Traum als solches ist ersetzbar. Ich sollte mein inneres Kind nicht alleine aussuchen lassen, wonach ich in der Zukunft strebe. Ich denke, der Traum war durch die Art und Weise, wie ich ihn anging, niemals zu erfüllen. Es war ein Schrei von alldem, was ich auf dem Weg verloren hatte. Ich glaube, dass das innere Kind mich bewusst gegen den Baum fahren lassen wollte und mein jetziges Ich mit all der Positivität sich dagegen sträubte und dass ich deshalb heute noch hier bin."

„In Situationen, in denen wir keine Kontrolle haben, wie ein Verlust oder eine Krankheit, erleben wir eine Machtlosigkeit. Diese Machtlosigkeit, dieser Kontrollverlust klammert sich an das Letzte, was ihm bleibt, das eigene Leben. Viele Menschen, die ein traumatisches Erlebnis ereilte, sehen in ihrem Leben alles aus den Fugen geraten. Das Einzige, was sie kontrollieren können, ist der eigene Tod. Daher verliert man die meisten Menschen, laut Studien, nach einem dramatischen Einschnitt in ihrem Leben. Sie haben sich also bereits bewusst einmal entschieden weiterzuleben. Ich merke Ihren Tatendrang, besonders wenn ich sehe, wie reflektiert Sie sind. Ich sehe es als meine Aufgabe, Ihnen Antworten zu geben und Ihnen ein Sprungbrett zu sein für Ihr kommendes Leben.", sagte die Therapeutin. Es fühlte sich an, als verstand sie mich, als würden sich hier Schüler und Meister begegnen. Wir waren in dem Gespräch auf einem Level, ich spürte nicht die Pflicht, in diesem Gespräch zu sitzen. Vielmehr hätte diese Atmosphäre auch an einem See entstehen können oder bei einem Spaziergang mit einem guten Freund. „Ich muss sichergehen, dass Sie von dem schlimmsten Gedanken wegkommen. Dies geschieht meistens nur auf zwei Wegen, entweder man kappt den Schmerz oder man lässt sich von ihm überkommen. Menschen, die es schaffen, ihn zu überwinden, müssen sich oftmals neue Ziele im Leben suchen, zu denen zähle ich Sie." „Was geschieht mit der anderen Hälfte?", fragte ich neugierig. „Nun, wenn die andere Hälfte diesen Gedanken, sich an den Baum zu setzen, überleben, geraten sie meist in eine Abhängigkeit. Diese ist am häufigsten mit Rauschgift oder Alkohol verbunden. Dabei kommt es auf drei Punkte an, mentale Stärke, deren Umfeld und die Möglichkeit, an ihre Zukunft zu denken. Wie zum Beispiel

Sie mit ihrem Traum. Viele Leute, auch die Leute, die man hier antrifft, haben einen bestimmten Punkt in ihrem Leben verloren und das ist der Glaube an Besserung. Dabei helfen Ziele oder Träume einem Menschen enorm, um sich weiterzuentwickeln. Durch das Fehlen eines Ziels im Leben verlieren sie nicht nur den Glauben an Besserung, sondern auch die Stärke, an sich selbst zu glauben. Sie, Herr Mucha, müssten es eigentlich fühlen. Nach der Trennung, wie Sie sagten, fühlten Sie eine unglaubliche Leere, was für die Oberflächlichkeit damit zu argumentieren ist, dass Sie Ihre Liebe verloren haben. Das ist für die Tiefgründigkeit, das Zerstören Ihres Traums, das Zerschlagen von dem, woran Sie glaubten. Ich ziehe meinen Hut, dass Sie so weit gekommen sind in ihrer Verarbeitung. Ich denke, dass Sie keineswegs auch nur noch einen geringen Gedanken verspüren, nicht mehr zu leben. Das geht sogar soweit, dass ich behaupte, der Aufenthalt hier bringt Sie Stück für Stück näher an einen neuen Traum. Sie verlassen langsam den Schmerz der Vergangenheit und glauben, wieder mehr und mehr an sich. Das, was Ihnen fehlt, ist nur der Glaube, denn aus ihm entspringt ein neuer, noch viel schönerer Traum, geben Sie sich nur Zeit und überhitzen Sie nicht." Mit einem Grinsen, verabschiedeten wir uns. Kaum zu glauben, wie schnell eine Stunde vergehen kann. Zeit ist eben relativ. Während der anderen Stunden, vor allem bei der Entspannung zur Musik, hörte ich kaum zu. Ich war entspannt und trieb unaufhörlich in diesem Moment. Meine Gedanken kreisten immer und immer wieder über das Gelernte des heutigen Tages. Ich glaubte nicht daran, dass ich den Traum krampfhaft finden musste, ich wusste, wenn die Zeit gekommen war, würde er mich finden.

Nach dem Abendbrot spielte ich oft Karten mit meiner Tante. Sie war dort, weil die Krebsdiagnose sie aus der Bahn warf. Sie versuchte, für jeden da zu sein und vergaß dabei wie ich oft, ihr eigenes Wohl über das der anderen zu stellen. Als sie verstehen musste, dass sie sich zum ersten Mal im Leben auf sich konzentrieren musste, nahm man ihr die Wichtigkeit, man entriss ihr das Bild der starken Schulter, welches sie immer verkörperte. Sie tat es auch bei mir, wann immer ich sie brauchte. Dass sie selbst schon so viel durchmachen musste, blendete ich dabei immer vollkommen aus. Es war, als verstand ich erst jetzt, dass es auch Zeit war, für sie eine wichtige Stütze im Leben zu werden. Wir trafen uns meistens an unserem Stammplatz in der Privatklinik am hintersten Tisch. Ihr Lieblingsspiel war seitdem ich denken kann „Skip-Bo". Wir führten, wie damals, als ich sie auf ihrem Campingplatz besuchte, eine Liste. Die Minuspunkte wurden addiert und wer am Ende am meisten hatte, der würde den Gewinner zum Essen einladen. Ich weiß nicht, wieso, aber diese Frau hatte immer so verflucht viel Glück im Spiel, dass sie fast jede Runde gewann. Dem Ehrgeiz bei Gesellschaftsspielen, den ich durch meine Oma im frühen Alter erlernte, gefiel das gar nicht. Man sagte ihr auch nach, dass sie schummelte. Doch auch wenn sich in mir alles sträubte, erwischt habe ich sie dabei kein einziges Mal. Wobei, es gab da mal einen Spieleabend, an dem wir „Jenga" spielten. Dieses Spiel, bei dem man die kleinen Bauklötze mit zwei Fingern rausziehen musste und sie oben auf der Spitze wieder anbaute. Sie hielt den Turm mit der einen Hand fest und zog mit den zwei Fingern der anderen Hand den Stein raus. Klarer Regelverstoß. Leider existiert das Beweisvideo bis heute nicht, daher ist es für sie ein Leichtes, dies zu leugnen. Für mich, waren die Abende trotz meiner Niederlagen eine Wohltat. Es tat gut, von jemandem zu wissen, der für mich als Person ein Zuhause darstellt. Ich nutze diese Stunden dafür aus, dass ich den Klinikalltag komplett vergaß. Meine Tante war wie ich, manchmal zu stark für ihr eigenes Ich. Wir überhörten oft die kleinen Hinweise unserer Gedanken und realisierten dies erst, wenn es eigentlich schon zu spät war. Sie ist eine besondere Frau, mit dem größten Herzen auf dieser Welt. Das merke ich immer dann, wenn es darum geht, ihre Liebsten zu verteidigen. Da ähnelt sie meiner Ziehmutter Sanni ziemlich. Oft war mir aber auch bewusst, dass es eine Ehre für mich war, auch ihre verletzliche Seite kennenzulernen, weil sie diese Schwäche nur selten zeigt. Daher versuche ich bis heute, für sie da zu sein, wann immer es mir möglich ist.

Inzwischen war ich einer der längsten Patienten, die in der Klinik waren. Patient für Patient verließen sie uns mit der Hoffnung, in ein besseres Leben zu starten. Da ich wusste, dass viele dort zum wiederholten Mal waren, war mir aber auch bewusst, dass diese Schritte, die sie sich erhofften, noch auf sich warten ließen. Kurz vor Ende meines Aufenthaltes, brach Corona in den einzelnen Gruppen aus. So wurden wir von ursprünglich neun auf drei Leute reduziert. Nach ausgiebigen Gesprächen und einigen Tests entschied ich mich, den Aufenthalt zu verkürzen. Normalerweise wäre ich bis zum 27.12.23 in der Klinik geblieben, ich entschied mich jedoch für den 22.12. Dies hatte den Grund, dass zwischen den Daten kein weiteres Einzelgespräch stattfand und ich nach Aussage der Ärzte und Therapeuten diese Tage nicht unbedingt benötigte. Da aufgrund des dazwischenliegenden Wochenendes nur zwei Klinikalltage ausfielen und ich unbedingt Weihnachten zuhause verbringen wollte, fiel diese Wahl. Die letzten

Tests besagten, dass ich zwei Kilogramm abgenommen hatte. Mein Cholesterinspiegel senkte sich und vor allem in meinem Herzen schien wieder die Sonne. Es war schon erstaunlich, mit wie wenig Erwartungen ich in die Klinik ging und mit wieviel Gefühl ich wieder aus ihr kam. Anfangs hätte ich gedacht, dass es mir deutlich mehr abverlangen würde, dort zu sein. Doch die Klinik und der Ort gaben mir eine Geborgenheit, die ich über die Jahre für verloren hielt. Die Herausnahme aus dem Alltag war für mich bereits pure Therapie. Hinzu kam, dass ich nicht glaubte, dass mir einige Stunden so unglaublich viel geben würden. Wer hätte einmal geglaubt, dass mir Yoga zusagen würde? Dass ich in der Maltherapie meinen inneren Picasso finden oder durch ein makabres Rollenspiel, den Grundstein für eine ungeahnte Verständnis legen würde? Ich denke, dass jedem Menschen so ein Klinikaufenthalt guttun würde. Vielleicht sogar vor allem denen, die meinen, sie bräuchten diesen nicht. Lange zählte ich mich auch zu ihnen, doch heute weiß ich, dass ein geschützter Ort und eine Prise Selbstreflexion dazu führen können, dass man sich wie neugeboren fühlt. Diese Widergeburt, zumindest der Auslöser, überhaupt die Kraft dafür zu finden, verdanke ich den Menschen, denen ich in dieser eigenen Welt begegnete. Daher danke ich jedem, der meine Reise dort zu der machte, die sie war. Doch auf mich wartete nun das echte Leben, das neue Leben.

Durch die Adventskalender freute ich mich dieses Jahr auf Weihnachten, wie schon lange nicht mehr. Dass es unser erstes Weihnachten ohne Papas Exfreundin und ihre Familie sein würde, stimmte mich zudem positiver. Ich weiß nicht, warum, doch ich spürte die gleiche Vorfreude auf den Heiligen Abend, wie damals, als ich mir mit zehn Jahren das Mountain Bike wünschte. Unsere Tradition war es immer, Karpfen zu essen. Papa liebte es, ihn selbst zuzubereiten. Im Gepäck mit vier hässlichen Weihnachtspullis von dem Discounter meines Vertrauens holte mich mein Vater ab. Bereits im Auto roch es sehr nach Sauerkraut und eben diesem durchgebratenen Fischgeruch. Für mich roch es nach Erinnerungen aus meiner Kindheit. Wir spielten Karten, brachten uns alle gegenseitig zum Lachen. Zwischen uns herrschte eine Liebe, wie es sonst nur selten in der Konstellation der Fall war. So bei mir selbst und in diesem Moment war ich seit Jahren nicht mehr. Es machte sich die Gewissheit breit, dass ich nun vielleicht doch am Anfang eines richtigen Weges stand.

MANNI

P!nk – Who knew

Pass the Baton:

Just because we didn't work out
doesn't mean it's your loss
or my loss either.

Our chapter is over
and I want you to win
as bad as I want to win, too.

I'm not gonna try and make
you regret it or make you jealous
because there's enough room
for all of us to win.

I'm not gonna find someone
better than you,
but I'll find someone better for me.
Just as you have.

We were on the same team then
and we're on the same team now.
Just headed for different directions.

Ich denke, bessere Worte für meine Gefühle dir gegenüber kann ich nicht finden, Manni. Aus mir spricht eine unendliche Dankbarkeit. Dankbarkeit über die Lektionen der Liebe, Dankbarkeit über die Lektionen des Schmerzes. Ich blicke ohne Reue, Wut und Trauer auf unsere gemeinsame Zeit zurück. Dabei spreche ich nicht nur von unserer Beziehung, ich spreche auch von dem Versprechen, welches wir uns in der Zeit zuvor gaben. Wenn du springst, springe ich auch. Das war unser Motto als wir auf den zehn Meter Turm kletterten. Das war unser Motto bis zum Schluss. Ich kann dir nicht sagen, ob ich mit dem Absprung zögerte oder du ohne Rücksicht auf Verluste sprangst. Alles, was ich sagen kann, ist, dass du mich den Moment des freien Falls hast spüren lassen und das in den schönsten und hässlichsten Momenten zugleich. Das Leben ist zu kurz, um zu bereuen, wer weiß das besser als ich. Daher bin ich unglaublich stolz auf das, was wir geleistet haben. Ich blicke auf wunderbare Momente zurück, die wie eine Dia-Show in meinem „Best ofs" für immer einen Platz haben werden.

Ich denke, durch dich habe ich einen enormen und rapiden Aufschwung erlebt, der mir besonders nach der Reise eine unglaubliche Kraft gab. Du hast mir die Hand gehalten, als ich Nils loslassen musste, nie wissend, dass ich auch deine Hand einmal loslassen muss. Du sagtest mal, ich habe dir den Glauben an die Liebe zurückgegeben, ich hoffe, dieser Satz hat bis heute Bestand. Ich hoffe, dass ich dir zeigen konnte, was es bedeutet, sein Herz voll und ganz einem anderen Menschen anzuvertrauen. Mag der Verlust auch noch so schmerzen, so weine ich Tränen der Freude. Tränen, die Geschichten ehren, die wir zusammen wahrmachten. Die Reisen, die wunderbar jugendlichen Dates, das alles formte uns. Es erweiterte unsere Liebe bis zur Unendlichkeit. Denn möge der Moment auch ganz kurz sein, wie bei einer Sanduhr, so trennt er doch die Vergangenheit mit der Zukunft. Gerade jetzt in diesem Moment bin ich das letzte Mal bei uns. Daher fällt es mir leicht, mein Herz auf die Tastatur zu legen. Wenn auch das Ende sehr drastisch war, hoffe ich, dass mich zu zerstören, dich geheilt hat. Zu einem Zeitpunkt im Leben warst du die Eine. Ich spürte und wollte es. Du warst die eine Person im Leben, die mir sagte: „Du schaffst das." Wenn alles schieflief, war ich da. Du warst da, jede Sekunde, bei jedem dunklen Gedanken hast du meine Hand genommen und mich fliegen lassen. Du warst mein bester Freund und die einzige Person im Leben, mit der ich über alles reden konnte. Du kanntest meine tiefsten Gedanken. Du kanntest jede kleine Schwäche von mir, ich jede von dir. Die Unvollkommenheit machte uns zu perfekten Teampartnern. Wir lernten, dass diese kleinen Makel eine Perfektion erst möglich machten, denn diese machten unser Leben aus. Es musste nicht immer alles funktionieren, wenn man in dem Moment glücklich war.

Meine kleine Welt war voller Chaos und wirrer Gedanken, bis du als Sonnenstrahl durch die Wolkendecke brachst. Mein Gott, inspiriertest du mich. Du inspiriertest mein damaliges ich so sehr, dass ich bereit war, alle Ängste beiseitezuschieben und dich zu fragen, ob du für immer bleiben möchtest. Doch unsere Definition von Ewigkeit unterschied uns. Heute verstehe ich es. Ab einem bestimmten Punkt wurde es dir zu viel. Mein Schmerz und meine Dämonen waren zu groß. Obwohl diese tiefe Dunkelheit in mir war, schaffte ich es doch, dein Rückhalt und Licht zu sein. Bis zum Ende war ich in den Gedanken versprochen, dass wir zusammen alles schaffen können. Meine Liebe ließ nicht nach und das hat uns unterschieden. Mögen die

Gründe noch so abstrakt sein, die Erklärung noch so wild. So schloss ich mit der Entscheidung um deine Hand anzuhalten innerlich einen Pakt. Meine Vergangenheit würde fortan meinem Traum nicht mehr im Weg stehen. Einen Traum, den ich viel zu verbissen versuchte zu erreichen. Ein Traum, der letztendlich ein Grund war, wieso wir scheiterten.

Die Monate vor der Trennung, als du alles versucht hast, um für uns zu kämpfen, war ich blind. Blind, weil ich wusste, wie es sich anfühlte, eine Person zu lieben und trotzdem an seinem Traum festzuhalten. Blind, weil ich Jahre opferte, für einen Menschen, den ich zwanghaft versuchte, in das Puzzle zu drücken. Dadurch brachte ich nicht nur meine, sondern auch deine Welt aus dem Gleichgewicht. Der Ring nahm dir das Gefühl zum Atmen, weil dieser nicht für das Symbol unsere Liebe stand, sondern auch die Dunkelheit verinnerlichte, die ich mitbrachte. In dieser Zeit wandelten wir uns, wir waren irgendwann kein Team mehr. Du bist mir enteilt. Dabei habe ich vergessen, wie es ist, den Fahrtwind des Lebens zu spüren, währenddessen du den Stillstand des Moments ignoriertest. Ich weiß nicht, ob vieles so beabsichtig war, ob vieles so kommen musste. Das hinterfrage ich auch nicht mehr. Die einzige Gewissheit, die ich im Leben brauchte, war, dass du mir dabei geholfen hast, mich näher kennenzulernen. Wenn dieser Weg auch ermüdend und mit großen Steinen versehen war, stehe ich doch hier als anderer Mensch. Deine Liebe formte meine Positivität und deine Rücksichtslosigkeit zerstörte den dunklen Teil von mir. Möge es auch deine letzte Lektion gewesen sein, die du mir mit auf den Weg gabst, so war es doch die, die mir am meisten half. Ich dachte, dass du die Erfüllung meines Traums wärst, dabei warst du diejenige, die mich erst träumen ließ. So sehr du mich auch zerrissen hast, so sehr gabst du mir die Werkzeuge an die Hand, daraus etwas viel Schöneres zu schaffen.

Jetzt rückblickend freue ich mich schon, dir auf den Straßen zu begegnen. Dieser Moment wird mich zum Strahlen bringen. Nicht weil mein altes Ich dich erneut trifft, sondern weil mein neues Ich dich kennenlernen darf. So wie das Wasser keine Form hat und der Fluss sich seinen eigenen Weg bahnt, ist das Universum unerklärlich. Von einem Punkt, an dem ich alles wollte, außer leben, bin ich an einem Punkt angekommen, an dem ich an alles denke, außer sterben. Du wirst deine Fußspuren im Leben hinterlassen und es in vollen Zügen genießen. Dein Lächeln wird viele Menschen erreichen. So wie meine Worte viele Menschen begeistern werden. Wann immer du kurz in die Sterne schaust, werden wir ein weiteres Mal in die gleiche Richtung blicken. Während meine Liebe dich einengte, liebe ich es heute, deine Freiheit zu sehen. Sei weiter ein enormer Antrieb und eine Inspiration für deine Mitmenschen, so wie du auch meine warst. Denn wenn es ich eines weiß, dann dass du mit dem Herzen im Leben und im Beruf stehst. Wann immer dir etwas Negatives widerfährt, wann immer es nicht ganz rund im Leben läuft, lass dir gesagt sein, deine Lektionen halfen mir. Deine schönsten und schlimmsten Seiten formten einen Menschen, der sich das holt, was ihm zusteht. Daher danke ich dir nochmals. Danke für den Blickwinkel auf die Sonne, die mich die Wärme spüren ließ. Danke für den Stich des Schmerzes, der meine Dunkelheit begriff. Danke, dass du mich zu einem besseren Menschen gemacht hast. Danke auch an das Vertrauen in meine Stärke, dass ich mich nicht unterkriegen lasse. Ich hoffe, wenn du das eines Tages siehst, kannst du diese Worte in Ehren halten, so wie ich jede kleine Sekunde mit dir.

Mit Tränen in den Augen schloss ich den Laptop. Ich drehte mich zum Fenster, blickte auf die Schönheit der Natur. Ich spürte eine leichte Berührung auf meiner Schulter. Beim Umdrehen waren sie da, die Überreste des Schmerzes. Von dem alten Mann war nicht mehr viel übrig, lediglich die Schulterpartien und der Kopf waren noch da. „Bald ist unser Abschied gekommen.", sagte er glücklich. Ich nickte zustimmend.

Neues Jahr, neues Glück, sagt man. Anfang Januar 2024. Ich saß alleine auf meinem Bett. Natürlich war mir klar, dass es nach der Klinik mehr als nur eine Woche brauchte, um wieder vollständig bei mir zu sein. Aber eines wurde mir schnell klar: Jetzt war der Moment, in dem ich mich selbst kennenlernen musste. Es wurde Zeit, alleine glücklich zu werden. Das erste Mal mein Leben in den Mittelpunkt zu stellen. Keine Mama aus der Vergangenheit, keine Manni aus der Gegenwart. So sehr das Loslassen mich beschäftigte, so sehr hatte es auch etwas Gutes. Es machte Platz für mein Ich. Doch was ich war, das musste ich erst noch herausfinden. Irgendwie hatte die Klinik ein neues Fundament geschaffen, doch was ich noch lernen musste, war, das Haus zu bauen. Ich musste sowohl im Alltag wieder in die Spur kommen, als auch gedanklich meinen Wandel vorantreiben. Obwohl alle Therapeuten meinten, ich solle mir Zeit lassen, war das Einzige, das ich nicht, hatte Zeit. Die letzten Monate lebte ich nur von meinem Erspartem und dem, was die Teilzeitstelle abwarf. Da mein Lebensstil nicht unbedingt förderlich für eine so geringe Summe an Geld war, musste ich mich darum kümmern. Wie sollte ich eine Wohnung bekommen, wenn ich seit August kein geregeltes Einkommen hatte? Den Hauptjob gab ich auf, den Fahrjob zog ich durch. Die neugegründete GmbH war also meine erste Anlaufstelle. Die neugegründete Firma, die ich nur am Rande mitbekam, schien gut zu laufen. Alles, was ich machen musste, war in die Spur zu kommen. Wieder ein bisschen Vertrieb machen und meine Zahlen schreiben. Es war in der neuen

Struktur so geregelt, dass ich für den gleichen Aufwand mehr bekam.

Leider hatten die Trennung und die lange Zeit nicht nur an meiner Reputation gekratzt, sondern auch an meinem innerlichen Gefühl. Es stimmte irgendwie nicht mehr überein mit dem, was ich war. Ich konnte Alex dankbar sein, dass er sich so gewissenhaft um meine Mandanten kümmerte, während ich versuchte, am Leben zu bleiben. Bereits nach den ersten Versuchen, mich mit dem neuen System und der neuen Struktur anzufreunden, merkte ich, dass ich nicht mehr mit dem Herzen dabei war. Es fühlte sich nicht richtig an, so zu denken und zu fühlen. So habe ich Alex und Luca doch so viel zu verdanken. Luca war mein Mentor, seitdem ich in die Finanzbranche kam. Er war ein Menschenfänger, genau wie ich. Mit dem Unterschied, dass man von der ersten Minute an merkte, er hatte seine Bestimmung gefunden. Er war ein wirklich herausragender Mensch und ein noch viel besserer Mentor. Er hielt wirklich immer sein Wort und unterstützte, wo er nur konnte. Als ich die ersten Wohnungsgespräche hatte, erklärte er sich sogar bereit, mit der neuen GmbH zu bürgen. Er glaubte so sehr an mein Potenzial, dass er mich dazu animierte, in meinen Anfängen über mich hinauszuwachsen. Besonders beindruckend war, dass er trotzdem seine Menschlichkeit bewahrte. Jeder, der in diesem Bereich tätig war, weiß, was es für ein Haifischbecken war. Doch Luca brachte mir den Glauben an die Branche zurück. Das machte es mir umso schwerer, den beiden zu erklären, was ich fühlte. In dem Moment, als ich einen Teil von mir sterben ließ, starb auch der Teil, der sich eine Zukunft mit Manni vorstellte. Es starb aber auch sämtliche Verbindungen zu meinem damaligen Ich. Das, was ich in dem Moment fühlte, war, dass auch der Drang, mich in der Unternehmung zu beweisen, starb. Immerhin haben Manni und ich damals gemeinsam entschieden, diesen Weg zu gehen und das war auch das Problem. Mein Herz fühlte dies nicht mehr, genauso wenig wie es Manni fühlte. Ich quälte mich durch das neue System. Ich quälte mich durch die Termine. Ich versuchte, die mangelnde Lust mit meinem Charme zu überspielen. Das gelang mir bei den meisten Kunden auch, was mir zumindest einen kleinen finanziellen Puffer gab.

Ich gab Alex einst ein Versprechen, dass wir irgendwann mal eine Neuseelandreise machen würden. So eine Reise, bei der wir all das machten, worauf wir in den letzten Jahren verzichten mussten. Dieser Gedanke hallte in meinem Kopf immer und immer wieder. Wir feierten die größten Erfolge miteinander. Wir wurden beide mit der höchsten Ehre beim alten Maklerverbund ausgezeichnet. Mit seiner Hilfe erreichte ich in Rekordzeit die höchste Stufe, die man in der Struktur alleine erreichen konnte. Mit meiner Hilfe schafften wir seine Teambeförderung, obwohl wir die Arbeit von mindestens vier Leuten machten. Hinzu kam die Stütze, die Alex für mich war und nach wie vor ist. Besonders oder gerade deshalb versuchte ich, weiterzumachen und mir alles abzuverlangen. Doch mit jedem Tag wurde es negativer um mich herum. Auch die Wohnungssuche gestaltete sich schwierig. Nicht nur, dass der Wohnungsmarkt in meiner Heimatstadt sehr überschaubar war, die meisten Vermieter waren auch abgeschreckt von der neuen GmbH, weil sie dort noch keine Sicherheiten sahen. Einmal war ich in der finalen Auswahl, doch sie entschieden sich für ein junges Pärchen, das eine Laufbahn bei der Polizei einschlug. Ich verlor diese Wahl also lediglich, weil ich keinen Partner hatte. Der Sarkasmus des Lebens.

Trotz der Startschwierigkeiten glaubte ich an meinen Weg. Es war, als habe ich eine Gewissheit erlangt, an meine Fähigkeiten zu glauben. Ich konnte es noch nicht richtig deuten, doch ich vertraute auf die Zeit. Ich vertraute auf meine eigene Stärke. Den Rückschlägen, die mir entgegenkamen, schenkte ich keinerlei Beachtung. Sicherlich hätte die ein oder andere Nachricht an meinem persönlichen Ego gekratzt, doch war ich immer bei mir, in diesem Moment. Wann immer ich Schmerzen hatte, traurig war, war ich ganz bei diesen Gefühlen. War ich aufgeregt oder glücklich, war ich genauso in meinem Moment. Ich lernte, dass die Balance deiner Gedanken dein Sein beeinflussen. So versuchte ich, nicht zu werden, und dachte nicht darüber nach, was war. Ich blieb in dem Moment und der Moment sagte mir ganz simpel, wenn sich eine Tür schließt, dann öffnete sich eine andere. Bäume sind dort ein gutes Beispiel, generell die Inspiration für viele Dinge in der modernen Welt, entspringen aus der Natur. Ein Baum beispielsweise muss in zwei Richtungen gleichzeitig wachsen. Einerseits müssen sich die Wurzeln durchs Unterholz bahnen, sich durch Sand und Staub entwickeln und um Steine herumzirkeln, um sich ein festes Geflecht zu schaffen. Andererseits muss die Sonnenseite irgendwann den Horizont durchbrechen, reifen und der Sonne entgegenwachsen. Beide Seiten entwickeln sich simultan. Der einzige Unterschied zwischen den beiden besteht in der Anziehung. Die gravitropen Wurzeln zeigen unter der Oberfläche die gleichen Verästelungen wie die phototropen Äste, die zur Sonne wachsen. Während sich der Baum an der Oberfläche ständig mit Veränderungen konfrontiert sieht, halten die Wurzeln ihn im richtigen Gleichgewicht. Die Fruchtseite hat nicht nur den Jahreszeiten und Wetterbedingungen zu trotzen, sondern merkt auch die Auswirkungen aus dem Inneren. So ähnlich sehe ich auch die Menschen. Wann immer sich eine Veränderung breitmacht, sei es durch einen Verlust oder Trauer oder durch Sonnenschein und Lebenslust, befinden wir uns im Wandel. Es ist ein Zusammenspiel zwischen dem Inneren und den äußeren Faktoren, wann ein Wandel stattfindet. Wichtig ist dabei nur, dass alle Veränderungen aus einem ruhigen Kern entstehen. Wann immer ich also in eine Richtung gehe, die meine Fruchtseite fördert, muss ich immer sicher gehen, dass die Wurzelseite damit übereinstimmt. Dieses Wechselspiel findet sich in allen lebenden Dingen. Überall dort, wo man Leben findet oder etwas erschafft, entsteht Kreativität und das sollte die Grundlage meines künftigen Ichs werden. Meine Vorstellung über meine Zukunft entwickelte sich immer tiefer in meinem Herzen. Es war wie der erste Sonnenstrahl, der durch die Wolken bricht. Wie ein Funke, der mehr und mehr zu einem Feuer werden würde.

Meine Struktur, um die Freiheit meines Traums zu leben, blieb die gleiche. Eine Wohnung finden, einen weiteren Job annehmen und meine Kreativität leben. In dieser Zeit dachte ich über ein erfülltes Leben nach. Mir war schon länger bewusst, dass Geld nicht mein Antrieb war, doch wie sah meine Erfüllung aus? Ich überlegte sehr lange, was mich letztendlich glücklich machte. Ich hatte eine abstrakte Formulierung in meinem Kopf. Ich wollte einen Raum schaffen, in dem ich mich kreativ ausleben kann. Ich wollte Leuten ein Lächeln schenken, einen Gedanken zum Grübeln. Ich wollte sie animieren, ihre Blickweise zu optimieren oder ihnen den Arschtritt geben, etwas zu ändern. Der Geldaspekt kam dabei nur in einem Satz vor. Ich wollte, ohne mir Gedanken über das Geld zu machen, wann immer mir danach war, Sushi essen gehen. Je mehr ich mein Selbstvertrauen in dem Moment lebte, so sehr formte sich auch eine Realität in ihnen. Viele sprechen vom „Gesetz der Anziehung". Wenn du an etwas hundertprozentig glaubst, dann wird es geschehen. Ich glaubte an mich. Ein Satz, der mir vorher sofort Zweifel ins Hirn drückte, war nun federleicht. So ging ich fortan durch das Leben. Ich machte meinen Sport und ließ die Überzeugung mehr und mehr in mir keimen.

Ich bekam eine Nachricht bei LinkedIn. Jenny, eine alte Arbeitskollegin, schrieb mir. Es waren die übrigen Floskeln. „Wie geht´s, was macht das Leben?" Doch ich nahm den Moment hin und antwortete. Obwohl ich fernab vom Interesse war, Leute kennenlernen zu wollen, kam ich auch noch nie über LinkedIn zu einem Gespräch. Also schrieb ich, was mir so widerfahren war, was so anliegt und wo ich hinwill. Ich berichtete von meinem ersten Buch, *„The man who can´t be moved"*, und sie sagte mir, dass sie mal freiberuflich als Lektorin gearbeitet hatte. Seit ungefähr zwei Jahren lag das erste Buch halbfertig auf meinem Desktop herum. Es fehlte lediglich die Entscheidung, wann es endet und ich hatte jemanden gesucht, der über die Rechtschreibung schaut. Ich fragte viele Freunde an, die sich das irgendwie annähernd zutrauten. Eine Lehrerin, einen Regierungsmitarbeiter und meine sprachlich gewandte Tante Claudia. Doch es zogen Monate ins Land, ehe mich alle früher oder später vertrösteten. Ich hatte die Hoffnung bereits aufgegeben, es vollkommen auf den Markt zu bringen. Dabei wollte ich immer, dass meine Geschichte Leute animiert. „Schick´s mir mal rüber.", sagte Jenny. Sie sagte es, als wäre es vollkommen normal, das mal eben zu machen. Ohne große Erwartungen schickte ich es ihr. Sie war zu dem Zeitpunkt gerade zwischen einer

Kündigung ihres alten und dem Beginn ihres neuen Jobs einige Wochen später. Sie hatte also Zeit und Lust. Ich war sehr überrascht, auf welchen Wegen mir das Universum zu verstehen gab, dass die Kreativität der Schlüssel zu mir war. Einige Tage später bekam ich eine erste komplett überarbeitete Version mit markierten Anregungen, Tipps und Korrekturen. Das gab mir einen unglaublichen Push. Da war es, mein Buch in einem richtigen Format. Ich konnte es kaum glauben. Ich sagte, ich würde es noch einmal überarbeiten und es ihr erneut zukommen lassen. Ich setzte die nächsten Tage das breiteste Lächeln auf meine Lippen.

Meine alte Chefin fing mich nach dem Sport ab. Wir hatten uns im Guten getrennt und brauchten nicht lange für einen Deeptalk mitten im Foyer. Sie erzählte mir, was bei ihr privat in den letzten Monaten schiefgelaufen war. Ich erzählte ihr alles, was ich erlebt hatte. Innerhalb des Gesprächs bot sie mir meinen alten Job an. Sie hatten einen Mangel auf der Position und ich suchte zu dem Zeitpunkt einen Teilzeitjob. Obwohl es eine Win-Win-Situation war, zögerte ich eine ganze Weile. Ich machte mir Gedanken und kämpfte mit meinem eigenen Ego. Nach meiner ersten Reise hatte ich mir gesagt, ich würde niemals zurückkommen, da es für mich persönlich ein Rückschritt sei. Ich hatte viele schöne Momente mit dem Team und bei der Arbeit. Ich wollte nicht, dass diese überlagert wurden. Zudem wusste ich nicht, ob ich mit Herzblut bei der Sache wäre. Immerhin hatte ich meine kreativen eigenen Pläne. Nach langer Überlegung sagte ich zu. Mir war bewusst, dass dies nur ein Zwischenschritt war, um an meine Ziele anzukommen. Ich musste mir finanziell zumindest vorerst keine Gedanken machen. Anfang April fand ich endlich meine eigene

Wohnung. Sie war in einem kleinen Dorf gelegen, direkt an einem Feld. Es war eine Souterrain-Wohnung. Sie hatte ein Zimmer und eine Terrasse, eine Küche war vorhanden. Ich verliebte mich auf Anhieb. Es verband meinen minimalistischen Gedanken mit der Nähe zur Natur. Ich stand in diesem Zimmer, halb über dem Erdboden und war einfach angekommen. Es war, als bekäme ich die Bestätigung, dass dies die Wohnung sei, in der ich meine nächsten Schritte gehen werde. Ich sagte ohne zu zögern zu.

Mir war bewusst, dass die nächsten Monate nur arbeiten bedeuten würde, doch mein Antrieb war ungebrochen. Jeden Morgen stand ich um fünf auf, schnappte mir meine Tasche und lief zum Bus. Ich aß auf dem Weg eine Banane, ehe ich pünktlich um sieben beim Sport auf der Matte stand. Ich trainierte für etwas mehr als eine Stunde, duschte und lief zur ersten Arbeit. Ich fuhr für drei Stunden, lief danach zum zweiten Job und arbeitete von zwölf bis zweiundzwanzig Uhr. Mal wurde es später, mal etwas früher. Mittwoch und Freitag fuhr ich nur morgens und kümmerte mich danach um die Selbständigkeit, machte das Büro und fuhr meine Kundentermine, ehe ich abends zum Fußball ging. Am Wochenende, fuhr ich dann dafür kein Kitaessen aus, arbeitete oftmals aber bis spät in die Nacht im Kino. Wann immer ich ein bisschen Freizeit hatte, klemmte ich mich an die Überarbeitung des Buches oder renovierte etwas in der Wohnung. Als ich alles gestrichen hatte und die ersten Pakete für die Einrichtung meines neuen Zuhauses kamen, fühlte ich meine Kreativität so richtig. Inspirationen hatte ich zuhauf. Ich wollte mit Gegenständen und Möbeln arbeiten, die man selbst aus Einzelteilen zusammenbaute. Ich wollte ein Gefühl ausstrahlen, dass sich Leute bei mir innerhalb einer Sekunde wohlfühlen würden. Dass dies ein Ort der Kreativität wird und keiner sich Gedanken machen musste, ob seine Ideen hier einen Platz fänden. Der Ort sollte viel Natur haben und noch mehr Pflanzen. Zudem wollte ich, dass alle Sitz- oder Liegeflächen sehr nah am Boden liegen. Ich wollte damit nicht nur eine Erdung haben, sondern auch das Gefühl der Meditation leben. Als ich mein Bettgestell aufbaute und meine Matratze drauflegte, fing ich beim Anblick an zu weinen. Es war keine gewöhnliche Träne, die mir über die Wange kullerte, es war ein richtiger Zusammenbruch. Ich fiel auf alle Viere und schluchzte alles aus mir heraus. Ich wusste selber nicht, wie mir geschah. Ich weinte bitterlich beim Anblick dieses Bettes. Es war keine Trauer, sondern eher Tränen der Erlösung. Es waren Tränen, die mir die Bestätigung gaben, es endlich geschafft zu haben. Sie waren mein Beweis, dass ich es nun endlich überlebt hatte. Das Bett, die Symbolik, war eine gewisse Geborgenheit, die mir seit der Trennung verwehrt geblieben war. Das Klappsofa bei Robin war mein Rettungsboot und dieses Bett war der erste Schritt, den ich auf festen Boden setzte. Es war wie eine innige Umarmung. Ich beruhigte mich geschlagene zehn Minuten kaum, ehe ich mich mit voller Wucht drauffallen ließ. Mein Rücken dankte mir, nach so vielen Monaten endlich die Zuneigung zu bekommen, die er verdiente.

In diesem Zirkel aus Arbeit verbrachte ich den gesamten Frühling und den größten Teil meines Sommers. Ich lernte in der Zeit die vielen keinen Dingen im Leben zu schätzen. Dinge, die sich nur auf meine Person bezogen. Dinge, die nichts mit anderen zu tun hatten. Ich setzte mein Wohlbefinden an erste Stelle und entdeckte mich auf sehr bedachte und gleichzeitig wilde Art neu. Ich igelte mich bewusst ein, da Ablenkungen von außen keinen Einfluss auf mich haben sollten. Es war die erste Zeit in meinem Leben, in der ich die extreme Wahrnehmung meiner selbst spürte. Das erste Mal, dass ich mich ganz auf mich und meine Zukunft konzentrierte. Eine Zeit, in der ich mich nicht anpassen musste, weder meinem Partner noch Freunden gegenüber. Ich musste nicht mit der Vergangenheit kämpfen, um einen Funken meiner Kreativität zuzulassen. Es fügte sich ein wie die verschiedenen Elemente des Buches. Wie die einzelnen Farben in einem Gemälde. Wie die einzelnen Bestandteile bei der Musik, die Perfektion des Moments. Mittendrin war ich.

SUCHT

Eminem - Beautiful

Natürlich gehört zu Licht auch Schatten. Deshalb ist mir bewusst, dass dieses Kapitel die meisten Wellen schlagen wird und mein persönliches Leben in einem anderen Blickpunkt darstellt. Dennoch ist es mir wichtig, bei der Schiene der maximalen Authentizität zu bleiben. Für einige ist es nichts Neues, für viele sicherlich ein Schlag ins Gesicht. Doch ich wäre nicht ich, wenn ich auch über sensible Themen sprechen würde.

Im Jahr 1997 fuhr ich mit meiner Mutter durch unsere Heimatstadt. Ich blickte aus dem Fenster, am meisten taten es mir Kastanienbäume an. Früher sammelte ich Kastanien selber, da wir vor unserem Haus einen Baum hatten. Ich liebte es, sie mit einem Stock genau zu treffen, sodass sie entweder direkt zerfielen oder aber ganze Äste durchtrennt wurden, an denen mehrere von ihnen hingen. Mir ging es dabei nur ums Sammeln, mit ihnen etwas bauen, wollte ich nie. So verging der Sommer, bis sich ein gesamter Fahrradanhänger füllte und mein Dad fluchte. Doch ich liebte es. Diesen besonderen Moment, durch seine eigene Präzision und sein eigenes Geschick zum maximalen Erfolg zu kommen. Ich mochte die Farben und vor allem die glatte Oberfläche. Als wir in unserem silbernen Scirocco unter einem Kastanienbaum durchfuhren, ergriff Mama das Wort. Verwundert schaute ich sie an. Ihre Mimik und ihre Schwingungen konnte ich damals schon gut deuten. Sie meinte die Worte jetzt komplett ernst, sie sprach mit eiserner Miene, den Blick starr auf die Straße gerichtet: „Marc, du musst mir etwas versprechen. Ich möchte, dass du niemals rauchst. Rauch niemals eine Zigarette, ok?" Noch immer schaute ich starr auf ihre Mimik, hochkonzentriert auf ihre Worte, blieb mein Blick an ihren Augen kleben. Die Straße sah ich in ihrer glasigen Spiegelung. „Ja.", sagte ich ruhig und gelassen, schenkte der Situation keine weitere Bedeutung. Ich fragte mich rückblickend zwei Dinge. Erstens, wenn sie mich um so etwas bittet, dann bedeutete dies, ihre Situation und ihr Zustand waren wegen dieses Themas so. Dies könnte bedeuten, dass sie wusste, dass sie ein Aneurysma durch das Rauchen bekam. Wusste sie also über ihren Krankheitszustand Bescheid? War ihr die Gefahr also bewusst und wenn ja, wusste es Papa? Zweitens, dass sie mit dem Rauchen schlechte Erfahrungen assoziiert. Diese könnten aus einer Selbstreflexion stammen oder die Erkenntnis sein, die sie von äußeren Einflüssen erfahren hatte, zum Beispiel in ihrer Jugend. Wie dem auch sei, ich begriff den Moment und dieses Gefühl. Diese Bitte der Dringlichkeit und wie viel Bedeutung dies hatte.

Wann immer sich beim Aufwachsen die Situation ergab, eine zu rauchen oder auch nur einmal zu ziehen, verweigerte ich diese. Selbst das Festhalten der Zigarette war für mich bis Mitte zwanzig unangenehm. Ich weiß nicht, woher die Disziplin stammte. Vor allem, weil ich sonst schon gerne die Regeln ein bisschen zu meinen Gunsten bog. Tabak anderweitig zu konsumieren, wie zum Beispiel in einer Shisha, machte ich sehr selten. Erst mit siebenundzwanzig machte ich meine ersten Erfahrungen mit Gras. Da die Leute, mit denen ich herumhing, nur Gras mit Tabak konsumierten, rauchte ich es mit. Ich war in meinen Gedanken bereits soweit, dass ich mir dort sagte, dass ich die Situation mit und um Mama nur vollkommen verarbeiten könnte, wenn ich auch mit dem vermeintlich Guten breche. So wandelte sich die Richtlinie auf eine „normale pure Zigarette". Ich war fein damit und es fühlte sich nicht falsch an. Mit den ersten Versuchen des Grasrauchens bis hin zu meiner Erfahrung in Melbourne hatte ich auch keine schlechten Erfahrungen damit. Ich rauchte hier und da, wann immer sich die Gelegenheit bot, mal mit. Ich hatte sehr selten mal einen Joint zuhause und rauchte selten alleine. So lief es auch bis zum Februar 2024. Die Zeit nach der Klinik, als ich so viele Baustellen gleichzeitig zu klären hatte, brachten mich dazu, vermehrt zu rauchen. Mit der Legalisierung im April hatte ich auch angefangen, in einer gewissen Regelmäßigkeit zu rauchen. Ich rauchte die Joints pur, sogenannte Blunts. Auf die Nase binden tat ich es kaum jemandem. Wann immer mir danach war, rauchte ich einen. Der Konsum half mir beim Entspannen, brachte meinen Kopf zum Stillstand. Es war, als steigerte er das Gefühl meines Glücks, zu etwas nie da Gewesenem. Es war, als lernte ich etwas kennen, das meine Kreativität aufbrach. Es mag schwer zu beschreiben sein, soll keinesfalls verherrlichend klingen, aber es war, als würde ich gerne Sachen kreieren. Ich fing an, mehr auf mich und meine Kreativität zu setzen. Ich kaufte mir Leinwände und Spraydosen und machte Kunst. Ich fing an, meine Wohnung als Ort der Kreativität zu betrachten. Ich kaufte nur Dekoration, die ich mit strahlenden Augen ansah. Dies alles machte mich so unglaublich inspiriert, dass ich mich immer häufiger in diese Welt verlor. Je mehr mir das bewusst wurde, desto mehr ging ich reflektiert an die Sache heran. Ich wusste, dass der Weg in eine Abhängigkeit keine Option sei. Alleine schon wegen der Geschichte um Nils. Daher stellte ich in meinem Kopf Regeln auf, die ich strikt befolgte. Ich würde niemals mehr als einen Joint am Tag rauchen. Diesen auch nur an Tagen, an denen ich frei hatte oder am Abend vor dem freien Tag.

Ich kann nicht sagen, wieso, aber alles in mir schrie, dass ich diese Phase gerade brauche. Ich hatte eine Gewissheit bekommen, dass mir dadurch etwas bewusst werden wird. Dass ich durch diese Erfahrungen wichtige Kenntnisse erlangen würde. Also fing ich an, high an meiner Kreativität zu feilen. Ich malte vier Bilder, dekorierte meine Wohnung, baute Möbel mit meinen eigenen Händen. Ich verliebte mich in entspannte Lichter und Lofi-Beats. Ich kramte mein erstes Buch heraus und überarbeitete es nochmals vollkommen und dass innerhalb von fünf Tagen. Ich war in der Zeit vollkommen bei mir selbst. Es war, als stünde mein Kopf das erste Mal still. Als könnte ich alle stressigen Dinge, wie die Arbeit, den Verkehr, die anderen schlechtgelaunten Mitmenschen, ausblenden. Als wäre ich glücklicher im Allgemeinen. Die Tage, an denen ich nicht rauchte, profitierten auch von dem Rausch des Vortags. Die Belastung der Arbeitswochen störte mich nicht, nichts konnte mich aus der Bahn werfen. Ich machte unglaubliche Schritte zu mir selbst, verarbeitete die letzten Momente mit Manni, kam der Idee meiner Verwirklichung näher, verstand alte Traumata durch die Veränderung des Blickwinkels. Dieses Glück, welches ich fühlte, war einzigartig. Es war, als würde alles Negative in meinem Leben für die Momente des Rausches nicht mehr existieren. Die Vorstellung, dass es einen Knopf gab, mit dem mein Kopf stillstand und ich etwas mit meinem Herzen erschaffen konnte, war für mich die beste Beschreibung dieser Sucht. Obwohl ich in allen Bereichen weitergearbeitet habe, war mir immer bewusst, dass dies nicht von Dauer sein konnte. Also begann ich, meine Suche ein wenig zu fokussieren. Ich wusste bereits, dass Pilze gegen Depressionen helfen, diese vertreiben sie aber nicht dauerhaft. Ich wusste, dass Gras dich ungefähr für zwei Stunden fliegen lässt. Der Unterschied der beiden Trips besteht darin, dass Pilze die unendliche Positivität zeigen, die das Schlechte in den Hintergrund rücken lassen, während dir Gras dabei hilft, deinen Kopf und deine Zweifel zum Stillstand zu bringen. Selbstzweifel, Angst vor dem Scheitern, nicht gut genug zu sein, all diese Gefühle existieren dann für mich nicht. Das brachte mich auf eine Idee.

Ich legte meine Bemühungen immer in die Bekämpfung dieser Depression. Das Erkennen und analysieren, um dadurch die Schwächen auszumerzen. Das, was ich aber niemals versuchte, war an meiner Positivität zu arbeiten. Mich selbst in einer Art Balance zu halten. Im Alltag ist es der größte Fehler, den man begehen kann, sich nur auf die negativen Dinge zu konzentrieren. Was wäre, wenn es bei einer Depression genauso wäre? Ich dachte ans Klinikprogramm zurück und begriff, dass die Abwechslung und die Aktivitäten, vor allem die neuen, genau das taten. Sie fokussierten sich auf die Positivität. Das anerkannte Negative bekämpften sie in den Gesprächen, die anderweitigen Aktivitäten sorgten für die Balance der Positivität. Vielleicht war meine erfolgreiche Zeit dort nur so erfolgreich, weil ich die Balance fand? Je mehr ich mich in solchen Fragen verlor, desto mehr wurde mir der Anstieg meines Konsums bewusst. Mir war aber klar, dass es einige Punkte gab, die ich noch lernen wollte. Ich musste diese Leichtigkeit komplett verstehen, das Gefühl komplett begreifen, ehe ich einen Weg hinausfinden würde. Inzwischen bestellte ich zwei Mal im Monat Gras. Gute hundert Euro pro Monat gingen dafür drauf. Ich war fasziniert über die Dinge, die ich über mich selbst erfuhr, wenn ich high war. Wie sehr ich losgelöst meine Gedanken sortieren konnte, wie sehr ich verarbeitete. Für jeden, der das liest, ist dies vielleicht ein Hilferuf, doch ich wusste die gesamte Zeit, was ich tat. Ich hatte das Gefühl, alles lief auf einen Höhepunkt zu und dass dieser noch nicht erreicht war. Also schrieb ich, bastelte und gab mich einfach mehr und mehr dem hin, was mein Herz erfüllte. Es war, als könnte ich mich in dieser Auszeit unbefangen von der Außenwelt entdecken, meine Werte neu ordnen und mich nach der Trennung selbst neu erfinden. In dieser Zeit verflog auch der letzte Groll gegen Manni. Solange ich von solchen Gedanken abgelenkt war, desto mehr engten sie meine Kreativität ein. Ich wollte einfach nur frei sein, wann immer es mir möglich war.

Mitte Mai fuhr ich dann los zu Timo, der für mich das Cover vom ersten Buch designen würde. Die Idee war klar, ich wollte ein mit Schleierwolken überdeckten Himmel. Darüber in einer orangenen Schrift sollte der Titel *„The man who can´t be moved"* stehen. In einer alten 3D-Schrift, wie man sie noch aus den alten Windows PCs als Bildschirmschoner kannte. Auf dem Cover selbst sollten vier Kugeln, die später Seifenblasen wurden, sein, die stellvertretend für meine vier Feinde stehen sollten. Die Feinde, die ich innerhalb des Buches fand. Das Ganze dauerte ungefähr zwei Stunden, ehe ich drei Tage später die fertige PDF hatte. So schickte ich die überarbeitete Version an Jenny und das Cover gleich mit. Ich freute mich, da die einzelnen Ideen und Gedanken, die ich mir seit Entstehung des Buches machte, endlich Form annahmen. In diesen Worten der Trauer, Trennungen, Tode, beschrieb ich meine Seele. In den Erlebnissen, Ereignissen und in der Freude beschrieb ich mein Herz. Ich wusste, dass die Leser, egal ob sie mich persönlich kannten oder nicht, daraus einen Mehrwert ziehen würden. Das, was aber nur ich weiß, waren die Gefühle, die ich verkörperte, während ich es schrieb. Das Wissen, dass ich Diverses schrieb und dabei komplett verheult war. Dass ich an Zeilen dachte, während ich duschte und dieses Buch und das Schreiben mich durch Tode und Trennungen begleitet hatte. Es war unglaublich, nun alle Zutaten zu haben, um daraus ein Gericht zu erschaffen. Mit jedem kleinsten Molekül in mir war ich unbefangen glücklich. Ich kann dieses Gefühl nicht beschreiben, wie es sich anfühlt, eine Last des Verlusts und die Last der Depression von Tag zu Tag weniger zu spüren. Wie die Dunkelheit in mir kleiner und kleiner wurde. Nicht weil das Licht von außen kam, wie ich all die Jahre vermutete. Nein, ich strahlte von innen nach außen und wurde immer glücklicher. Tag für Tag ein bisschen mehr.

Es verging keine Woche, da ploppte mein Mail-Symbol auf. Da war es, mein erstes eigenes Buch. Ich scrollte sofort alle Seiten bis zum Ende. Ich genoss jedes aus dem Kontext gerissene Wort. Ich mochte alles. Es war, als habe ich etwas aus dem Nichts erschaffen. Es gab mir eine Erfüllung, die ich so noch nicht kannte. Doch genau in dieser Sekunde, mit diesem Gefühl, kam ich meinem Wunsch näher. Die Verarbeitung der Trennung, die Reflexion der letzten Jahre, machten aus mir einen Menschen, der ein unglaubliches Mindset entwickelte. Immer und immer wieder machte ich mir bewusst, dass ich trotz alledem niemals aufgegeben hatte. Wie bekommst du etwas klein, was im Leben niemals aufgibt? Die Antwort ist simpel, gar nicht. Dieses Verständnis und der Rückhalt, den ich erhielt, schufen mein neues Selbstvertrauen. Es war, als habe ich in dem Moment begriffen, dass ich die zwei Dinge vereinen musste, die ich jahrelang ausübte. Ich musste meine wirtschaftlichen Kenntnisse mit meiner Kreativität vereinen. Das, was mir über die Jahre fehlte, war Selbstvertrauen. Wann immer ich auch nur ein bisschen an mich glaubte, holte mich die Vergangenheit ein. Wann immer ich glaubte, mein Glück gefunden zu haben, zerstörten äußere Einflüsse mich. Meinen Traum, meine Gedanken, egal was, scheiterten, weil das Glück in einem selbst verborgen liegt. Man ist wortwörtlich seines Glückes Schmied. Die, die zurückgelassen werden, bekommen von der Gesellschaft immer die Schuld. Die Opferrolle, die ich perfektionierte, war die Störung zum eigentlichen Glück. Ich war immer ein Mensch, der verstehen musste, um zu handeln. Erst wenn ich komplett verstand, machte ich meistens die ersten Schritte. Jetzt in dieser Zeit meines Lebens, während die gebündelte Kreativität mich umschloss, konnte ich zum ersten Mal sagen, ich verstand vollkommen. Ich wusste, wohin ich wollte und wusste, was mein Ziel sein wird, dass alles begriff ich in der Zeit. Ich setzte mich hin, lud die Datei hoch, wartete auf die Prüfung und online war es. Mein erstes Buchprojekt. Meine erste Kreativität, die ich wirklich machte. Ich erinnerte mich an viele Abende, an denen ich einen Teil meiner Schreibkunst vorgelesen hatte. Sei es, um auf Geburtstagen Freude zu bereiten oder in schwachen Momenten Trost zu spenden. Ich dachte daran, was diese unglaubliche Ehrlichkeit bei Menschen auslösen würde. Was fremde über mich denken. Doch noch viel mehr, was Freunde denken, wenn sie die gesamte Wahrheit kennen. Denn wer von uns kann sich selbst schon ohne Charme betrachten und wer von uns kann sich selbst schon ohne Scham betrachten? Ich bestellte mir ein Exemplar für Werbezwecke. Ich wollte

Menschen damit erreichen und ihnen durch meine Geschichte zeigen, dass egal wie dunkel ein Pfad ist, am Ende immer der Sonnenschein einen empfängt. Ich rief Denni an, fragte, ob er Lust hätte, ein Drohnenvideo zu drehen. Irgendwas Kleines, so als Bekanntmachung, dass das Buch nun erhältlich war. Es dauerte keine Stunde, ehe wir unseren Shot im Kasten hatten. Denni selbst kreierte dann auch das fertige Instagram-Reel. Es war mir unangenehm, es Leuten zu schicken, mit der Bitte, dass sie es doch bei Instagram verbreiten sollten. Es war irgendwie ein Gefühl, dass ich meine Freunde damit belastete. Obwohl ich mit mir selbst kämpfte, schickte ich das Reel mit der Bitte, es zu teilen. Was die meisten auch taten, generell war der Support beeindruckend.

Nachdem ich es geschickt hatte, schaute ich nicht mehr danach, ich setzte mich auf und baute mir einen Joint. Zu diesem Zeitpunkt war mein Konsum täglich geworden. Die Grenzen, die ich zu Beginn noch einhielt, verschwammen mehr und mehr in der Realität. Zwar schaffte ich es nach wie vor, produktiv zu sein und arbeitete immer weiter an Büchern oder Projekten, doch wurde die Menge mehr. Was zu Beginn ein halber Joint auslöste, schaffte jetzt nicht einmal mehr einer. Logischerweise war mir bewusst, dass wir uns langsam in die Richtung einer Sucht begaben, doch ich spürte, der Peek würde bald da sein. Mir war auch immer bewusst, dass das, was ich finde oder wonach ich suche, in mir ist. Das Gras war nur ein Katalysator zur Erforschung. Für mich konnte man das Gefühl beschreiben wie ein kleines Kind auf einem fremden Spielplatz. Man ist überwältigt von den positiven Möglichkeiten, die einem geboten werden. So viele neue Attraktionen, so viele positive Eindrücke, man möchte alles gleichzeitig erkunden. So ähnlich fühlte sich das Gras an, nur brauchte ich immer mehr Mengen, um auf diesen Spielplatz zu gelangen. Es fehlte nicht mehr viel und ich hatte diesen Spielplatz, mein unendliches Glück, vollkommen erkundet und verstanden. So stieg mein Konsum an manchen Tagen auf drei Joints pro Tag. Ich kaufte mir auch eine Bong und probierte die aus. Ich backte aus Cannabisbutter Kekse und versuchte, durch immer andere Wege, zu diesem kreativen Spielplatz zu kommen.

Arbeit, Rauchen und mich selbst zu erkunden, waren die Dinge, mit denen ich mich in dieser Phase befasste. Ich musste einfach wissen, was das Gefühl der Gewissheit bedeutete. Warum hatte ich seither das Gefühl, ich konnte nicht scheitern? Wieso hatte ich ein Urvertrauen in meine eigene Fähigkeit entwickelt, dass ich weiß, ich hätte bald ausgesorgt? Wieso kann ich nur sagen, dass die Gewissheit da ist, aber nicht, wie sie aussieht? Wie sieht ein erfülltes Leben für mich aus? Das zeigte mir das Gefühl nie, alles was es stärkte, war das Gefühl, nicht scheitern zu können. Je dämlicher es klingen mag, desto mehr hatte ich das Gefühl, dass mir dadurch mein persönlicher Weg geebnet wurde. Doch ich wollte mehr wissen. Die Sucht verstehen, die Depression auch nüchtern loswerden. Die Freiheit immer leben. Um eine Sucht zu verstehen, kann man nicht schauen, was mit der Sucht falsch ist. Man sollte sich eher fragen, was ist mit der Sucht richtig? Was bekommt die Person von der Sucht, was sie sonst nicht hat? Das, was sie bekommen, ist Kontrolle, Frieden, Erlösung vom Schmerz und die Fähigkeit, in sich zu ruhen. Man sollte sich also fragen, warum diese Qualitäten in ihrem Leben fehlen? Alkohol, Kokain, Heroin oder Gras sind Schmerzkiller. Die richtige Herangehensweise ist also nicht die Sucht zu bekämpfen, sondern den Schmerz, der sie auslöst. Wieso möchten sich Menschen für einige Stunden aus ihrem Körper katapultieren? Wieso wollte ich es? Wo saß mein Schmerz? Was ich in dem Moment fühlte, war eine Befreiung von dem Marc, der ich war. Die Abspaltung der Restrolle, das Freisein von allen Zwängen. Alles schien so irrelevant in dem Moment, in dem ich den Joint ausmachte. Ich entdeckte meine kreative Phase neu, ich entdeckte einen neuen Marc, es war, als sah ich mir selbst bei einer Widergeburt zu. Es war, als wuchs in der Zeit ein neuer Marc heran. Die erste Form des glücklichen Marcs. Mich stresste zu viel am Alltag, weil der alte Marc dort noch zu sehr verankert war. Genau an diesem Punkt traf ich Les. Man sagt, Menschen und Begegnungen im Leben entstehen immer dann, wenn man sie benötigt, wenn ihre Zeit reif ist. Dann kollidieren diese kleinen Partikel, diese Energien in die richtige Richtung.

FREIHEIT

Sampagne – In meinem Raum

Les kannte ich lediglich flüchtig, als sie mir bei Instagram vorgeschlagen wurde. Erstmals begegnet sind wir uns im Jahr 2017, kurz bevor meine erste Episode der Depression kam. Damals waren wir auf dem Airbeat-Festival. Es war einer dieser „ein Freund kennt ein Freund, der widerherum ein Freund kennt"-Geschichten. Obwohl wir mit unterschiedlichen Gruppen dort waren, gingen wir doch abends zusammen auf die Piste. Ich war damals in einer unglücklichen Freundschaft Plus gefangen und beobachtete sie und ihren Freund mit einem gewissen Neid. Es war mir irgendwie zu sehr Liebe, was die beiden da aufsetzten, während ich einfach ein Konstrukt der Unglückseligkeit hatte. Es war als lebten sie die Beziehung, die ich mir vorstellte. Ich bin ein Mensch, der gerne beobachtet. Vor allem Farben, Emotionen und vor allem ein gewisser Vibe zogen mich dabei immer in dieses Staunen. Am Donnerstagabend war bereits eine kleine Bühne aufgebaut. Angetrunken nach unzähligen „Beerpong"-Duellen tanzten wir auf dem Rasen vor der Bühne. Das gesamte Gelände hatte diesen Charme, dass der Sonnenuntergang fast auf einer horizontalen Ebene ohne Unterbrechungen stattfand. Während wir uns der Musik hingaben, öffnete ich die Augen. Mit einem buntgefärbten Pullover tanzte sie mit ihren Sneakern vier Meter entfernt. Für sich alleine auf einer Wiese, von der Sonne geküsst. Ihr Drehungen wirbelten ihr blondes Haar ins Licht. Sie brach es mit ihrer Silhouette. Ich konnte die Augen nicht von diesem Bild nehmen. Das Farbspiel, die Bewegungen und vor allem ihre Aura waren überwältigend. Es war, als durchstach etwas mein Herz. Es war kein Lieben, es war kein Vergucken. Es war, als merkte ich, dass eine Verbindung geknüpft wurde, die irgendwann ihren Höhepunkt haben wird. Ich wusste, nicht jetzt, nicht so, aber irgendwann wird das ein Schlüsselmoment werden. Das zweite Mal, dass wir uns sahen, muss ungefähr sechs Wochen später gewesen sein. Wir waren auf einem Geburtstag eingeladen und tranken zusammen. Irgendwann stachelten wir uns so an, dass wir ein Trinkspiel spielten. Eigentlich ging es dabei nur darum, den anderen schnellstmöglich ins Delirium zu befördern. Ich gewann und zahlte einen hohen Preis. Während Les sich mehrfach übergeben musste und irgendwann ins Bett gebracht wurde, stand ich am Waschbecken und reinigte ihre Klamotten. Später erfuhren wir, dass sogar die gesamte Tapete so in Mitleidenschaft gezogen wurde, dass später renoviert werden musste.

Danach brach der Kontakt. Ich erfuhr durch ihren Exfreund, dass sie sich irgendwann getrennt hatten. Bis zu dem Moment, als ich ihr einfach mal schrieb. Schnell haben wir uns ausgetauscht und Smalltalk geführt. Wir beide waren gerade auf der spirituellen Reise zum Ich. Sie trennte sich gerade von ihrem Freund. Er hielt sie klein, doch sie hatte das Gefühl, ausbrechen zu wollen. Wir zogen uns also in dem genau richtigen Moment an, als wir vom Leben lernen wollten. Wir entwickelten eine einzigartige Dynamik beim Schreiben, entdeckten Sprüche und einen dunklen Humor, der abgedreht war. Mir war dort bereits bewusst, dass dieser Moment im Jahr 2017, der Moment, in dem sie tanzte, hier seinen Abschluss finden würde. Es war, als brachte mich jede Entscheidung, die ich in den Jahren traf, mich zu diesem Punkt. Als wären alle Wege, die ich einschlug, vorprogrammiert gewesen. Les und ich telefonierten oft während oder kurz nachdem wir einen geraucht hatten. Wir bildeten die wildesten Strukturen und noch wildere Gedanken. Sie hatte eine Anziehung, die ich bis dato nicht kannte. Es ging mir dabei nicht um eine Liebe oder Freundschaft. Generell war ich in einer Phase meines Lebens, in der ich nicht sicher war, ob mir die Liebe die nächsten Jahre das geben könnte, was ich suchte. Es war mehr, als wurde ich unaufhaltsam in die nächste Stufe meiner Selbsterkenntnis gedrückt. Wie in einem Strudel vor dem Abfluss, sog es mich mehr und mehr ein. Je größer der Kontakt, desto näher kam ich meinem nächsten Schritt. Das Unglaubwürdige daran war, dass es ihr genauso ging. Wir mussten wissen, was wir voneinander lernen konnten. So verging nicht viel Zeit, bis wir uns das erste Mal trafen. Das Wochenende des ersten Julis machten wir aus. So spirituell wir uns auch verstanden, desto unglaubwürdiger war es, als ich anfing, das Wochenende zu planen. Irgendwie war ich unsicher, da ich nicht deuten konnte, was wir waren. Es fühlte sich an wie eine tiefe, lang dagewesene Freundschaft, mit einem Funken Liebe für die Seele. Sehr kompliziert zu beschreiben. Ich kaufte ein und plante eine Aktivität zwischen tiefer Verbindung und normaler Freundschaft. So entschied ich mich, für jede Facette etwas bereit zu haben. Der Plan sah vor, dass wir Bogenschießen gehen, das war für meinen Kopf entspannt, da ich bereits so ein erstes Date hatte. Also lief ich keine Gefahr, dass es zu sehr danach klingt. Danach stand in meinem Kopf, Sushi zu essen und dann einen zu rauchen auf dem Dach des Kinos. Dafür hatte ich einen Generalschlüssel. Ehe wir dann stoned irgendeinen Film gucken würden. Es war für mich die beste Balance, die mir einfiel.

Als ich am Morgen erwachte, blickte ich aufs Handy. Es war voll von Nachrichten und Videos aus der Arbeitsgruppe. Über Nacht ist einfach ein Stück des Kinodaches eingebrochen. Genau das Dach, auf dem wir eigentlich abends sitzen sollten. Fünfundzwanzig Jahre hielt dieses Dach, ich war unzählige Male auf ihm umhergewandert, doch genau jetzt brach es? Schwierig, dachte ich. Immerhin war ich gerade auf meiner eigenen spirituellen Reise und dort nimmt man vieles als schlechtes Omen oder Zeichen war. Es löste tatsächlich ein großes Unbehagen aus. Als ich den Vorhang beiseiteschob und es Anfang Juli wie aus Eimern schüttete, bestätigte es nur meine Theorie. Angenommen, es waren Zeichen, was wollten sie mir dann sagen? Lass die Finger davon oder zeig uns, dass du dem trotzt und trotzdem die Erfahrung machen willst? Nun, natürlich sagte ich nicht ab. Wer mit dem verankerten Gedanken groß wird, dass man es eher bereut, Dinge nicht getan zu haben, als sie einfach zu tun, der zeigt dem Leben häufig den Dickkopf. Wer mag es mir aber verübeln, immerhin wusste ich genau, wie schnell sich das Leben um 180 Grad drehen konnte. Es klingelte und ich machte entspannt in meinen Relaxo-Hausschuhen die Tür auf. Klitschnass umarmten wir uns. Wir brauchten einige Minuten, um zu realisieren, ob das Treffen gerade wirklich stattfand. Immerhin sahen wir uns sieben Jahre lang nicht. Die unangenehme Stille, die man immer bei den ersten Treffen kennt, legte sich aber genauso schnell wie sie kam. Ich fragte sie, ob sie trotzdem fahren wollte, was sie bejahte. Es war das Gefühl, als wären wir Kinder, die in einer Pfütze spielten. Der gesamte Pfad des Bogenschießens war ein einziger Hindernisparcours. Ständig sprangen wir über Stock und Stein, krochen durch das Dickicht, um Pfeile zu finden oder lachten uns schlapp. Ich fand es beeindruckend, dass wir trotzdem fuhren, obwohl das Wetter so schlecht war. Das war eine Eigenschaft die ich ihr hoch anrechnete.

Als wir durchfroren wieder zu mir kamen, beide duschten und uns hinsetzten, standen wir nicht mehr auf. Wir rauchten zwei Joints und waren einfach in so einem Deeptalk gefangen, dass wir erst vom Hunger wieder eingeholt wurden. Normalerweise rauchte ich nicht auf meiner Terrasse, aber da das Wetter so bescheiden war, blieb uns nichts anderes übrig. Ich rauchte auf meiner Terrasse deshalb nicht, weil ich meine Nachbarn respektierte. Vor allem wenn man bedenkt, dass über mir eine Familie mit einem kleinen Kind wohnte. Ich bin keineswegs jemand, der unangenehm abdriftet durch das Gras. Es hatte für mich eher eine öffnende Wirkung, um noch ein bisschen besser zu mir zu finden. Das Wetter klarte auf und wir gingen zu einem nahliegenden Feld. Natürlich waren wir nach inzwischen drei Joints zusammen sehr high. Immer, wenn man high ist, fühlt sich jeder Spaziergang wie eine Mission an. Meistens spielst du das so auf, als wäre eine. Also liefen wir wie Frodo und Gandalf den Weg entlang, denn unser Ziel war ein entfernter Strohballen, am Ende des Weges. Ich sprang abwechselnd zwischen dem Mittelweg und dem matschigen linken Pfad hin und her. Irgendwann spürte ich ein Tippen auf meiner Schulter, ich drehte mich um und Les kam sehr nahe an mein Gesicht heran. Sie schaute mich ausdruckslos an, wich aber nicht zurück. Es vergingen einige Sekunden, ehe mein Kopf mir den Gedanken einspülte. Das ist ein Kuss-Moment, hallte es durch mein Hirn. In meinem Kopf war jede Bewegung so anstrengend, aber diese Situation wurde unangenehmer für uns beide. Ich beugte mich vor und mit der

Millisekunde meiner Bewegung schnallte sie nach hinten, als habe sie keine Halswirbelsäule. Ich habe soeben das gesamte Wochenende ruiniert, dachte ich still und heimlich. Noch immer starr wie eine Salzsäule, realisierte ich, dass sie das alles gecheckt hatte. Die kleinste Hoffnung, sie sei zu high, war dahin. Obwohl ich rot wurde und es mir sichtlich peinlich war, gingen wir einfach weiter. Wir taten, als wäre das niemals passiert und irgendwie war ich dankbar. Dankbar, dass sie diesen Moment so wegsteckte und dankbar, dass ich nun die Antwort hatte, dass es nicht auf diese Ebene hinauslaufen würde. Angekommen am Strohballen reichte eine Berührung von ihr, um zu erkennen, dass er nass war. Zugegeben, man hätte es wissen können, wenn man klar im Kopf wäre. Doch das waren wir schon lange nicht mehr. Nach dem nun vierten Joint war uns auch bewusst, dass wir es nicht zum Essen schaffen würden. Also sprachen wir einfach weiter und bestellten Sushi. Ich muss ehrlich sagen, über den Inhalt der Gespräche kann ich mir keinen Reim mehr machen. Ich weiß aber, dass dieses Gespräch so intensiv und tief war, dass wir uns beide seelisch nackt machten. Es war genau das, worauf sich unsere Seelen aufbauten über den letzten Monat.

Wir entschieden uns, am Abend einen Film zu schauen und standen wie zwei Teenies vor dem Bett. Mein Bett war so ausgerichtet, dass man nur in Löffelchen liegen konnte, damit beide etwas sehen. Also fragte ich, ganz schüchtern, ob wir Löffelchen liegen wollen? Immerhin habe ich vorhin die Situation falsch gedeutet und wollte ihr kein unangenehmeres Gefühl geben. Sie willigte ein, zog sich vor mir aus und lag nur in Shirt und Tanga in der Position des kleinen Löffels. Ein bisschen perplex legte ich mich mit Jogginghose und Pullover wie ein

Schuljunge neben sie. Keine Sekunde lag ich, ehe sie meine Hand griff und mich heranzog. Sie begann, meine Hand zu streicheln und drückte ihren Hintern geschickt, wie Frauen nun mal sind, direkt an, ihr wisst schon was. Mein Kopf spielte Kreisel und ich dachte die gesamte Zeit an Ziegelsteine, damit ich keinen Ständer bekam. Ich wusste überhaupt nicht, was mir geschah. Ich kam mir vor, als sprechen wir nicht die gleiche Sprache. Da ich seit meiner Verarbeitung bereits entschied, dass ich nur noch Sex in einer Beziehung haben wollte, unternahm ich nichts. Ein Teil von mir wollte einfach eine positive Erinnerung haben und nicht der Mann sein, der fünfhundert Zeichen nicht deuten konnte. Für mich war Respekt einer Person gegenüber wichtiger, als einen wegzustecken. So lagen wir die gesamte Zeit, ehe sie einschlief. Wir entschieden, den Fernseher auszumachen und schlafen zu gehen.

Unser Wecker klingelte um 10 Uhr. Ich musste meine Rauchmelder wieder anbauen, die ich seit dem Streichen abgemacht hatte, denn zwischen 10 und 12 Uhr kam der Kontrolleur. Während ich am Handwerken war, streckte sie sich mehrfach und machte Frühstück. Als ich mich im Schneidersitz hinsetzte und ein Musikvideo schaute, welches mich seit Jahren faszinierte, sagte ich ihr, sie solle sich es mal anschauen. Ich saß umhüllt von einer Decke da und sie stand einfach auf und setzte sich in Unterwäsche haargenau auf meinen Schritt. Ich umschloss uns beide und war verwirrter als noch am Tag davor. Während ich vorher noch viel mit den Drogen erklären konnte, war mir das ein Rätsel. In meiner Nase schoss ein Geruch vom verbrannten Holz. Mit einem Blick nach rechts sah ich, wie mein Schneidebrett Feuer fing. Als Les sich ihre heiße Zitrone machte, erhitzte sie die falsche Herdplatte. Ich sprang auf, bemerkte erst jetzt den Ruß, der sich bildete. Es qualmte unaufhörlich und selbst der Nachbar schrie von oben: „Brennt es bei dir, müssen wir evakuieren?" „Nein!" schrie ich zurück, während ich das Holzbrett auf die Terrasse warf. Das gesamte Haus war voller Qualm. Gerade als ich versuchte, den Feuermelder auszumachen, kam der Kontrolleur rein. Ihm ist alles entglitten. Er fluchte vor sich hin und war die gesamte Zeit unfreundlich. Ich entschuldigte mich bei ihm, erklärte die Situation und verkaufte es so, als wollte ich ihn gerade ausschalten. Er sagte, es sei nicht erlaubt, den abzumachen. Nachdem ich ihn beruhigt hatte, sagte Les lauthals: „Gut, dass du sie nach drei Monaten heute endlich angebracht hast." Ich schaute sie mit aufgerissenen Augen an, sie verstand und musste sich das Lachen verkneifen. Der Typ bekam nichts mit. Nach dem Schock saßen wir da und entschieden, heute noch etwas zu machen. Wir fuhren Kart und hatten noch eine gute Zeit, ehe sie abends nach Hause fuhr.

Mit mehr als ein paar Fragezeichen ging ich zurück in die Wohnung. Ich schilderte das Geschehen meinen engsten Freunden, um eine Einschätzung zu haben. „Hähh?", sagten alle fünf Leute gleichzeitig. „Ich verstehe es auch nicht, so viele gemischte Signale." Natürlich schilderte ich alles, den Moment des Liegens auf dem Sofa, den Moment auf dem Feld, die Situation mit dem Strohballen und von dieser Energie, die entstand, als wir zusammen waren. Diese unglaubliche Kreativität, die entsteht, die Anziehung, die sich entwickelt, diese Elektrizität, die sich aufbaut und sich in kurzen Blicken komplett entlädt. So perplex stand ich vor allen, die mich fragten, wie das Wochenende mit ihr war. So perplex lag ich im Bett, als ich darüber nachdachte. Da der Vibe zwischen uns nicht abnahm, fragte ich sie, ob sie in zwei Wochen nochmal zu mir kommen wollte. Ich befand mich gerade in meinem Sommerurlaub und hatte das letzte Wochenende nichts vor. Sie willigte ein. In der Woche schrieben wir uns meistens und blödelten über WhatsApp herum. So verging die Woche bis zum Wochenende vor unserem erneuten Treffen. Sie fuhr zu ihrem Schamanen, mit dem sie an ihren Traumata arbeitete. Obwohl wir das Wochenende nicht schrieben, freute ich mich zu hören, welchen Fortschritt sie dort machte. Als sie mir am Montag schrieb, merkte ich bereits im ersten Satz, dass sich etwas verändert hatte. Wie ich schonmal sagte, glaube ich nicht an einen Gott. Wenn ich an etwas glaube, dann kann man es wohl am ehesten das Universum nennen. Ich glaube an Schwingungen zwischen Menschen. Je näher man auf der gleichen Frequenz ist, desto eher versteht man sich. Deshalb wirken einige Leute in großen Gruppen direkt sympathisch oder unsympathisch. So viel zu meiner Theorie, wie man Begegnungen im Leben wahrnimmt. Ich weiß nicht, ob es durch die Verluste kam, ob ich einfach ein Gefühl dafür bekam, wenn jemand leidet. Alles, was ich weiß, ist, dass ich oftmals schneller Menschen lesen kann, die ein traumatisches Ereignis durchmachten. Diese Empathie ist Fluch und Segen zugleich. Zum einen kann ich so meinen Mitmenschen eine große Stütze sein, zum anderen muss ich höllisch aufpassen, dass das nicht zur Manipulation wird. Aus Les wurde ich zu diesem Zeitpunkt noch nicht schlau. Zwar sah ich Tränen, die sie vor mir weinte, doch an ihr wirkliches Ich kam ich nicht heran. Der Wandel in unserem Vibe hing klar mit dem Wochenende zusammen, welches sie verbrachte. Es hätten viele Möglichkeiten sein können. Vielleicht hat sie etwas aufgebrochen aus ihrer

Vergangenheit oder etwas für sich begriffen, was Zeit brauchte. Das Einzige, was ich wollte, war, dass wir wieder das gleiche Signal senden. Ich war noch nicht fertig mit meinem nächsten Schritt, ich glaubte auch nicht, dass sie es sei. Mitte der Woche bekam ich einen Anruf. Sie würde an dem verabredeten Wochenende auf das Airbeat-Festival wollen. Ich sagte, dass sie gerne fahren könne, doch im Gegenzug fragte sie, ob ich mitwolle. Ich stand draußen am Feld, das Handy an mein schwitzendes Ohr gedrückt. Mit den Zügen meines Joints überlegte ich innerhalb kürzester Sekunden, ob oder ob nicht. Wäre der Vibe so wie vorher gewesen, dann hätte ich nicht gezögert. Doch jetzt? Ich schaute über das Feld, wurde gerade high, als ich einfach sagte, dass ich mitkäme. Wir würden mit zwei ihrer Freundinnen fahren. Wir würden auch in einem Zelt schlafen. Sie redete mir meine Entscheidung in den nächsten Minuten schön. Als wir auflegten, war ich sehr in mich gekehrt. Für mich war das eine grundlegende Entscheidung für den neuen Marc. Ich habe so meine Macken, was Übernachten angeht, fühle mich mit Mitte 30 kaum auf ein Festival vorbereitet und der Wandel in unserem Vibe machte mir Sorgen. Angetrieben von zwei Gedanken packte ich meinen Kram. Erstens, ich stand auf solche Geschichten, dass es da endet, wo alles begann. Zweitens, war doch noch immer die Gewissheit, dass der Höhepunkt zwischen uns kommen würde. Dass mein Erreichen der nächsten Stufe unmittelbar damit zusammenhing. Meine Intuition trieb mich dazu. Also packte ich meine Sachen, drehte mir aus all dem Gras, was ich hatte, Joints und ging in Richtung der Bahn. Diese Konstellation raubte mir einige Nerven. Von der Aussage „Komm mit aufs Airbeat" fand ich mich in der kompletten Planung wieder. Ich liebe es zwar, so zu planen, aber es fühlte sich an, als wäre ich die treibende Kraft. Das habe ich mir dann schon ein bisschen anders vorgestellt.

Auf der Bahnfahrt hin, war ich sehr entspannt. Ich ließ einfach alles auf mich zukommen, immerhin hatte ich ja die Sicherheit, dass ich eine Erkenntnis gewinne. Ich klingelte bei Lillie, Les′ bester Freundin. Wir verstanden uns auf Anhieb. Kaum zehn Minuten dagewesen, hatten wir einen richtigen Deeptalk und rauchten einen zusammen. Irgendwann kamen die anderen dann zur Tür hinein. Wir umarmten uns kurz und fuhren dann los. Erst am Freitagabend kamen wir auf dem Gelände an, die meisten waren bereits betrunken. Das Zelt war schnell aufgebaut und wir betranken uns dabei. Es kam immer alles abwechselnd, erst ein Joint, dann Bier, bis wir innerhalb von zwei Stunden komplett hackedicht, aber happy waren. Wir zogen uns um, machten uns frisch und gingen auf das Gelände. Les wich mir ein wenig aus, richtig sprachen, taten wir erst, als wir die restlichen Sachen aus dem Auto holten. Ich ergriff das Wort und sagte, auch wenn der Vibe anders sei, wollte ich doch hier meine Freiheit fühlen. Egal was sei, sie sollte den Kopf ausschalten und einfach leben. Ich war so ein richtiger alte Leute Camper geworden. Ich hatte eine große Luftmatratze bestellt, die fast das gesamte Zelt schmückte. Ich hatte eh Rückenschmerzen, warum es also unbedingt verschlimmern? Mit dem Sonnenuntergang im Rücken und reichlich Schlagseite beim Gehen, kamen wir beim Festivalgelände an. Als wir loszogen und ich das vertraute Festivalgelände sah, fühlte es sich an wie ankommen. Ich fragte mich, ob ich dieses Gefühl hätte, wenn ich nochmal in eine von mir bereiste Stadt käme. Es war, als ging ich in diesem Moment des Eintritts durch eine Tür, wo Zeit und Alltag ausgeblendet war. Ich verlor mich mehr und mehr in dem Moment. Wenn es die Drogen gewesen wären, wären die Gefühle und die Erinnerungen nicht präsent. Also lebte ich auf diesem Gelände eine unglaubliche Freiheit. Sobald wir durch dieses Tor gingen, waren auch Les und ich in unserer Welt. Sie hatte ein tiefes Vertrauen, ein tiefes Gefühl der Geborgenheit. Eine innere Sicherheit, dass alles gut war, trotz oder vielleicht gerade wegen dem total highen Typen, der sie die ganze Zeit von der Seite anlächelte.

Wir sahen den Bungeesprungturm, blickten uns eine Sekunde an und wollten dieses Gefühl erleben. Für sie war es nicht der Moment des Sprungs, sondern der Moment, in dem sie die Freiheit meiner Kreativität begriff. Doch noch etwas geschah in dem Moment, als sie mich ansah. Sie sah jemanden, der wirklich lebte. Zum ersten Mal befreit war, wirklich lebte. Man konnte sich gar nicht ausmalen, was mir diese Worte für ein unglaubliches Grinsen auf die Wangen projizierten. Da stand jemand, der sich elf Monate zuvor fast das Leben genommen hatte, der von Verlusten, Trennungen und Depression gezeichnet war, und grinste wie ein Honigkuchenpferd. Mir war lange bewusst, dass ich eine einzigartige Stärke besaß. Doch was mir niemals vorher bewusst war, war, wie frei man sein konnte. Wie unbefangen und gedankenlos man in einem Moment verweilen konnte. Ich war in diesem Moment meine eigene Muse. Diese Selbstverständlichkeit brachte mich dazu, andere Leute an meinem Licht teilhaben zu lassen. Es war, als wäre ich in einem Moment der Schwerelosigkeit gefangen. Als würde ich auf Zuckerwatte liegen. Sie wollte während des Festivals ein Teil meines Lebens sein. Sie wollte diesen Mini-Arschtritt aus ihrer Komfortzone, diesen Push, bevor sie durch das

Leben rutscht. Ja, ich denke, es gab keinen anderen Menschen, der ihre Gedanken in diesem Moment so ungeordnet zum Einstürzen hätte bringen können. Ich griff ihre Hand und wir riefen nach hinten, dass wir kurz springen gehen wollen, doch da waren wir schon weg. Ich weiß ehrlich gesagt gar nicht, warum ich unbedingt springen wollte. Es war, als hätte mich eine innere Stimme mehr und mehr in die Richtung gezogen und ich folgte ihr, ohne zu fragen. Eigentlich hatte ich nämlich unglaubliche Höhenangst. In meinem Leben habe ich genau vor drei Dingen Angst. Vor offenem Feuer, dem erneuten Verlust eines geliebten Menschen und eben Höhe. Wobei ich sagen muss, dass ich liebend gerne aus sehr großen Höhen ins Wasser springe, stehe ich aber auf einer Leiter, schlottern mir die Knie. Da wir aufgrund eines Sturms warten mussten, rauchten wir einen Joint. Ich war so high, dass ich mich beim Sicherheitsgurt anlegen kaum auf einem Bein halten konnte. Als ich ihr steckte, dass ich Höhenangst hatte, war es ein Moment, in dem sie realisiert hat, was das gerade für ein Schritt für mich war. Als wir dort standen und immer höher stiegen, mein Herz immer heftiger schlug, spürte ich ihn, den Schlüsselmoment, das war er. Ich hatte Angst, dass ich zu high war. Doch eigentlich war das gelogen. Ich hatte Angst, weil ich etwas Unbekanntes nach diesem Sprung bekam. Les legte ihren Kopf auf mein Herz, sie fühlte mich ganz rein, ganz wahr, ganz Marc. Doch ich erlebte etwas, das ich nicht so ganz deuten konnte. Ich wusste nicht, was das für mich bedeutete. Ich erlebte mich. In dem Moment, in dem ich sie packte und wir sprangen, war ich im Hier und Jetzt, ich war frei. Ich sprang in ein abenteuerliches Leben, welches in den nächsten Jahren geschmückt sein würde von purer Freude. Ich durchbrach auf einer beeindruckenden Ebene mich selbst und wurde vollkommener und das ist etwas, wofür ich ihr danken möchte. Ohne sie wäre ich niemals wieder dort hingegangen. Diese kleinen Puzzlestücke, die sich zu diesem Moment zusammenfügten. Diese Anomalien des Universums und meine mutigen Schritte sorgten dafür, dass ich weitere Ketten meines Vertrauens sprengte. Es war, als riss ich mir selbst Ketten ab, die schon viel zu lange an mir hingen. Es war, als gelang ich mehr und mehr zu der Wurzel. Als würde ich mehr und mehr verstehen, was ich tun müsste, um dauerhaft frei zu sein.

MOMENT
Alizée – Moi... Lolita

Manchmal liebe ich meinen Kopf. Das, was wenige Leute nicht verstehen, ist, dass mein Kopf mir eine unglaubliche Freiheit gibt. Um die Kreativität, die mein Herz ausstrahlt, zu bändigen, benötige ich eine ausgiebige Struktur in meinen Gedanken. Es mag ein Zwiespalt sein, weil man Kreativität ja dadurch einschränkt. Aber das sehe ich gar nicht so. Lernen wir Fahrrad fahren, hat man Stützräder, bis man kognitiv und motorisch soweit ist. Geht man bowlen, so hat man Stützen an den Seiten, damit man ans Ziel kommt. Mein Kopf ist meine Stütze, um die Freiheit in meinem Herzen zu katalysieren. Ich zügle mich, um in den richtigen Momenten zu leben, diese Momente wunderbar zu gestalten und mich dann in ihnen zu verlieren, um vollkommen frei zu sein. Das ist schwer zu verstehen, aber leicht zu fühlen. Schon seitdem Mama nicht mehr war, wurden mir einige Dinge bewusst. Auf dem Sterbebett, wo nichts anderes zählt. Keinen Reichtum, keine guten Anziehsachen, keinen Mitmenschen nimmst du mit, sondern nur genau eine Sache. Den Gedanken an ein erfülltes Leben. Für jemanden, der jahrelang die Ketten der Vergangenheit spürte, lag der Schlüssel des Lebens direkt vor ihm. Nicht umsonst sagt man, bevor man stirbt, sieht man sein Leben an sich vorbeiziehen. Daher war für mich der Sinn des Lebens klar. Sammle in dem Moment, den man Leben nennt, so viele Erfahrungen wie möglich. Wenn ich am Ende schon einen Film sehen werde, mit mir als Hauptrolle, sollte es kein Drama sein. Ich möchte einen Spielfilm mit Überlänge, mit Plottwists und mit Höhen und Tiefen. Daher finde ich einen Satz so passend, den Meister Oogway aus Kung Fu Panda sagt: *"Yesterday is history, tomorrow is a mystery, but today is a gift. That is why it is called the present."* Für jemanden, der sich fast zwanzig Jahre immer mit der Vergangenheit beschäftigte und viel zu verkopft in die Zukunft schaute, war dieser Moment des Sprungs einfach bahnbrechend. Es war, als habe ich erneut ein erstes Mal im Leben. Das erste Mal das Gefühl der unbändigen Freiheit.

Ich steckte nach der Nacht den Kopf aus dem Zelt. Es war 10:30 Uhr. Les wurde mit mir wach. Alle anderen waren noch am Schlafen. Ich schaute sie an und fragte, ob sie Lust auf eine kleine Hotbox hätte. Bei einer Hotbox raucht man in einem geschlossenen Raum so lange, bis man genug hat oder jemand aufgibt. So saßen wir in unserem Zelt und rauchten zwei Joints. Wir blieben fast dreißig Minuten in dem Zelt, ehe die erste Rauchschwade mit uns das Zelt verließ. Nach einem kurzen Strecken saß ich high auf einem Klappstuhl. Meine Knochen sagten, trotz der Matratze, dass ich eindeutig zu alt für das Festival war. In mir ruhte es. Es war, als habe ich etwas Neues freigeschaltet. Als wäre ich auf einen See voller Ausgeglichenheit gestoßen. Als habe ich eine unentdeckte Stärke geschaffen. Die anderen kamen sichtlich gezeichnet aus ihrem Zelt gekrochen. Nach einem Kaffee und improvisiertem Frühstück ging das Trinkgelage weiter. Zu meiner Verwunderung funktionierte die Gruppe wie eine Einheit. Vier einfach zusammengewürfelte Menschen hatten innerhalb von einem Festival ihr eigenes kleines Wohlfühldorf erschaffen. Es kamen immer wieder Leute zu uns. Leute aus Frankreich, die Nachbarn und mein Bruder Robin mit seinem besten Kumpel. Je mehr wir tranken und Spaß hatten, desto mehr färbte sich der Himmel langsam in ein Rosa.

Die leichten Schleierwolken verwandelten den Himmel in ein Gemälde. Als ich zufrieden und gedankenverloren in den Himmel starrte, wurde mir eine Tüte mit Ecstasy vor die Nase gehalten. „Willst du?", fragte eine Stimme aus der Runde. Ich lehnte ab. Zwar habe ich so meine Erfahrungen mit Gras und Pilzen, jedoch war mir wichtig, nur etwas zu konsumieren, was aus der Natur stammte. Als ich das Treiben beobachte und sah, wie sich der Himmel färbte, sprach eine innere Stimme zu mir. Ich solle das tun, was ich in den Moment fühle. In mir entbrannte ein Kampf, ehe ich sagte, ich wolle eine halbe haben. Also nahm ich das erste Mal Ecstasy. Ich dachte nicht daran, ob es eine kluge Idee war. Ich dachte nicht daran, ob es dazugehören musste, um in den Moment zu leben. Ich war einfach gedankenfrei und genoss den Moment. Als wir uns fertig machten, um auf das Gelände zu gehen, spürte ich kaum eine Veränderung. Lediglich die Farben und der Bass pumpte mehr durch meinen Körper. Alles andere änderte keines meiner Gefühle. Wie sollte es auch? Ich war am Peak, ich war an dem höchsten Punkt meiner Selbstkenntnis und dieses Gefühl war wichtiger als alles andere. Seit der ersten Reise hatte ich die Hoffnung, mich einmal so frei zu fühlen. Ich lebte einen Moment, der für mich so entscheidend war, dass ich ihn auf dem Sterbebett nochmal erleben würde. Während die Gruppe unbefangen nahe der Hauptbühne tanzte, schaute ich nur die Bühne an. Es war, als hatten die Menschen um mich herum keine Bedeutung, als wären diese Gedanken und das Erkunden dieses neuen Gefühls erfüllender als alles andere.

Les stupste mich an und fragte, ob wir kurz chillen wollten. Ich hatte noch einen Joint über, also gingen wir zur Entspannungs-Area und legten uns zusammen in eine Matte. Sie sagte, sie wolle mit mir über etwas reden. Mir war bewusst, dass es sich um das Wochenende handeln würde. Dass dieses Wochenende sie bereits die gesamte Zeit beschäftigte. Als wir uns hinlegten und sie das Wort ergriff, sah ich sie das erste Mal ohne Selbstvertrauen. „Am letzten Wochenende, als ich beim Schamanen war, schliefen wir miteinander. Es war, als musste es so passieren. Es war für mich ein sehr prägender Moment für meine Entwicklung und ich denke, das solltest du wissen." Ich hörte ihr zu. Die Worte verletzten mich nicht. Ich war in einem Stadium der perfekten Balance. Ich war in einer Einheit, als wären Vergangenheit verarbeitet und die Zukunft noch nicht gedacht. Nachdem sie fertig war, funkelten ihre Augen durch das naheliegende Licht. Ich grinste sie an. „Zwei Dinge.", ich ergriff das Wort, „Erstens, du verletzt mich nicht. Ich will dieses Wochenende frei sein und habe bereits einen Moment gehabt, der mich unglaublich weiterbringen wird und dafür danke ich dir. Zweitens, redest du Bullshit. Ich kann verstehen, dass du diese Gefühle hast und auch, dass es matched bei euch. Wir würden aber dieses Wochenende niemals so leben, wenn sie hundertprozentig wahr wären. Versteh mich nicht falsch, aber ich möchte nicht, dass du dich da in etwas verrennst. Sagten wir nicht auch, wir würden das Wochenende einfach keine Gedanken gewinnen lassen und einfach leben?" Danach küsste ich sie. Für mich und mein Gefühl änderte sich nichts. Das Einzige, was ich wusste, war, dass dies der Peak unserer gemeinsamen Reise war. In diesem Moment wurde meine Intuition bestätigt und ich war fasziniert von dem Vertrauen, welches ich bereits durch das Jahr in mir selbst entdeckte. Nach dem Gespräch, welches für sie sicherlich eine Erleichterung war, verhielten wir uns, als hätte es das Gespräch niemals gegeben. Da ich bereits den anderen Vibe bemerkt hatte, war es für mich nicht überraschend. Doch für sie war es ein Checkpoint für ihr Gewissen.

Auf der Mainstage feierten wir wieder ausgiebig. Wir genossen die Musik und das ungeplante Revival. Für mich jedoch war es die Bestätigung, dass dieses Gefühl der tanzenden Muse, welches ich 2017 hatte, mich genau hierherbrachte. Ich sprang und feierte, als gäbe es kein Morgen mehr. Alle Personen um mich herum waren nur schemenhaft zu bemerken. Es fühlte sich an, als würde das gesamte Festival meinen Meilenstein feiern und es in einem großen Feuerwerk enden lassen. In dem Moment schoss mir ein Gedanke durch den Kopf. So viele Leute laufen herum mit einem bedeutungslosen Leben. Sie wirken, als wären sie nur halb wach. Selbst dann, wenn sie denken, dass sie Dinge tun, die vermeintlich wichtig sind. Das liegt daran, dass sie die falschen Dinge jagen. Der Weg, um wirklich eine Bedeutung zu erlangen, ist dreigeteilt. Man sollte sich der Liebe zu anderen widmen, ein Vorbild für die Gemeinschaft sein, um etwas zu erschaffen, was für dich eine Bedeutung hat. Wenn ich eines gelernt habe durch die Verluste und den Schmerz, dann ist es folgendes: Das Wichtigste im Leben ist, zu lernen, wie du Liebe geben kannst und diese Liebe auch in dein Leben zu lassen. Das kann die Frage nach Hilfe sein, das Anvertrauen seiner Schwächen, den Mut für sich und andere einzustehen und vor allem immer seinem Herzen zu folgen, auch wenn es manchmal der schwierigere Weg sein mag. Sichtlich gezeichnet schlichen wir zurück zum Zelt. Ich fiel in einen tiefen Schlaf, ehe ich als erstes am nächsten Morgen erwachte. Ich machte mich auf zur Toilette. Um die Uhrzeit wollte das aber gefühlt das halbe Festival.

Also stand ich mit meinem vierlagigen Klopapier in der Reihe. Als ich zurück war, stand Les verwuschelt vorm Zelt und streckte sich. Unser Vibe nahm dort bereits sichtlich ab. Wir funktionierten wieder mehr als Freunde. Nach einem gemeinsamen Zähneputzen küssten wir uns das letzte Mal für den Rest unseres Lebens.

Wir saßen bereits auf unseren Klappstühlen und unterhielten uns, als das andere Zelt langsam erwachte. Da wir schon abgebaut hatten, konnte ich in den stillen Momenten immer mehr abdriften. So sehr, dass ich mich in einem Tagtraum wiederfand. Ich stand auf etwas Unerklärlichem. Es erinnerte mich an den Boden einer Hüpfburg, wenn man nur so wippt, anstatt zu springen. Dieser Boden, der nachgibt, der dir dieses Gefühl gibt, gleich mit einem Grinsen loszuspringen. Leider sah man den Boden nicht, er war bedeckt von weißem Nebel. Beim Umblicken sah ich keine Begrenzung, keine feste Struktur. Als sei man in einer Dimension, die nichts mit der heutigen Physik zu tun hatte. Diese weiße Plattform, auf der ich mich befand, hatte ein Ende. Sie hatte den Durchmesser einer kleinen Insel und als ich am Rand entlang ging in der Hoffnung, einen Hinweis über meinen Standort zu bekommen, überkam mich Panik. Ich schaute runter auf die Welt, als stünde ich auf einer Wolke. Ich fiel auf alle Viere. Ich tastete mich langsam kriechend zum vermeintlichen Rand. Meine Höhenangst lähmte mich. Es war, als schaute ich aus einem Flieger, aber eher von der Tragfläche aus. Erst jetzt fiel mir der Wind auf, der durch meine Haarspitzen flog und meine Geheimratsecken freilegte. Das Atmen ist mir sichtlich schwergefallen, die Luft war sehr dünn. Ich wusste, ich befand mich einem Tagtraum, doch die Erfahrung war unglaublich. „Wie ist die Aussicht?", fragte eine tiefe Stimme. Ich zuckte zusammen und verkrampfte. Bei einem Überraschungsangriff wäre ich sichtlich machtlos, wie ein Reh im Scheinwerferlicht. Es war der Schmerz oder das, was von ihm übrig war. Ich antwortete nicht auf seine Frage, die Surrealität sprach für sich. Ich lag gerade auf einer Wolke und eine Mund- und Schulterpartie, die ich als Schmerz identifizierte, redete mit mir über die Aussicht. Ich war kurz am Zweifeln, ob das Wochenende und der Konsum mir eine Psychose verpasst hatte. Schnell wurde mir aber bewusst, dass ich mich bereits häufiger in solchen Tagträumen wiedergefunden hatte. Also stellte ich mich auf einen Plausch ein. Etwas, das mir diese Begegnung für die kommenden Tage mit auf den Weg gab. Doch der Schmerz schwieg. Ich legte mich auf den Rücken, wer konnte schon von sich behaupten, dass er mal von einer Wolke aus den Himmel sah? Als mein Hinterkopf aufhörte, von dem Zuckerwatteboden zu schwingen, wehten nur einzelne Haare im Wind. Es war, als würde ich einen alten Bekannten auf einer Parkbank am See treffen. Als würde man sich alle paar Wochen auf einen Plausch treffen und dabei Enten füttern. Nur dass wir es inzwischen gut beherrschten, schnell in einen Deeptalk zu gelangen. „Bist du glücklich?", fragte der Schmerz. „Hmm, weißt du, ich kann es dir nicht sagen. Ich denke, ich bin ausgeglichen. Ich bin in einer Phase meines Lebens, in der ich verschiedene Dinge verstehe, die ich vorher nicht verstand. Früher waren Kontrolle und das Planen ein wichtiger Bestandteil meines Lebens. Sie waren beides Faktoren, die mir das Gefühl gaben, eine Aufgabe im Leben zu haben. Doch jetzt, besonders nach der Erfahrung gerade, ist es, als wäre dies ein Aberglaube. Es ist nicht nur der Traum, den ich zu verkrampft lebte. Es sind auch die Mechanismen, die Richtlinien und vor allem die

Gedanken, die mich so eingekesselt hatten. Dieses krampfhafte Wissen, ob man gut genug sei. Dem gerecht werden. Jemand zu sein, der man immer war. Zu handeln, als müsste man seine Rolle ausfüllen. Die Verwurzelung meines Traums. Die Verwurzelung meines Schmerzes. Das alles gilt es zu erforschen und neu zu denken. Es ist, als sei ich gerade in einer Metamorphose. Als würde ich von einer kleinen depressiven unzufriedenen Raupe zu einem Schmetterling werden, der seine Farben erst noch entdecken muss. Mir ist bewusst, dass die Vergangenheit zwar meine Geschichte ist, aber keine Wertung für mein jetziges Ich hat. Das Ich, welches gelernt hat, im Moment zu sein. Der Sprung vom Turm war, als habe ich die Schale aufgebrochen. Als wäre ich in dem Moment gereift und näher an mein inneres Licht gelangt. Die Zukunft spielt dabei keine Rolle. Ich kann dir nicht einmal sagen, was ich für die Zukunft erreichen werde. Ob ich mal Vater werde, wo und wie ich lebe, mit wem ich lebe. Das alles kann ich nicht beeinflussen. Was ich aber kann, ist, in jedem Moment entscheiden, ob ich positiv oder negativ reagieren möchte. Ich bin in einem Modus der radikalen Akzeptanz angekommen und in mir keimt etwas auf." „Was keimt auf?", fragte der Schmerz direkt. „Nun.", fuhr ich fort, „Es ist, als habe ich tief in mir, direkt neben meinem Herzen, ein Gefühl verankert. Es ist ein Glaube oder eher eine Gewissheit, dass ich mal ein gutes erfülltes Leben haben werde. Ich kann es dir nicht erklären und würde es auch nicht. Es ist aber, als verbinde ich mich mehr mit mir selbst. Als traue ich mich mehr an mein Potenzial, zu glauben und zu wachsen in jeder Millisekunde. Ehrlich gesagt glaube ich auch, dass ich deshalb mehr und mehr eine andere Verbindung zu dir bekomme. Es ist, als entfernen wir uns mehr voneinander, was wohl auch dein Erscheinungsbild erklärt." Der Schmerz schwieg für einige Minuten und schaute hinaus über die Welt. Als säße ich an einem Steg, mit den Füßen baumelnd, gewöhnte ich mich an die Höhe. Ich war selbst in diesem Szenario, ein anderer Marc, als vermeintlich vor dem Wochenende. Anders als noch vor einem Jahr. Der Schmerz räusperte sich: „Weißt du, Marc, was das Verrückte an der gesamten Sache ist? Dass du recht mit allem hast, was du erzählst. Doch, lass dir gesagt sein, es wird einem Schritt in deinem Leben geben, der wird dich vor eine Herausforderung stellen. Nichts ist so, wie es scheint. So wie Freunde zu Fremden werden können, so wie Liebe zu Hass wird, so wirst du dich fragen, was Realität und was Illusion ist. Man kann Seifenblasen nun mal nicht festhalten, so schön diese auch sind. Unser Abschied ist sehr nah, inzwischen bist du so gereift, dass ich nicht mehr lange bei dir sein werde. So wie dein dunkles Herz bald eine Offenbarung hat, so ändern sich die Jahreszeiten in der Welt. Strahle mit dem Sommer und lerne mit dem Herbst, sodass der nächste Frühling, dein erster sein wird."

Mit der kryptischen Nachricht erwachte ich aus dem Tagtraum. Ich blickte mich um, wir waren bereit zur Abfahrt. Nach der elenden Schlepperei waren wir alle sichtlich gezeichnet, als wir am Auto ankamen. Wir fuhren zurück nach Bremen und ich buchte mir einen Zug. Les fuhr mich zum Bahnhof und wir gingen eine Kleinigkeit essen. Ich erzählte ihr von meiner Welt und der Erkenntnis, welche ich erlangte. Ich denke, das war mein letzter Versuch, das Festival in der Gegenwart zu halten, ehe es sich zu einer erneuten Erinnerung in meine Playlist einfügte. Als ich im Zug nach Hause saß und ich die leichten Streifen der Regentropfen sah, wurde mir bewusst, dass ich mich nicht nur körperlich entfernte. Der Peak, von dem ich sprach, trat ein. Wie ein Vollmond, der sich auf- und abbaut, so würden wir nach der gemeinsamen Inspiration unsere Wege gehen. Sie würde sich mehr der Kreativität widmen, während ich weiter an meinem neuen Ich arbeiten wollte. Je gedankenverlorener ich wurde, desto schlechter wurde draußen das Wetter. Ich zückte mein Handy. Ich hatte ganz vergessen, dass ich ja das Reel hochlud, um das Buch zu bewerben. Nach dieser kurzen Zeit erreichte das Reel über 8.000 aufrufe. Was, 8.000 Leute?! Ich war geflashed, noch vor dem eigentlichen Release schauten so viele Menschen mein Video an. Es war, als erreichte ich Menschen mit dem, was aus meinem Herzen entsprang. Wenn mir auch bewusst war, dass es sich natürlich nicht so viele kaufen würden, fand ich es doch durchaus atemberaubend, dass ein kleiner Part meiner Kreativität bereits so viel auslösen konnte. Für einen ganz kleinen Moment stieg die Gewissheit in mir, dort etwas auf der Spur zu sein. Ich überlegte, ob ich dem gesamten Konstrukt vertrauen konnte, ob ich bereit war, mir zu vertrauen. Endlich wieder das Vertrauen in die guten Seiten des Lebens zu legen. Ich grübelte die halbe Rückfahrt und kam auf die Idee, eine Lesung zu veranstalten. Aber eine auf Marc-Art. Eine, mit der ich meine Geschichte und meine Entwicklung den anderen Leuten näherbringen konnte. Es sollte, trotz der traurigen Geschichten, ein Happy End haben. Vor allem aber zeigen, dass ich meinen Weg gehe. Dass ich glücklich bin im Leben und das trotz oder wegen der Umstände. In mir schossen Ideen nur so an mir vorbei. Es war, als habe ich nur auf einen Moment wie diesen gewartet. Bis ich zuhause war, feilte ich an dem Konstrukt. Ich warf mich aufs Bett, ehe ich mit einem letzten Gedanken an die Situation mit dem Schmerz einschlief.

BUCH

Mac Miller – Best day ever

Meine Hände zitterten, als ich das Buch aus meinem Rucksack holte. Meine Idee war bereits fix. Ich wollte das Erstexemplar behalten und es sollte neun weitere geben, die ich verschenkte. All die Menschen, die mich auf dem Weg unterstützt hatten. All die Menschen, die einen so großen Teil der letzten Jahre beigetragen hatten. Ich gab meinem kreativen Ich so viel Spielraum wie möglich. Es fühlte sich an, als entdeckte ich etwas lange Begrabenes. Mit acht Jahren liebte ich es, mit einem angespitzten Bleistift Bilder aus Mangas nachzuzeichnen. Zuerst war es nur das Abpausen. Später traute ich mich bereits, eigene Motive zu zeichnen. Das ging sogar soweit, dass ich einen eigenen Sammelordner mit meinen Zeichnungen besaß, den ich stolz präsentierte. Lediglich Hände und Augen waren für mich immer sehr schwer umzusetzen. Schon während des Sommers malte ich eigene Bilder, sprayte Leinwände oder setzte meine ersten Anfänge meiner Ader um. Ich gestaltete Klamotten um, baute eigene Möbel und lebte in meiner Wohnung eher wie in einem Atelier.

Ich kam auf die Idee, dieser Seite meines Ich einen Künstlernamen zu verpassen. „Maha" wurde es letzten Endes. Es setzt sich zusammen aus den ersten Buchstaben meines Vornamens und den letzten meines Nachnamens. Mir gefiel er persönlich so gut, dass ich mich entschied, nur noch mit diesem Namen meine Bücher zu signieren. Stundenlang übte ich diese Signatur, rauf und runter in verschiedenen Variationen. Als ich sie das erste Mal in vollkommener Zufriedenheit schaffte, schaute ich sie voller Stolz an. Es war, als konnte ich meine Kreativität manifestieren. Als liegt ein Teil meines Herzens in der Schwingung meiner Hand. Jeder, der dieses Buch in den Händen hält, soll nicht nur meine Geschichte bekommen, sondern auch einen gewissen Teil von mir. Sei es eine Widmung oder eben „nur" den Namen. Das Buch sollte sich nicht entfernt anfühlen. So wie meine Idee kam, das Buch als Richtlinie zu verfassen, um Menschen zu helfen, so wollte ich als Vorbild dienen. Leute sollten bis ins kleinste Detail alles von mir wissen und dadurch einen Freund gewinnen. Mir gefiel der Gedanke, dass sich Menschen aus meinen Geschichten Kraft holten. Wann immer ich unter Menschen bin, versuche ich immer, eine wunderbare Erinnerung zu kreieren und dieses Buch war der Anfang.

Als ich es dann endlich in den Tiefen des Rucksacks fand, hielt ich es fest umschlossen. Ich bekam leicht schwitzige Hände, als die Tür aufschwang. Es war dieses Gefühl an der Wursttheke, wenn man früher immer fragen musste, ob man eine Scheibe Bärchenwurst mit Gesicht bekam. Wenn dich sowohl das Elternteil als auch die Verkäuferin erwartungsvoll anschauten. Du fingst an zu stottern, es war wie eine Prüfung, aber die Belohnung war es wert. Da stand ich nun, mitten in der Bibliothek. Kurz vor meiner abgewandelten Bärchenprüfung. Viele Gedanken machte ich mir nicht, es war mehr eine Schnapsidee. Nach dem Motto, wo geht man hin, wenn man an Bücher denkt, natürlich in die Bibliothek. Sichtlich verschüchtert ging ich zu der Dame am Empfang. „Was kann ich für sie tun?", fragte sie mich. „Ähm, also, naja.", ich räusperte mich kurz, „Also, ich habe ein Buch geschrieben und wollte mal fragen, wie es wäre, wenn ich hier eine Lesung abhalten wollen würde?" Sie grinste mich an und griff zu dem Hörer. „Meine Kollegin ist dafür zuständig.", sagte sie, während sie die

Kurzwahltaste drückte. Ich bekam nur Fetzen mit, lediglich die Worte: „Junger Autor" griff ich auf. Ich war geschmeichelt. Ja, tatsächlich, ich war jetzt ein Autor geworden. Derjenige mit einer glatten Vier in Deutsch. Ich, der so viele Dinge über sich ergehen lassen musste. Ich war nun Autor. Ich hatte es endlich geschafft. Fünf Jahre, nachdem ich im Flieger die ersten Zeilen eintippte, war ich angekommen. Die Reise des ersten Buches. Ich grinste in mich hinein, war irgendwie unglaublich stolz auf mich selbst und sehr zufrieden. Es dauerte keine zwei Minuten, da kam eine sympathische Dame auf mich zu. Kurzhaarfrisur und eine kleine Lesebrille auf der Nase. Sie stellte sich vor und nahm mich mit auf die nächste Etage. Viel Zeit habe ich noch nie in einer Bibliothek verbracht. Weder zu den Unizeiten noch während irgendwelcher Hausarbeiten. Ich mochte die Stille und dass sich jeder daranhielt. Das Stillsitzen war eher das, was mir Kopfschmerzen bereitet hatte. Schon früh in meiner Kindheit wurde ich wegen meines aufgedrehten Daseins zurechtgewiesen. Egal ob Papa, Lehrer oder Vorgesetzte. Sie alle wollten mich zum Stillstand bringen. Sie wollten mir Manieren beibringen. Ich wurde gut erzogen, nur habe ich oft eine Energie in mir, die ich einfach nicht bändigen kann. Daher macht mir kreatives Schreiben, wie das Buch, unglaublich viel Spaß. Sie bot mir einen Platz an. Wir sprachen über meine Vorstellungen, was ich benötigte und wie das gesamte Konstrukt aufgebaut war. Kurz vor Ende fragte sie mich, was für ein Honorar ich mir vorstellen könne. Honorar, dachte ich. Daran habe ich überhaupt nicht gedacht, dass ich für die Lesung Geld bekäme. Genauso ehrlich naiv antwortete ich ihr auch: „Ich dachte, ich müsste dafür bezahlen, um hier lesen zu dürfen?"

Sie lachte. Ich glaube, meine Naivität machte mich sympathisch. Sie merkte, dass es mir wichtiger wäre, meine Geschichte zu erzählen, als dafür Profit zu verlangen. Ich war offensichtlich nicht auf die Frage vorbereitet. Ich müsse mir dazu einmal Gedanken machen und würde ihr per Mail mitteilen, wie ich mir das Gesamte vorstellen würde. Ich bedankte mich für ihr Entgegenkommen und sie sagte, sie schaue nach einem Termin.

Sichtlich erleichtert war ich, als ich die Sommerbrise um meine Nase spürte. Ich entschied mich bewusst für den längeren Gang nach Hause. Oft finde ich die Gedanken besser, wenn ich mit Musik in den Ohren an Seen oder Flüssen entlanglaufe. So saß ich einige Zeit an der Gedenkstelle von Nils und blickte auf den See. Ich kam nicht umher, mir vorzustellen, welche Erinnerungen ich hier verbracht hatte. Gar nicht weit entfernt, hinter einem Busch, fragte ich meine erste Freundin, ob sie mit mir zusammen sein mag. Dafür holte ich zwei Rosen. Die eine war weiß und die andere rot. Zudem war ein kleiner Teddybär dabei. Ich erinnere mich noch genau an die Szene, wie ich sie als Sechszehnjähriger mitnahm, als wir mit einer Gruppe am See lagen. Die weiße stand für meine Treue und die rote für meine Liebe. Der Bär war für die Zeiten, wenn ich mal nicht bei ihr sein konnte. So wunderbar kitschig sagte sie ja. Oder wie ich im Sommer immer von dem Baum mit einem Rückwärtssalto oder einer Arschbombe sprang. Wie ich mehrfach bis in die Mitte des Sees schwamm, nur um dann zwei Meter unterzutauchen. In diesem Moment unter Wasser, als die Sonnenstrahlen durch die Oberfläche brachen und es um mich herum nur Grün war. Es war dieser Moment, in dem ich nur meinen eigenen Herzschlag hörte und mein Kopf stillstand. Seit der tragischen

Geschichte um Nils mied ich ihn. Für mich war das Gefühl niemals wieder das gleiche. Heutzutage gehe ich nur noch um den See, um mich zu ordnen oder um auf der Bank zu sitzen, auf der Nils und ich unser emotionalstes Gespräch hatten. Es ist, als besuche ich ihn, obwohl er immer bei mir ist. Ich mag es, im Sommer draußen zu sein, ein Buch zu nehmen und einfach irgendwo für sich zu sitzen. Ich glaube, dieses gesamte Jahr, in dem ich zum ersten Mal in meinem Leben alleine war, wandelte mich. Ich wurde weniger extrovertiert und entdeckte einfach mich selbst neu. Es war, als baute ich mich aus, als wurde durch die Trennung alles, was ich war, neu zusammengewürfelt. Ich brauchte meine Ruhe und vor allem meine Zeit. Es war spannend, wie ich das Gefühl des Glücklichseins anders interpretierte. Früher wollte ich der strahlende Star sein, den alle anderen anguckten und sich dachten, was für ein spannendes Leben. Die verletzliche melancholische Seite verbarg ich. Nun war es, als seien die beiden Seiten einfach eins geworden.

Bereits als ich Zuhause angekommen war, wusste ich, wie diese Lesung aussehen sollte. Ich schuf eine Idee, die alle Parteien glücklich werden ließ. Ich wollte kein Geld verlangen. Ich fand die Idee irgendwie affig, mich hinzusetzen und über meine Geschichte zu berichten, während in dem Publikum wahrscheinlich mehr Bekannte saßen als Fremde. Sie sollten für ihre Unterstützung eher belohnt, als noch zur Kasse gebeten zu werden. Ich sprach mit der Kinoleitung und mit dem Kitaküchenchef. Meine Idee war es, über mein Netzwerk an Kontakten so viele Menschen wie möglich zusammenzubringen. Letztendlich hatte ich die Zusage für ein großen Sack Popcorn und Kuchen. Getränke würde ein Förderverein übernehmen. Ich würde zwei

Personen stellen und die Angestellten aus der Bibliothek würden auf ihr Geld verzichten. Zudem wollte ich weiter Positives bewirken und richtete eine Spende für bedürftige Kinder ein. Als Datum bekam ich den 26.09.24 zugesprochen, es war ein Donnerstagabend und leider der einzig freie Termin. Für mich war dies aber absolut kein Problem. Vorher musste noch einiges getan werden. Das Plakat musste erstellt, die Flyer mussten verteilt und Leute weiter auf die Lesung aufmerksam gemacht werden.

Die zwei Personen wusste ich bereits. Im Kino waren noch einige ältere Mitarbeiter beschäftigt, die mich noch kannten. Deshalb fiel es mir nicht schwer, Anschluss zu finden. Leyla, Katha und ich wurden fortan ein Dreiergespann. Leyla kannte ich dabei weniger, sie fing an, kurz nachdem ich im Kino aufhörte, um auf die erste Reise zu gehen. Sie ist wie ein Tornado. Das meine ich durchweg positiv. Nicht nur ihre Energie erinnert an einen Wirbelwind. Ihr Charakter, ihre Art, selbst ihr Lächeln sind einfach eine geballte Faust, die dich mitten im Gesicht trifft. Sie ist ein Mensch, der ein klares Ziel vor Augen hat und egal, wie schwer es auch sein mag, sie vermittelt immer dieses Gefühl, dass sie es schaffen wird. Wenn zwei so positiv gestimmte Menschen aufeinandertreffen, dann können zwei Dinge passieren. Entweder sie können sich keineswegs leiden oder sie werden innerhalb kürzester Zeit die dicksten Freunde. Ich bin froh und dankbar, dass wir Freunde wurden. Katha und ich hingegen hatten eine Achterbahnfahrt hinter uns. Wir kannten uns bereits länger als zehn Jahre. Sie fing zwei Jahre später als ich im Kino an zu arbeiten. Zu Beginn waren wir sehr neutral zueinander. Wir waren einfach zwei Teenager, die zusammenarbeiteten. Erst durch einen Schlüsselmoment auf einer Party wurden wir zu Freunden. Dies steigerte sich noch, als wir beide festangestellt waren. Wann immer es uns möglich war, arbeiteten wir zusammen. Wir übernahmen immer die verrücktesten Schichten. Den Superbowl, als wir die gesamte Nacht durcharbeiteten. Jede Mitternachtspreview, einfach alle Schichten. So dauerte es nicht lange, bis wir beste Freunde wurden. Wir formten ein Team, welches zusammen durch dick und dünn ging. Wir schmissen die legendärste Weihnachtsfeier, die es wohl jemals gab. Wir bauten uns eine Clique zusammen auf, in der jeder für den anderen durchs Feuer ging. Leider zerstritten wir uns nach meiner ersten Reise sehr und das hielt bis kurz vor meinem Wiedereintritt ins Kino an. Vorher machte ich mir einige Gedanken, ob es klug wäre, dort wieder anzufangen. Sie ermutigte mich von Tag eins an. Das Entscheidende ist aber, dass sie über ihren Schatten sprang und sich vor mir öffnete. Ich bin kein nachtragender Mensch, egal was man mir antut. Jeder hat seine Gründe. Seien es Emotionen, eine verzwickte Lage oder eine Situation, in der man sich nicht anders zu helfen weiß. Es dauerte nicht lange und wir erreichten eine Ebene, die wir früher noch nicht hatten. Durch die Öffnung und unsere Weiterentwicklung waren wir sogar noch auf eine tiefere Ebene der Freundschaft gelangt. Sie zu beschreiben, gestaltet sich schwerer. Katha ist sehr in sich gekehrt und gleicht einem Ruhepol. Obwohl sie eher introvertiert ist, blüht sie unter den richtigen Menschen förmlich auf. Sie hat ein sehr gutes und reines Herz und musste in ihrem Leben vieles ertragen. Sie studierte, arbeitet Teilzeit, wohnt alleine und schafft es trotzdem, immer für einen da zu sein. Manchmal, wenn ich mit ihr bin, dann ist es so, als beruhige sie mich. Meine überdrehte kreative Seite finden in gewissen Momenten bei ihr Ruhe und das macht sie so besonders. Wir drei ergänzten uns fast schon erschreckend genau. Jeder von uns hatte seine Stärken in einem anderen Bereich und das führte zum maximalen Erfolg. Daher war ich sehr froh, die beiden bei der bevorstehenden Lesung an meiner Seite zu haben.

Je näher der September kam, desto mehr wurde mir bewusst, was der Inhalt der Show sein sollte. Ich würde zum ersten Mal seit meinem Abitur auf einer Bühne stehen. Es wäre meine Chance, der Welt meine Kreativität zu zeigen. Ich wollte akribisch jeden kleinen Schritt planen und auf jeden Moment vorbereitet sein. Ich arbeitete in meinen Gedanken sehr viel. Manchmal war ich dabei high, andere Male war ich dabei klar. Doch egal in welchem Zustand, der Gedanke, jemandem mein Inneres zu zeigen, trieb mich an. Schnell war in meinem Kopf das meiste geplant. Die Show sollte weit über das Buch hinausgehen. Es sollte mich verkörpern und die Dinge, die ich überwunden hatte. Dabei war es mir nicht wichtig, damit Anerkennung zu generieren. Ich hatte mehr das Gefühl, ich musste im Licht stehen, um die Dunkelheit besser zu beleuchten. So offen und ehrlich mit allen Gefühlen und Erfahrungen umzugehen, war für mich ein kleiner Schritt. Es ging wie von Geisterhand. Ich durfte aber nicht vergessen, dass ich in diesem Moment ein Vorbild war. Jemand, der sich hinstellt und über seine Abgründe spricht, der dabei so locker und glücklich ist, dass er die Dunkelheit als einen Freund betrachten konnte. Denn genau in dem Moment, wenn ich das letzte Wort spreche, öffne ich eine Tür. Eine Tür, um Menschen eine Anlaufstelle zu geben. Um zu zeigen, hier schau, das kannst du auch. Es gibt jemanden, der deinen Schmerz kennt. Es gibt jemanden, der weiß, wie es ist, durch die Hölle des Schmerzes zu gehen. Es gibt jemanden, der weiß, wie dich eine

Depression lähmen kann, sodass du tagelang nicht aus dem Bett kommst. Jemanden, der weiß, wie schwer die Lasten des Lebens manchmal sind. Aber auch jemanden, der genau da den Finger in die Wunde legt und zeigt, vergiss das Lächeln nicht.

Mit jedem Tag, den dieser Abend näher rückte, baute sich immer mehr Druck. Druck ist das Einzige, was meine Kreativität hemmt. So schob ich die gesamte Planung immer weiter nach hinten. So sehr, dass ich nur noch drei Tage hatte. Für mich war dies nichts Neues. Ich kämpfte schon immer damit, mich strukturiert auf etwas vorzubereiten. Damals im Abitur wollte ich einen Monat vorher lernen. Ich hatte durch eine wilde Absprache bereits die Zusammenfassung aller Fächer. Dafür musste ich nur Fotos in Boxershorts an einen Freund aus der Schule schicken, der ein Auge auf mich warf. Ich weiß, aber auch das ist Authentizität. Trotz der gesammelten Unterlagen schaute ich mir lediglich die Ausarbeitung für die Geschichtsklausur an und das auch nur zwei Stunden vorher. Bereits damals tauchte diese Gewissheit auf, dass ich es schaffen würde. Ich war ein Überlebenskünstler und das schon immer. Für Referate lernte ich nicht. Ich trug immer nur vor und das meist ohne ein Skript. Selbst nach meiner mündlichen Prüfung im Abitur klopfte mir der Herr vom Kultusministerium auf die Schulter mit den Worten, so einen entspannten Prüfling habe er noch nie gehabt. Doch ich war nie entspannt in diesen Momenten, ich war aufgeregt und bereute meine Aufschieberei. Doch ich vertraute mir, so sehr, dass mein innerer Glaube gar nicht anders konnte, als zu gewinnen. Es war auch dieses Mal dasselbe Gefühl. Einen Tag vorher fing ich an, die PowerPoint zu bauen. Sie sollte meine Worte stärken, durch vereinzelte Bilder. Es sollte auch dort zu hundert

Prozent Marc sein. Ich wählte die Bilder mit Bedacht. Das erste Bild verheult an Mamas Grab, das erste Bild nach der Trennung und das letzte Bild von Nils. Wenn es einen egoistischen Grund gab, wieso ich diese Show auf die Beine stellte, dann war es der, dass ich folgende Idee hatte. Wenn ich auf der Bühne von meinen drei schlimmsten Traumata erzählen konnte, ohne zu weinen, ohne einen Kloß im Hals, dann habe ich sie verarbeitet. Viele Leuten rieten mir, am Ende etwas Positives zu zeigen. Da ich kurz vorher einen kleinen Einblick in mein zweites Buch gab und die Trennung zu Manni anschnitt, wollte ich sie nicht so nachdenklich entlassen. Also kramte ich alle Videos aus meiner Festplatte und suchte nach Fotos, die mein Leben zeigten. Reisen, Konzerte, Ausflüge, selbst peinliche Videos zeigte ich. Eines, in dem ich Shirin David parodierte und das in einem sehr knappen Badeanzug. Als ich das fertige Produkt sah, blickte ich auf mein Leben in knapp drei Minuten. Es waren wunderbare Augenblicke. Momente, die mir zeigten, ich lebe dieses Leben richtig und nichts kann und wird mich aufhalten. Es gab mir zusätzlich einen Ansporn und motivierte mich zunehmend. Ich holte mein Handy raus. Ich fühlte mich inspiriert und schrieb innerhalb von achtzehn Minuten einen Poetry Slam als Einstieg:

Die Stimme durch mein' Kopf hallt, der Blick klar
Hände ins Waschbecken gekrallt, Gedankenwirrwarr,
Brust pumpt, Haarspitzen nass,
Ego geschrumpft, ans Herz gefasst,
Stelle mir vor zu sein, obwohl ich längst bin,
Mut habe ich keinen, weiß das ich ihn find,

Zeit ist, was ich suche, das jede Sekunde,

Zeit ist das, was ich verfluche, seither jede Stunde,

Freiheit will ich leben, doch war Jahre gefangen,

Nach mehr streben, sind sie doch von mir gegangen,

befrei'n, aufblühen, an sich glauben,

Einfach sein, nicht abmühen, Leuten den Atem rauben,

Reifen und seine Geschichte erzählen,

Nichts verkneifen und Ehrlichkeit wählen,

Er wurde mir genommen, bin nicht länger benommen, sondern angekommen,

Rede vom Schmerz, den man erfährt, egal wie man sich wehrt

Schmerz von dieser Sorte, da helfen keine Worte, los! Entdecke neue Orte

Du musst reisen, ausbrechen, den Wind spüren,

Gefühle kreisen, herausstechen, zu neuen Wegen führen,

Einen Weg zu dir, ins Jetzt und Hier,

Egal wie ich mich zier, das Kind in mir vermisst zu viert, ehe die Sekunde einfriert.

Ich erhebe mich, grinse in mein Spiegelbild,

Manchmal hass ich dich, doch bist du mein Schild

Ehe die Stimme wieder ertönt, hab' mich an sie gewöhnt und weiß um ihren Zweck,

Dass man seit Jahren in dem Hamsterrad steckt, innerlich verreckt.

Spagat zwischen Zukunft und Vergangenheit, hab mich endlich befreit und habe erkannt

in welcher Welt ich mich befand.

Griff nach keiner Hand, ging in ein anderes Land, bis ich es verstand,

War gebannt und nun zum ersten Mal gespannt,

Auf die Achterbahnfahrt, die man Leben nennt, das ihr in der Tat auch erkennt,
Marc ist angekommen und lebt ihn jetzt, diesen einen …

… Moment. Denn damit hatte ich nicht nur den Namen der gesamten Show, sondern auch die Gewissheit, das nur eines zählt. Diesen Moment zu genießen, einfach in ihm verweilen und endlich einmal nur zu sein. Mir ist aufgefallen, aufgrund meiner Vergangenheit „war" ich immer sehr viel. Ich war ein glückliches Kind. Ich war mal mit Mama und Papa im Serengeti-Park. Ich war gebrochen, ich war traurig. Doch mit diesem Moment, mit dieser Millisekunde bin ich. Einfach Marc. Als ich auf allen Vieren versuchte, mich an diesen Gedanken zu gewöhnen, grummelte mein Magen. So sehr, dass ich aufspringen musste. Es ist allgemein bekannt, dass die Muchas immer vor Aufregung von Durchfall heimgesucht werden. Jede Nacht, vor jeder Prüfung, man gewöhnt sich daran. Bei diesem Wechselspiel zwischen dem Toilettengang und dem Ausarbeiten schlief ich irgendwann ein.

Der nächste Morgen ging ähnlich los. Meine Notizzettel kannte ich nur bedingt auswendig. Mir machte es irgendwie Sorgen, da ich dieses Mal einfach abliefern wollte. Doch die Gewissheit der vergangenen Prüfungen trug mich weiterhin auf den Schultern. Leyla holte mich ab, ich hatte gefühlt mein halbes Zuhause dabei. Wir fuhren den Kuchen und das Popcorn holen, kauften ein. Ich plante alles, die Tempos auf den Sitzen, die Anordnung der Stühle, wie ich zu performen hatte. Das Einzige, was ich nicht konnte, waren die Wörter, die ich auf der Bühne sagen würde. Mit Katha und Leyla verbrachte ich den Tag, ließ mich immer wieder abfragen, doch scheiterte. Irgendwann gab ich es auf, mit der Gewissheit, alles wird so kommen, wie es sollte. Wir setzten uns in die Sonne, die beiden rauchten und ich zog drei Mal. Einfach für die Beruhigung. Je näher der Abend kam, desto nervöser wurde ich. Selbst als ich verkabelt wurde, hörte man meinen zittrigen Atem. Jeder wuselte, der Hausmeister mit dem Aufbau, die Bibliothekarin mit der Organisation, mein Kopf mit der Angst. Nur mein Körper stand wie angewurzelt da, während alles in Zeitraffer an mir vorbeizog. Mein Bruder war der Erste, der ankam. So langsam füllte sich die Bibliothek, es wurden immer mehr und mehr Leute und am Ende war jeder Platz besetzt.

Als ich loslegte, fing ich direkt mit dem Poetry Slam an und alle stimmten ein, als es an der Zeit war „Moment" zu rufen. Meine Stimme zitterte und ich verhaspelte mich oft. Doch je länger der Abend ging, desto selbstsicherer wurde ich. Ich erzählte Reisegeschichten, offenbarte tiefe Gefühle der Trauer und brachte viele Leute zum Strahlen. Ich schaffte es, die meisten Leute für zwei Stunden mit in meine Welt zu ziehen und gleichzeitig dafür zu sorgen, dass die Dunkelheit nicht den Raum einnahm. Jeni brachte mir als Glückwunsch zwei Ballons mit. Ich stellte sie sinnbildlich hinter die Bühne. In der Pause verließen zwei Menschen den Saal, ich denke, sie hatten sich etwas mehr über Australien erhofft. Doch das störte mich nicht weiter, ich war froh, dass sie erkannt haben, dass es um weitaus mehr ging als jemanden, der mal in Australien war. Es war ein Geständnis. Ein Geständnis, dass mich das letzte Jahr sehr gewandelt hatte. Ein Geständnis, dass ich wirklich verarbeitete. Vor allem aber ein Geständnis, dass ich lange nicht an mich geglaubt hatte. Die ersten Leute kamen in der Pause zu mir und gratulierten mir bereits. Obwohl ich noch eine ganze Hälfte zu spielen hatte, war ich es auch. Ich war stolz auf mich. Stolz, dass ich in den Kapiteln von Mama und Nils nicht weinen musste. Stolz, dass ich es überwunden hatte. Stolz, dass ich zwei so wunderbare Menschen in meinem Leben haben durfte. Immerhin wissen wir, ein Mensch stirbt nur, wenn er vergessen wird und ich werde den Teufel tun, einen von ihnen zu vergessen. Ich meine, wie könnte ich auch, brachten sie mir doch so viel bei. Vielmehr war ich stolz, dass ich nun über die Personen sprechen durfte, aus einem verarbeiteten Kopf heraus. Es gelang mir durch ein Buch, gleich zwei einschneidende Erlebnisse zu verarbeiten. Zwei Traumata verblichen in dem Moment, in dem ich am meisten bei mir war. Meine Kreativität war der Schlüssel, nach dem ich so lange suchte, den ich jetzt endlich für mich entdeckt hatte. Jeder Mensch, der die Show sah oder mein Buch las, wurde ein Fan. Die Resonanz der Presse war positiv und selbst die HAZ, die Hannoversche allgemeine Zeitung, bat mich um ein Interview. Auch der lokale Nachrichtendienst aus meiner Stadt schrieb einen herzerwärmenden Artikel. Als ich den Abend schloss, bedankte sich jeder bei mir. Sie hatten eine emotionale und sehr gute Zeit. Ich war in dem Moment einfach noch so überwältigt von meinen Gefühlen, dass die Worte einfach so an mir vorbeirauschten. Selbst als alle losgefahren und ich mit dem Aufräumen durch war, schlug mein Herz noch immer bis zum Hals. Als ich um halb zwei in der Nacht nach Hause fuhr und mit Ballons und mehr Taschentuchverpackungen als ich im Leben bräuchte, blickte ich auf die Ballons, die einen Schatten in der Ecke meiner Wohnung warfen.

Ich holte eine Schere und Schnitt das Gewicht ab. Ich ging zum Feld, dort, wo ich aus Respekt vor meinen Nachbarn immer Gras rauchte. Ich blickte in den Himmel, der kaum beleuchtet war, sah einen faszinierenden Sternenhimmel. Ich ließ sie los. Einen für Mama und einen für Nils. Obwohl es leicht windig war, trennten die beiden Ballons sich nicht so schnell. Sie tanzten umeinander rum, so lange, bis ich sie nicht mehr erkennen konnte. Mit einem letzten Blick verabschiedete ich mich von der Trauer, die ich verspürte, wann immer ich über sie sprach. Sie dort oben freizulassen und dann auf diesem Feld zu verweilen, fühlte sich an wie eine letzte Umarmung, ehe sie wussten, dass ich zurechtkomme. Genau dann, als ich mich gerade umdrehen wollte, sah ich eine intensive wunderbare Sternschnuppe. Ich grinste in den Himmel und wusste, sie tun es mir gleich.

Am nächsten Tag, als ich aufgeregt auf dem Weg zum Interview war, wurde mir erst bewusst, was dies bedeutete. Ich bekomme eine Seite und ein Portrait in einer Zeitung mit einer Auflage von über 100.000 Einheiten. Es entsprang aus einer so simplen Idee etwas so Überwältigendes. Im Interview, welches sehr freundschaftlich gehalten wurde, erzählte ich alles, was mir in den Sinn kam. Doch letztendlich, auch als ich die Seite in der Zeitung in meiner Hand hielt, blieb mir nur eine Geschichte im Kopf. Wie die Dame von der HAZ mir mitteilte, dass sie so inspiriert war nach meiner Lesung, dass sie ein Gespräch suchte zu ihrem Sohn. Sie sprachen etwas aus, das schon jahrelang irgendwie wie ein tristes Tuch über den beiden lag. Das war der Moment, in dem ich zum ersten Mal merkte, dass ich durch meine Bewegung andere mitbewegen kann. Vielleicht war das das Ende vom „*The man who can't be moved*". Vielleicht sollte ich langsam akzeptieren, dass ich mich mehr und mehr bewegte und dass dieser Wandel dazu führte, dass ich immer mehr Eins werde.

Tage später, als ich auf der Arbeit kurz auf mein Handy schaute, blinkte eine Nachricht von meinem Bruder auf. Ich wusste, er war grade bei Papa gewesen. Ich fragte direkt, ob alles in Ordnung sei und bat ihn, ein Memo zu machen. Viel zu groß war meine Sorge, dass es Papa schlecht ging. Bereits als es anfing, merkte ich eine leichte Unruhe in seiner Stimme. Er war gerade bei Papa und am Anfang sei alles normal gewesen. Er fragte, wie die Show gewesen sei und wollte vieles über das Buch wissen. Er stellte Fragen, die eindeutig nur zu stellen waren, wenn man das Buch gelesen hatte. Er gab es am Anfang nicht zu, sagte, er las nur ein paar Stellen, doch je mehr sie miteinander sprachen, desto mehr wusste er. Irgendwann stand er auf und weinte bitterlich los, so wie mein Bruder meinen Vater noch nie hat weinen sehen. Er brauchte sogar einige Minuten für sich, ehe er sich beruhigen konnte. Umso komplexer die Situation war, desto mehr wusste mein Bruder nicht mehr zu reagieren. Er glaubte, es wäre gut, wenn wir mal ein Gespräch zu dritt hätten. Ich legte das Handy beiseite und blickte auf der Arbeit an die Decke. Alles schoss mir nur so kreuz und quer im Kopf umher. Ich schrieb in unsere Dreiergruppe, dass es mir am Donnerstagabend gut passen würde und wir verabredeten uns auf einen Döner.

WUNDER

Harry Chapin – Cats in the Cradle

Unglaublich viele Gedanken schossen mir die nächsten Tage durch den Kopf. Die Versuche, die ich in den ganzen Jahren unternahm, um ein besseres Verhältnis zu schaffen, waren erfolglos. Ich erinnere mich noch an das Gefühl nach dem Auszug. Wie ich ihn nicht sehen wollte. Wie ich so verletzt war, dass ich keinen Kontakt zu ihm hatte. Nur einmal im Monat brachte er mir mein Geld zu Sanni. Ich war so wütend und so verletzt. Ganz tief in mir fing ich an, diesen Menschen für seine Taten und die Gefühle, die es bei mir auslöste, zutiefst zu verachten. Wie ich mich nach einem Jahr so erwachsen verhielt, als Oma starb. Als ich an diesem Tisch saß, ihm die Tränen kamen und ich genau wusste, wie er sich fühlte. Ich sprang über meinen Schatten und wollte für ihn da sein.

In meinem Kopf drehte sich über all die Jahre der Gedanke, dass er es eines Tages sagen würde. Eines Tages würde er sagen, dass er mich liebhat. Doch wann immer ich einen Schritt auf ihn zuging, bekam ich eine neue tiefe Wunde. So tief, dass ich irgendwann das Gefühl hatte, wir wären mehr Kumpel als Vater und Sohn. Oftmals fragte ich mich, wieso Papa so ist. Wie sehr ihn der Tod von Mama zerrissen haben musste und wie sehr er innerlich bei dem Gedanken an sie weinte. Er verlor zum Teil das, was ich auch verlor. Seinen Antrieb, seine Muse, sein Glück. Wie gerne machten wir früher eine Fahrradtour oder Unternehmungen. Wie schön waren diese Erinnerung eingebrannt. Wie sehr turtelten meine Eltern, wie sehr zankten sie sich. Jetzt blickte ich seit Jahren in ein Gesicht, das seinen Glauben an das Leben verloren hatte. Es schmerzte mich, wusste ich doch im Inneren, dass ihm dasselbe widerfuhr wie mir. Sein Herz, seine Insel der Wärme, färbte sich schwarz. Die Trauer lähmte ihn und auch die Beziehung, die er danach pflegte, war mehr Verdrängung als Verarbeitung. Papa war gebrochen und je mehr ich versuchte, unsere Beziehung zu retten, desto mehr merkte ich, dass ihn die Dunkelheit überrannt hatte. Er saß in seiner kleinen schwarzen Blase und realisierte gar nicht, was sich um ihn herum alles veränderte. Irgendwann gab ich auf, ich akzeptierte einfach, dass dieser Tag nie kommen würde. Ich hatte keinen Frieden damit gefunden, aber mir Techniken angeeignet, die es weniger schmerzhaft machen.

Ich war mit der Geschichte im Reinen und deshalb auch nicht aufgeregt, als mein Bruder mich abholte. Wir sprachen einige Minuten über einen möglichen Ablauf. Ich glaube, er wollte Sicherheit von mir, dass es nicht ausarten würde. Doch ich sagte ihm ganz ruhig und sachlich, dass ich das sagen würde, was ich fühlte. Dass dort nichts hochkommen werde, dass ich alles soweit verarbeitet hatte wie möglich. Die Tür sprang auf und ich drückte Papa fest. Er zeigte sich seit seiner Trennung liebevoller und verarbeitete die Vergangenheit besser. Dies war für mich auch die Erklärung, wieso es zu diesem Tag kam. Wir saßen auf seinem Ledersofa und aßen erstmal in Ruhe. Nur mein Bruder nicht, so sehr er sich auch bemühte, dieser Mensch kann einfach nicht essen, ohne sich komplett einzusauen. Mein Vater und ich lachten ihn unglaublich laut aus. Wir hatten nicht sehr häufig solch innige Momente. Wir bemühten uns immer wieder, uns mal zu sehen. Wenigstens ein bisschen Kartenspielen. Doch eigentlich gelang uns das seltener als gewollt. Ich glaube, dass diese Entfernung zwischen Papa und mir der Grund war. Dass ein Teil, den ich lange nicht verstanden hatte, einfach nicht vergeben konnte. So war es zu Beginn bei meinem Bruder auch, ehe wir einmal komplett offen über alles gesprochen und er sich mir offenbart hatte. Irgendwie hatte ich im Gefühl, dass an diesem Tag etwas Magisches passieren würde. Es fühlte sich an, als liefe alles auf diesen Moment zu. Als wäre die Zeit jetzt gekommen und deshalb war ich entspannt. Nachdem mein Vater, aufgrund meines Bruders, das halbe Wohnzimmer wischen musste, wurde die Stimmung angespannter. Ehrlich gesagt war dies das erste Mal, dass wir über etwas reden würden, das uns alle drei betraf. Generell hatte ich Papa nur mit wenigen Situationen im Gedächtnis, in denen er über Gefühle gesprochen hatte.

Als er von seiner Raucherpause wiederkam, setzte er sich mir gegenüber auf einen Sessel. Es herrschte Totenstille. Von jetzt auf gleich änderte sich die gesamte Atmosphäre des Raumes. Die Temperatur war auf dem Gefrierpunkt. Selbst in mir machte sich nun doch eine Anspannung breit. Mein Bruder und ich schauten Papa an, er mied Augenkontakt. Es dauerte zwei Minuten, ehe er die Kraft fand, die ersten Worte zu sprechen. „Ihr wisst ja, ich bin nicht gut mit Worten", sagte er, während eine Träne seine Wangen runterlief, „Darüber zu sprechen, fällt mir sichtlich schwer. Eure Mutter ..." Er stoppte und der Schmerz stand ihm ins Gesicht geschrieben. Meinen Dad in diesem Moment so zu sehen, zerriss mich. Ich kenne diesen Schmerz, ich kenne diesen Kampf, ich führte ihn fast zwanzig Jahre lang. Die Schuldfragen, die Hilfslosigkeit und die enorme Mauer, die wir aufbauen mussten, um ein normales Leben zu führen. Der Schutzmechanismus, der greift so lange und so andauernd, bis du all diesen

Schmerz hinter einer Stahlmauer verpackt hast. Dann verschließt du sie mit all den Schlössern dieser Welt und verbirgst alles tief in deiner Seele. Dein Herz reißt und man weiß, man wird nicht noch einen Menschen so sehr vermissen können. Man weiß, dass eine Verarbeitung nötig wäre, aber die Kraft, den Antrieb besitzt du einfach nicht. Mein Vater tat dies nun seit zwanzig Jahren. Während mein Bruder und ich unsere eigenen Wege fanden, um diesen Schmerz umzuwandeln, begann mein Vater in diesem Moment zu begreifen. Ich denke, er spürte es schon länger, auch während der Beziehung. Er spürte, dass diese Verarbeitung nötig war, um einen Schritt in die richtige Richtung zu machen. Nach über zwanzig Jahren des Funktionierens vollzog mein Vater in diesem Moment etwas, das ich ihm immer hoch anrechnen werde. Er fing an zu verarbeiten. Er fing endlich an, für mich und meinen Bruder zu verarbeiten. Er wollte seine Söhne und sein Glück nicht länger der Trauer überlassen. In diesem Moment war ich unglaublich stolz auf meinen Vater. Als er sich wieder gefangen hatte, sprach er schneller als zuvor. Ich wusste, er versuchte krampfhaft, eine Fassade aufzubauen: „Entschuldigt, ich bin, wie ihr merkt, nicht gut mit Worten und mir fällt es sehr schwer, darüber zu sprechen, also habe ich etwas aufgeschrieben. Ihr könnt das lesen und ich gehe nochmal einen Moment nach draußen." Verdutzt schauten mein Bruder und ich uns an, als er in Schlappen in die Küche marschierte, um den Laptop zu holen. Mit seiner Brille kam er wieder, klappte den eindeutig zu alten Laptop auf und ging, ohne ein weiteres Wort, auf die Terrasse.

Wir erblickten ein Word-Dokument, das ungefähr eine Seite lang war. Selbst dieser Fakt war unglaublich. Ich erinnere mich noch gut an eine Situation von früher. Kurz nachdem wir mit meiner Ex-Stief-mama zusammenzogen, teilte ich mir ein Zimmer. Für mich war die Umstellung sehr schwierig, deshalb stritt ich sehr häufig mit meinem Halbbruder oder mit meiner Stiefmama. Irgendwie konnte ich mich auf dieses ganze Szenario nur schwer einlassen. Da ich auch eine Meinung und einen Austausch mit meinem Vater haben wollte, zog ich eines Nachts ein kariertes Notizbuch hervor. Es war schwarz und hatte in jeder Ecke ein rotes Dreieck. Ich setzte mich mit meiner kleinen Nachtlampe und einem Kugelschreiber hin und schrieb los. Ich erklärte ihm, dass ich dieses Buch als eine Art Post verwenden wollte und es nur einem Dialog zwischen ihm und mir dienen sollte. Wann immer ich etwas hatte, das mich störte, schrieb ich es in das Tagebuch an meinen Dad. Ich schilderte Situationen, Gedanken, Gefühle und viel Trauer hinein. Wir hatten einen geheimen Ort, an den er es legen sollte, wenn er fertig war. Ich schrieb fast jeden Abend und als alle schliefen, schlich ich mich leise hinunter und legte es ihm auf seinen Platz. Auf seinem Stuhl war bereits seine Arbeitskleidung hingelegt und in der Tasse für den Kaffee war Pulver und Zucker. Wir schrieben fast jeden Tag, ich mochte die Art, wie er schrieb. Ich mochte seine Handschrift, sie zu lesen, gab mir viel Geborgenheit. Ich erinnerte mich noch genau, wie enttäuscht ich war, wenn es mal eine Nacht dauerte, bis ich eine Antwort bekam. Diese Verbindung und diese Magie hielt so lange an, bis meine Stiefmama mir in einem Streit sagte, dass sie es wusste. Ich hörte abrupt damit auf und las trotzdem für sehr lange Zeit, was Papa zu sagen hatte. Das Besondere war, dass auch er mir seine Sichtweise und Gefühle auf eine anschauliche Art darstellte. Ich malte mir alles so bildlich aus, jede Form und jede Farbe.

Ich denke, das war auch die Geburt meiner Art zu schreiben. Seitdem las ich nie wieder etwas Derartiges von meinem Vater. Deshalb war ich umso gespannter, was ich gleich lesen würde. Mit jeder Zeile bekam ich dieses Gefühl von unserem alten Austausch. Papa schrieb in diesem Brief folgendes:

Hallo Benjamin, hallo Marc,
nach dem Tod eurer geliebten Mutter, meiner geliebten Frau, fing unsere bis dahin heile Welt an zu bröckeln. Wir mussten alle den Verlust begreifen. Was wir leider nicht gemeinsam, sondern jeder alleine für sich taten.

Warum konnten wir nicht gemeinsam darüber sprechen, ich weiß es bis heute nicht.

Von dort an baute sich leider jeder für sich langsam eine neue Welt zusammen. Zu alten Herausforderungen kamen noch neue hinzu, die ich ab sofort allein bewältigen musste. Die Trauer, Kinder, Beerdigung, Arbeit, ich war total überfordert mit allem.

Warum konnte ich auch hier nicht gemeinsam mit euch darüber sprechen, ich weiß es bis heute nicht.

Anstatt uns Trost und Liebe zu geben, uns einfach in den Armen zu halten, zogen wir uns zurück in unsere neuen Welten.

Warum konnten wir auch hier nicht gemeinsam sprechen, ich weiß es bis heute nicht.

Mir war klar, irgendwie muss es weitergehen. Ich muss es irgendwie schaffen. Anstatt dass wir drei zusammenblieben und die Trauer bekämpften, wandte ich mich schon nach kurzer Zeit einer anderen Frau mit drei Kindern zu, womit ich euch einen Stich ins Herz gab. Heute weiß ich, dass das ein großer Fehler war. Ich habe versucht, alles irgendwie hinzubekommen, leider habe ich zum größten Teil versagt. Ich kann nur hoffen, dass ihr mir meine Fehler und mein Versagen irgendwann verzeihen könnt. Dass ich euch meine Liebe nicht zeigen konnte, euch zu wenig in den Arm nahm und euch nicht immer richtig behandelt habe. Ich hatte schon einige Male vor, eurer Mutter hinterher zu reisen. Das tat ich zum Glück nicht, denn dann hätte ich euch ganz verloren. Trotz meiner ganzen Fehler, die ich gemacht habe, sollt ihr wissen, dass ich euch liebe und stolz auf euch bin. Ich habe es euch aber nie gezeigt. Die Trauer hat wohl noch keiner von uns dreien so richtig verarbeitet. Dennoch habt ihr euren steinigen Weg ohne meine Hilfe gemeistert. Gott sei Dank seid ihr nicht auf die schiefe Bahn geraten, seid nicht in der Gosse gelandet und wurdet auch nicht zu Alkoholikern. Nein, trotz allem habt ihr beide einen Beruf erlernt. Ich bin ein stolzer Vater, was meine Söhne betrifft. Ich möchte euch danken und würde mich freuen, wenn wir unser Verhältnis noch verstärken könnten. Ab sofort möchte ich euch ein besserer Vater sein und euch zeigen, dass ihr mir etwas bedeutet – sofern ihr mir eine zweite Chance gebt.

Verzeiht mir,
euer Papa

Ich glaubte nicht, was ich da las. Ich glaubte nicht, dass dieses gesamte Bild real war. Zweiundzwanzig Jahre hatte ich auf ein kleines Zeichen der Liebe gewartet. In meinem Kopf rauschten auf der Überholspur positive und negative Gedanken vorbei. Das Bild, als er mich gebeten hatte, auszuziehen. Das Bild, wie ich auf seinem Schoß saß und unseren quietschgrünen Golf in eine Riesenpfütze lenkte. Der Moment, als er mich anschrie, dass ich mit dem kaputten Fahrrad nach Hause kam. Der Moment, als er Mama hineintrug. So viele schöne und traumatische Gedanken. Ich wusste, in diesem Moment konnte ich wählen. Vertraute ich auf Papas Wandel und verabschiedete mich von den negativen Gedanken oder war mein Herz so verschlossen, dass ich das nicht an mich heranlassen konnte. Obwohl ich so selbstsicher über meinen Wandel war, fiel es mir sehr schwer, eine Antwort zu finden. Ich glaube, Papa sah das Leben seit dem Tod meiner Mutter wie durch einen grauen Vorhang. Die Gefühle waren nur ein Abklatsch von denen, die er fühlte, als Mama noch bei ihm war. Ich kann mir nicht vorstellen, wie schwierig seine Reise gewesen sein musste. Es mag nicht vergleichbar sein, aber Papa schottete diese Gefühle so lange ab, dass er erst jetzt realisierte, was ich mit sechzehn erfuhr. Es war die erste Offenbarung seiner Gefühle seit ewigen Zeiten. Es war ein großer Schritt für ihn und so wie ich ihn auf der Terrasse sitzen sah, wie er dort in die Ferne blickte, voller Scham, in dem Moment, in dem er versuchte zu kämpfen. Welcher Sohn könnte da voller Hass auf einen Mann blicken, der so sehr trauerte, der so sehr kämpfte. Ich konnte es nicht. Ich ging alle Offenbarungen durch, die ich jemals mit ihm geteilt hatte. Ich dachte an jede Kerbe, die dies hinterlassen hatte. Ich war nun erwachsen, ich war reif. Ich denke, du musst Schmerzen erfahren, um den Frieden zu fühlen. Seitdem ich älter war und nicht auf jeder Party den Clown spielte, drehte mein Kopf langsamer. Ich konnte Zeit mit mir verbringen. Natürlich prägte mich dies alles negativ, doch wäre ich sonst so stark? Da war sie wieder, die Gewissheit, dass jeder Mensch immer wählen kann, wie er Dinge aufnimmt. Für mich wurde es nur klarer. Ich hatte ein Wunder geschaffen, das Buch war ein Wunder. Wenn Gott mir einen neuen Anfang gibt, dann durfte ich nicht die alten Fehler machen.

Die Terrassentür ging auf, Papa zitterte. Er war so angespannt und aufgeregt, dass er nichts sagte. Meinem Bruder standen die Tränen in den Augen. Ich hingegen war eher in mich gekehrt. Wir verweilten in diesem Moment für einige Minuten. Mein Bruder fand versöhnliche Worte, die ich in diesem Moment des Erlebens eines Wunders kaum wahrnahm. Ich war so darauf fixiert, Papa in diesem Augenblick zu beobachten. Wie oft blickte ich auf eine Nachricht mit dem falschen Inhalt von ihm. Wie oft gratulierte er mir zum Geburtstag, ohne die richtigen Worte zu finden. Selbst als er sich letztes Jahr operieren ließ und ich den Brief, den ich nur im Falle eines Ablebens lesen durfte, öffnete, waren es lediglich Details über Bankdaten oder Passwörter, doch kein Schlüssel für das Lösen meines Traumas. 2011, als ich mein Abi machte, schenkte er mir eine Karte. „Ich bin stolz auf dich, dein Papa", so simpel, doch so bedeutend. Seitdem ich diese Karte hatte und aufbewahrte, hatte ich immer auf Worte wie diese gehofft. Als ich sie nun hatte, konnte ich aus dem Mann, der mich so lange begleitet hat, endlich wieder einen Vater machen. Dass ein Buch, meine Geschichte, ihn dazu verleiten würde, hätte ich vorher niemals für möglich gehalten. Ich erzählte Papa nicht von der Show und nicht davon, wie vielen Menschen mein Buch geholfen hat. Doch nun gab es kein

Bild mehr, in dem er nicht in der ersten Reihe Platz nehmen würde. Voller Stolz würde ich in sein Gesicht blicken und um einen starken Rückhalt wissen. Mit viel Herz würde ich eine Geschichte über ihn erzählen, ihn danach fest umarmen und Danke sagen. Einen Dank dafür, dass er mir gezeigt hat, dass er mich liebt. Dass er diese Gefühle all diese Jahre spürte und endlich aus sich herauskam. Danken für die schweren Zeiten und dafür, den Glauben nicht zu verlieren. Für die Möglichkeit, meinen Weg zu gehen und meinem Herzen zu folgen. Das entstand nicht aus guten Zeiten mit Freunden, sondern aus den dunklen Tagen, die mir das Leben bescherte. Daher kann ich sagen, ich kenne beide Seiten. Ich weiß, wie es ist, einen schönen Sonnenuntergang als Screenshot in meinem Gedächtnis zu sehen. Ich weiß, wie es sich anfühlt, hinter der nächsten Ecke einen wunderschönen Strand zu sehen. Wie es ist, die Nacht durchzufeiern und am nächsten Tag neun Stunden in einem Bus zu sitzen. Ich weiß, wie es sich anfühlt, für drei Wochen ans Bett gefesselt zu sein, weil die Depression das Leben einnimmt. Wie es ist, nach einer Operation neu laufen zu lernen. Ich bewegte mich die gesamte Zeit näher zu mir selbst und quer durch die Welt. Doch diese Millisekunde, dieses kleine Wunder, trieb mich ungeheuerlich an. Dafür, Papa, danke ich dir. Ich danke dir wirklich aus tiefstem Herzen und bin sehr stolz, einen so starken, empathischen und fühlenden Vater zu haben. Ich schloss in diesem Moment innerlich die Tür zu diesem Trauma. Ich fütterte es ein letztes Mal mit der schönsten Erinnerung, die ich hätte schaffen können. Aus der Dunkelheit wurde Licht und aus zwei Fremden wieder Vater und Sohn.

Wir standen nach einem unglaublich offenen und ehrlichen

Gespräch über Mama, gemeinsame Erinnerungen und die Familie auf und umarmten uns innig. Sogar der Tag, an dem sie starb, wurde besprochen. Die Zeit blieb in den Armen meiner Familie regelrecht stehen. Mein kleines Kind sprang auf, mein Herz tat es ihm gleich. Es war, als öffnete ich eine Tür zu meinem versteckten Potenzial. Ich wusste immer, dass sie da war, doch der Schlüssel war verloren. Jetzt, in diesem Moment, erinnerte ich mich wieder an diese besondere Seite. Was für ein freudiger und glücklicher Junge ich einst war. Mit diesem Gefühl durchströmte mich ein unglaubliches Selbstvertrauen, es strahlte in jede Zelle meines Körpers. Dieser Zugang zum Glück, diese reine Energie, zum ersten Mal fühlte ich sie vollständig. Es fühlte sich nicht an wie das Glück, das ich kannte. Es fühlte sich vollkommen an. Als fehlte genau dieses Puzzlestück zum Erkennen. War es das? Der Durchbruch zu meinem unendlichen Potenzial? Zu meinem erfüllten Leben? Ja, das war er. Daran glaube ich bis heute. Mich hat es nicht enttäuscht, denn selbst, wenn alles schief geht, habe ich noch immer den Glauben an mich selbst. Als wir uns in die mit Tränen gefüllten Augen blickten, war dies der schönste Moment, den ich mit meiner Familie seit Mamas Tod verbrachte. Ich sprach auf dem Weg nach Hause kaum mit meinem Bruder. Letztendlich schlief ich voller Zufriedenheit mit einem Lächeln auf den Lippen ein. Ein letzter Gedanke begleitete mich: „Es wird Zeit."

REAKTION

The Killers – Mr. Brightside

Das Gesicht wurde mir fast weggerissen, ich bekam meine Augen kaum auf. Die Sicht war nebulös. Die Geschwindigkeit, mit der ich flog, trieb mir Tränen in die Augen. Da endlich, Klarheit. Ich drehte mich um. Ich sauste gerade durch eine Wolkendecke. Ich drehte mich erneut um. Es mussten noch einige tausend Kilometer sein. Ich schaute nach links, dann nach rechts, weit und breit nichts als Wasser. Wie ein Himmelskörper sauste ich auf das große blaue Meer zu. Wie beim Fallschirmspringen, der Moment, kurz bevor man die Leine zieht. Das unbeschreibliche Gefühl des freien Falls. Nur trug ich keinen Fallschirm. Ich trug eine Leinenhose und ein locker sitzendes Hemd. Es wurde mir an die Brust gepresst wie eine Zeitung, die an einer Litfaßsäule klebte. Ich sauste mit unglaublicher Geschwindigkeit in Richtung Erde. Woher ich kam, wusste ich nicht. Wohin es ging leider schon. Ich hatte irgendwo einmal aufgeschnappt, wenn man mit einer sehr hohen Geschwindigkeit auf das Wasser aufschlägt, dass man nichts spürt. Dass einem wirklich einfach schwarz vor Augen wird, es knallt nur einmal ganz laut, wie ein Insekt an der Windschutzscheibe.

Ich fand mich schnell damit ab, dass dies gleich passieren würde. Vielmehr noch war ich in dem Moment und genoss dieses Gefühl. Solange ich dieses Gefühl bis zum Ende behalten würde, was sollte dann schon passieren. Ich überlegte, die Augen zu schließen, um den Moment nicht zu erleben. Doch würde ich dann vorher so viel verpassen. Das Ende war ohnehin nah, wir können uns nur entscheiden, wie viel wir bis dahin erleben. Positiv, Negativ, das alles zählt nur dann, wenn du es bewertest. Damit meine ich nicht, du sollst alles positiv sehen oder dass alles positiv wäre, sondern die Art und Weise, damit umzugehen. Der Verlust meiner Mutter war durchweg negativ. Doch ich konnte entscheiden, ob und wie es mich beeinflusst. Hätte es mich zerstören und auf die schiefe Bahn bringen können, auf alle Fälle. Konnte ich dadurch lernen, mit Rückschlägen besser umzugehen, Rückschläge besser zu verkraften und wusste mit Trauer umzugehen, auf alle Fälle. Jedes Ereignis öffnete eine neue Möglichkeit, dies zu erfahren. Wichtig war nicht, alles richtig oder falsch zu machen. Wichtig war nur, es einfach zu nur machen.

Wie sagte Viktor Frankl einst: *„Zwischen Reiz und Reaktion liegt ein Raum. In diesem Raum liegt unsere Macht zur Wahl unserer Reaktion. In unserer Reaktion liegen unsere Entwicklung und unsere Freiheit."* Ein positives Mindset kann die scheiß Situation nicht ändern, aber es verändert dich. Es ändert die Fähigkeit, mit der Situation umzugehen und das ist ein wichtiger Schlüssel. Lasst die kleine Welt, euren persönliches Happy Place, nicht von Leuten verzerren, die in euch nicht das Potenzial entdecken, welches ihr habt. Diese haben keine Macht, keinen Einfluss und keine Berechtigung, über euch zu urteilen. Die einzige Sache, die du ändern kannst, bist du selbst. Also hör in dich hinein, versuch herauszufinden, was dir dieses negative Gefühl gibt und stell dich ihm. Den Frieden, den wir suchen, den verwechseln viele. Die meisten denken, sie suchen einen Frieden, der sie außerhalb ihrer Gedanken bringt. Dabei suchen sie einen Status des Friedens vor ihren Gedanken, zum Beispiel durch Konsum. Sie suchen also nach einer Fluchtmöglichkeit aus ihrem Kopf, um einige Gedanken loszuwerden. Doch das klappt nicht, man muss sich ihnen stellen. Der feine Unterschied wird deutlicher, wenn wir uns in ein Beispiel verlieren. Wenn wir uns all die verrückten Aktivitäten anschauen, die wir tagtäglich tun. Sei es in die Disco zu gehen, um flachgelegt zu werden, einen Extremsport zu betreiben oder Drogen zu nehmen. All dies tun wir nur, um von den Gedanken in Ruhe gelassen zu werden, doch dies betäubt uns lediglich. Es ist eine Lösung für den Moment, auch wenn diese Jahre gehen mag. Wenn wir diesen Moment der Ruhe nicht erreichen, wenn wir diesen Kick nicht bekommen, suchen wir uns immer mehr Dinge, immer mehr Errungenschaften, immer verrücktere und ausgefallenere Sachen. *„You already achieved goals that you said made you happy."* Du hast bereits Dinge erreicht, von denen du dachtest, dass sie dich glücklich machen würden. Nehmt euch mal einen Moment Zeit für diesen Satz. Diese Ziele, die man krampfhaft versucht zu erreichen, sind nur austauchbare Objekte. Wir müssen uns von der Illusion befreien, dass das Glück dieser Erde außerhalb von uns liegt. Es ist vielmehr das Gefühl des Verstehens, welches uns antreiben sollte. Es ist der Drang, der in uns keimen muss, um uns nach außen zu verwirklichen. Wie der Baum, der seine Wurzeln bildet, so entstanden wir alle aus einem Moment der Zärtlichkeit. Jeder ist für eine andere Bestimmung auf dieser Erde und das gilt es zu verstehen. Der Schlüssel zum Glück, wie auch immer dieser aussehen mag, liegt tief in uns verborgen. Gut getarnt hinter einer Depression, gut getarnt hinter einem Verlust. Doch ganz tief im Kern, tief in deinem inneren Kind, liegt der Schlüssel verborgen, um all deine Ziele zu erreichen. Die meisten Leute wissen nicht, dass wir aus dem gleichen Material bestehen wie das Universum. Die Atome in meinen und euren Genen haben die gleichen Bestandteile wie der Kern eines Sterns. Also wenn ich nach oben blicke und in den unzähligen Sternenhimmel schaue, dann fühle ich mich nicht klein. Ich fühle mich als Teil von etwas ganz Großen. Ich denke, wenn wir nur fest an etwas glauben, dann wird es passieren. Sei es eine Sternschnuppe im richtigen Moment. Eine Begegnung, die dir eine neue Tür öffnet. Eine Sichtweise, die dich zum Nachdenken bringt. Das alles ist Teil unserer Gedanken und sollte tagtäglich gelebt werden. Denn Gedanken erschaffen Realität und Gedanken sind zugleich unser größter Feind. Mentale Stärke bedeutet, zu wissen, dass das Leben nicht fair ist und es trotzdem gewinnen zu wollen.

Das wurde mir bewusst. Mir wurde klar, dass es jetzt an der Zeit war, sein Leben glücklich zu gestalten. Das wusste ich, seitdem ich Papas Arm verließ. So viele wunderbar klare Gedanken schossen mir durch den Kopf. In dem Moment sah ich die Umrisse einer Insel, halbmondförmig. Ich erkannte sie wieder, die Insel meines Herzens. Trist und düster lag sie da. So verwüstet, wie ich sie vorgefunden hatte. Trotz meiner Erkenntnisse war sie unverändert. Verunsichert hat es mich nicht, ich wusste, dass der Weg zur Rettung des Herzens auf dem Grund der Bucht lauerte. Je näher ich kam, desto dunkler wurde das Wasser. Dieses tiefe intensive Dunkelblau. Dieses unruhige Wasser, die brechenden Wellen. All dies verbarg die Depression, die dort unten lauerte. Ich hatte geweint. Ich hatte reflektiert. Ich war bereit, ihr gegenüber zu treten. Das Feuer in meinem Herzen brannte lichterloh. Ich wusste, es war Zeit, ihr gegenüberzustehen. Noch eine Reise hätte nichts gebracht, noch mehr meditieren hätte mir nicht geholfen. Mein Dämon lag im Alltag. Ich kannte ihn, wir freundeten uns an. Ich lernte Kontrolle und Freiheit kennen. Vor allem fand ich das Glück in mir selbst.

Da eine blaue Stelle, das muss die Matte sein. Mist, ich flog genau darauf zu. Sie wurde immer größer, ich flüsterte mir zu: *„Bis hierhin liefs noch ganz gut."* Mehrmals wiederholte ich den Satz. Ich ballte meine Faust, der Aufprall schmerzte, doch ich hielt an meinen Zielen fest. Mit einem Krachen flog ich durch die Matte. Es wurde dunkel. Es war unbehaglich. Ich ließ mich nicht von meinen inneren Erkenntnissen abbringen. Ich musste mich der einen Sache stellen, der gleichen Sache, die sich mein Vater stellte. Die Dunkelheit, die mich einengte. Die ganzen Traumata aus meiner Kindheit. Das alles ist die Sache, das alles ist das, was ich verloren hatte. Der Glaube an meine Person, die Träume meines kleinen Ichs und vor allem die Dunkelheit prägten mich. Jetzt war es nur noch die Depression. Das letzte Monster, die wilden Neigungen, die begrenzte Fantasie. Die Screenshots, die ich mit einem positiveren Programm herunterlud. Die neue Version, der Marc 2.0. Das wollte ich mir jetzt holen.

Vorbereiten der Sache machte die Sache nicht. Zeit planen für die Sache, machte die Sache nicht. Dich dafür zu hassen, die Sache nicht zu machen, machte die Sache nicht. Eine ToDo-Liste zu machen, machte nicht die Sache. Leute über die Sache zu informieren, machte nicht die Sache. Darüber zu lesen, die Sache zu machen, machte die Sache nicht. Freunden davon zu erzählen, die Sache zu machen, machte die Sache nicht. Leute zu hassen, die die Sache machten, machte die Sache nicht. Dich mit den Hindernissen aufzuhalten, machte nicht die Sache. Fantasieren über die Dinge, die du erreicht hast, machte die Sache nicht. Diese Worte zu lesen, machte nicht die

Sache. Das Einzige, das die Sache macht, ist die Sache zu machen. Das klappt nur, wenn man alles dafür gibt. Wenn man ein Feuer entwickelt oder sich vollkommen entdeckt. Wenn man hundertprozentig hinter einer Sache steht. Dass, wenn du sie nicht tun würdest, dich das unglücklich macht. Doch was hat man für eine Wahl. Entweder man akzeptiert sein jetziges Ich oder man reißt sich endlich den Arsch auf und glaubt an seine Kraft. Ein Vogel landet nicht auf dem Ast, weil er vertraut, dass dieser nie bricht, sondern weil er an seine Stärke glaubt, fliegen zu können.

Der Schatten vor mir wurde größer und größer, die scharlachroten Augen stachen empor, die Strömung nahm zu, das riesige, scharfzahnige Maul öffnete sich. Mit einem Happs wurde ich verschluckt. Ich war nicht in einem Magen. Ich war umhüllt von tausend Decken der Dunkelheit. Jede spielte mir eine andere Episode vor, im Kreislauf der Krankheit. Geborgen wie ein Kind im falschen Umfeld, manipuliert von den Gedanken und Gefühlen der Vergangenheit. Dieses falsche Gefühl der Heimat, die verdrehte Welt der Liebe, das Streben nach Anerkennung. So trieb ich im Schoß von Mama umher. Dem Ursprung, der Geburt dieses Monsters. Obwohl mein Körper bewegungsunfähig war, war mein Geist klar. Seele und Geist schufen ein starkes Band, eine innige Freundschaft. Manche Freundschaften, benötigen keiner Worte. Sie gleichen sich ab und zu an, synchronisieren sich, nur um dann im richtigen Moment zu funktionieren. Der Fokus der Bekämpfung der Dunkelheit war klar. Mein Herz ruhig, die Augen immer geöffnet. Ich wusste, dass es hier auf die Selbstliebe ankam. Man kann eine Depression nur bekämpfen, wenn man sich auf das Innere verlässt. Äußere Einflüsse sollten in der Seele und dem Körper keine Bewandtnis haben. Depressionen, Verluste und Trauer können nie durch materielle Dinge entstehen. Die Heilung bedarf Arbeit und ich war endlich bereit, diese zu erledigen. Ich wusste nun, was es bedeutete, unbefangen glücklich zu sein und das erlaubte mir zu streben. Vorher dachte ich, es lohnt sich eh nicht, ich sah keinen Mehrwert darin, mehr zu tun. Aber jetzt fing ich an, wieder zu glauben, ich könnte Feuerwehrmann werden, wenn ich es nur fest wollen würde. Ich war es leid, einen anderen Mannes Traums zu leben. Ich habe unter ihnen gelernt, nur um an einen Punkt zu kommen, an dem ich realisierte, dass dies nicht mein Weg war. In anderer Leute Fußstapfen zu treten, war nie meine Bestimmung. Das wurde mir bewusst, wenn auch erst spät. Dass der Erfolg und wie ich diesen definiere, nur daraus entstehen konnte, etwas Eigenes zu erschaffen. Seitdem ich diese Bestätigung hatte, diese Gewissheit in mir, seitdem kann ich für alles, das ich erschaffe, mehr als 100 % geben. Dabei möchte ich auf mich achten, denn nur, wenn es mir gut geht, kann ich andere Leute dazu animieren, ihren eigenen Weg zu gehen. Ich kann, seitdem ich das begriffen habe, zumindest mit einer Sicherheit sagen, es füllt mein Leben mit unendlicher Schönheit.

Die dunklen Decken fielen langsam Stück für Stück von mir ab. Je mehr ich mein Selbstvertrauen erstrahlen ließ, desto unruhiger wurde die Bestie. Decke um Decke ließ das Licht weichen. Nicht mal ich konnte mich stoppen, ich hatte oft aufgegeben, aber ich hatte niemals aufgehört. Mein Herz pochte schneller und schneller. Es war wie ein Motor. Meine grenzenlosen Gedanken, alles auf dieser Welt zu schaffen, festigte sich immer mehr. Die Kreatur schlug bewusst gegen die Felsen. Jede Erschütterung ertrug ich. Jeden Aufprall überstand ich.

Ich sprach mir weiter Mut zu, dachte an den Rückhalt, dachte an meine Erlebnisse. Dinge, die ich niemals für möglich gehalten hätte. Alle sagen, Disziplin sei der wichtigste Schlüssel. Aber niemand sagt euch, warum. Disziplin ist die stärkste Form der Selbstliebe. Es ist das Ignorieren eines Wunsches, den du jetzt hegst, um ihn einem größeren Traum unterzuordnen. Disziplin offenbart die Hingabe, die ihr für eure Träume habt. Besonders an Tagen, an denen du keinen Bock hast. Dein Zukunfts-Ich ist angewiesen auf das heutige, dass er die Versprechen wahr werden lässt, die wir gestern trafen. Die Superkraft, die wir alle in uns haben, ist die Bekämpfung der Angst. Ich könnte eine Linie mit Kreide auf den Boden malen und dir sagen, du sollst darüber laufen. Du würdest es ohne Probleme schaffen. Wenn ich diese Linie nehme und sie auf einem Seil male, welches gespannt zwischen zwei Hochhäusern hängt, wirst du diesen Weg nicht gehen können. Die Angst vor dem Versagen und den Konsequenzen, die daraus entstehen, lähmt dich dort oben in der Höhe. Dieselbe Angst lähmt dich unten am Boden beim Erreichen deiner Träume.

Ich dachte diese einzelnen Gedanken nicht, ich fühlte sie. Ich fühlte ihre Macht. ich fühlte, dass ich sie wahrwerden lassen konnte. Ich pumpte diese positiven Gefühle mit jedem Herzschlag durch meine Arterien. Die Dunkelheit um mich herum brodelte. Die Kreatur krümmte sich vor Schmerz. Langsam aber sicher erhellte ich meine Umgebung. Mehr und mehr der Kreatur verdampfte. Mit dem Auflösen der Kreatur schoss ein Lichtstrahl durch die Oberfläche und sprengte ein Loch in Dunkelheit, die den Himmel einnahm. Aus ihrem Körper entsprangen bunte Fische, die sofort umherschossen und an den verstorbenen Korallen nagten. Mit jedem kleinen Biss hauchten die bunten Fische ihr Leben ein. So erwachten die Farben mehr und mehr. Das neue Meer entsprang aus der Mitte der Bucht erneut zum Leben. Die Sonne brach durch, sie erhellte die einzelnen Palmen, die Gesteinsbrocken wurden lebendiger, die Wellen glichen einer hellblauen Parabel. Dort, wo einst das Herz der Bestie schlug, offenbarte sich ein kleiner goldener Schlüssel. Ich schwamm sofort hin, streckte meine Hand aus und griff ihn. Er hatte leichte Rostspuren und auf der Innenseite, mit der unsicheren Handschrift eines kleinen Kindes, sah ich eine Gravur: „Marc". Mit dem Erhalt des Schlüssels tauchte ich langsam auf. Der Vulkan im Hintergrund beruhigte sich gerade. Ich blickte auf eine wunderbar blühende Bucht. Kokosnüsse an den Bäumen, grüne Palmenwedel. Eine leichte Brise. Knallrote Krabben auf einem weißen Sandstrand. Je näher ich schwamm, desto klarer der Grund. Viele Fischarten tanzten unter mir, einzelne Rochen nahe dem Grund. Leicht sank ich ein, als ich den ersten Fuß auf das Wasser stellte. Leichtes Plätschern war zu hören. Sie brachen sanft, als ich umgeben von strahlenden Muscheln aus dem Wasser stampfte. Ich setzte mich einige Meter entfernt in den trockenen Sand. Die Brise flog durch meine Haare und ich war angekommen. Angekommen im Leben. Angekommen im Moment. Angekommen in mir. Neben mir räusperte sich der Rest des alten Mannes: „Du hast es sicher schon längst erahnt oder täusche ich mich da?"

2.0
Casper - Ariel

Ich schwieg. Ich wusste, dass diese Art des Schmerzes für mich keinerlei Bedeutung mehr hatte. Das gravierende Erlebnis, dass ich es gerade geschafft hatte, das Monster zu besiegen, war omnipräsent. Ich erinnerte mich an die Momente vor der Trennung. Wie ich mich im Spiegel anblickte und nichts von dem entdeckte, was mich einst so auszeichnete. Wie ich meinen Körper betrachtete und zwei simple Dinge verstand. Zum einen fehlte mir die Kraft, etwas gegen das zu unternehmen, was ich erblickte. Die hängende Brust, der dicke Bauch. Ich mochte nichts von dem, was ich sah. Doch einen Antrieb zu entwickeln, irgendetwas hielt mich davon ab. Irgendetwas fesselte meine Aktion so sehr, dass ich es nicht hinbekam. Egal wie groß oder klein die Ziele waren, ich scheiterte. Zum anderen war es die Bestätigung. Ich liebte mich nicht selbst. Ich liebte nichts an mir. Ich mochte weder die körperliche noch die geistige Verfassung. Ich mochte meine Gedanken nicht. Ich mochte das Leben nicht, welches ich führte. Wie ein Gefangener im härtesten Knast der Welt, sperrten mich meine eigenen negativen Gedanken ein. Ich dachte weiter zurück. An den Moment, an dem ich reglos im Bett saß. Wie ich mich nicht aufraffen konnte. Alles an meinen Gedanken lähmte mich. Wie die Trauer mich einnahm, wie mich das Alleinsein mehr und mehr erschütterte. Die größte Angst eines Menschen ist das Alleinsein. Es verkleidet sich nur zu gut. Innerlich fragen wir uns folgende Fragen: „Ich brauche deine Bestätigung, ich brauche deine Zustimmung." „Warum?" „Weil ich keine Zurückweisung erfahren möchte." „Warum hast du Angst vor

Zurückweisung?" „Weil ich dann verlassen werde!" „Wieso hast du Angst, verlassen zu werden?" Dieser Dialog geht unendlich weiter. Führt man so eine Diskussion, ist es euer verkleidetes Ego. Dieses Ego ist euer größter Feind. Das Ego ist die Stimme, die euch sagt, bleib heute mal liegen. Das Ego ist die Stimme, die sagt, geh heute mal nicht zum Sport. Das Ego ist die Stimme, die dir einredet, dass der Schokoriegel dir jetzt guttut. Das größte Problem oder eher die stärkste Macht des Egos ist, dass er sich in jedes Gefühl verwandeln kann und wird. Dies kann verschiedene Gründe haben. Mein Ego machte mir jahrelang vor, dass Veränderungen aufgrund meiner Verluste schlecht sind. Also hielt es mich Jahre in meinem Hamsterrad gefangen, weil das Ego ein Meister seines Fachs ist. Durchbrechen wir dies, wird es uns besser gehen. Wenn wir es durchbrechen, wird das Ego nicht mehr existent sein. Das Ego ist unser persönlicher Pakt mit dem Teufel.

Mir wurde dies an einem kalten Oktoberabend bewusst. Dort unter dem Sternenhimmel, ganz alleine, hatte ich meine persönliche Offenbarung. Es ist nichts Besonderes passiert, nur dass ich seit einem Jahr den Glauben an meinem Weg nicht verloren hatte. Dort in der Nacht realisierte ich, dass mein Kopf inzwischen weitaus stärker war als mein Körper. Somit wusste ich, dass es an der Zeit war, auch mein körperliches Erscheinungsbild zu ändern. Dabei war die größte Lektion, die ich lernen musste, um mein Ego zu bekämpfen, die Reaktion. Denn der verrückte Part meines Lebens ist, dass ich in der Minute, in der ich Glück verspüre, auch die Gefahr spüre, dass es mir weggenommen wird. Zumindest war das so, bis zu diesem Zeitpunkt. Als ich es schaffte, mein Herz zu befreien, befreite ich auch alles, was mit ihm verankert war. Das Ego, den alten Schmerz, die Vergangenheit, meine Erziehung, die Traumata. Das alles löste sich wie ein geplatzter Knoten auf. Übrig blieben die persönliche Entwicklung, mein Netz aus Freunden und das neue Mindset.

„Seit wann weißt du es?", fragten die übriggebliebenen Schnipsel des Schmerzes neben mir. Da lagen sie, die Reste einer Reise, die Reste eines gebrochenen Menschen. „Ich weiß es schon länger, eigentlich weiß ich es schon seit der Klinik. Nein, im Grunde genommen weiß ich es seit dem Moment, in dem ich anhielt und demonstrativ auf das Lenkrad haute. In dem Moment, als mir all meine lieben Menschen in den Kopf kamen. Bereits da wusste ich, dass ich nicht so enden darf wie du. Dieser Moment brachte mich dazu, alle Extreme zu erfahren, zu reifen und jetzt hier neben dir zu sitzen. Mir ist durchaus bewusst, ich denke dir auch, dass dies unser letztes Gespräch werden wird." „Wieso hast du vorher nichts unternommen?", fragte der Schmerz. Ich erinnerte mich, bevor ich sprach, an eine Szene aus dem Film *Matrix* zurück. Der Protagonist Neo, gespielt von Keanu Reeves, sitzt bei einem Orakel. Da sie in die Zukunft blicken kann, weiß sie natürlich, was passiert und dennoch bietet sie ihm einen Bonbon an. Verdutzt fragt Neo, wieso sie dies tut, immerhin wüsste sie die Antwort bereits. Sie macht ihm deutlich, dass auch er die Antwort bereits habe, sonst wäre er nicht zu ihr gekommen. Es ginge vielmehr darum, diese Antwort vollends zu verstehen. Viele Menschen wollen Antworten. Fragen wie, was ist der Sinn des Lebens wäre oder ob es einen Gott gäbe, sind dabei die häufig genannten Fragen. Doch war es überhaupt wichtig, wenn man bedenkt, dass man tagtäglich die Wahl hat? Täglich zu wählen, ob man positiv oder negativ auf die Umstände reagiert und Grauzonen wahrnimmt, aber trotzdem nicht vergisst, dass man am Ende ein Leben führt, für das man sich täglich neu entscheiden kann. Ich habe Ziele, die ich noch erreichen möchte. Das ist für mich eine Expedition zur Antarktis, mit Skinny-dipping. Das ist der Drang, in jedem Weltmeer geschwommen zu sein. Das ist die Einstellung, einen Ort besser zu hinterlassen, als man ihn vorgefunden hat. Dies durch ein mögliches Verständnis unserer Handlungen noch mehr zu verinnerlichen und so sehr zu verstehen, dass man anderen Leuten ein Beispiel sein kann. Eine Anlaufstelle, ein Mentor, eine Bereicherung, die für Leute als Anker dient. Denn nur, wenn man einen Mehrwert bietet, dann fühlt man sich erfüllt.

„Hätte ich vorher etwas tun können? Ja, gewiss hätte ich das. Wäre das Ergebnis so entstanden? Ich glaube nicht. Ich musste vollkommen verstehen. Verstehen, dass du niemals der warst, der du vorgegeben hast zu sein. Ich nahm deinen Schutz auf, ich akzeptierte die Maske des Schmerzes. Du warst der Mentor, den ich brauchte, der ich aber niemals werden wollte. Ich vertraue niemandem, der sich nicht selbst liebt. Es wurde mir bewusst, als ich mich mehr mit meiner damaligen Beziehung beschäftigte. Wie sollte Manni mir vertrauen, wenn ich nicht einmal mir selbst vertraute. Wie sollte sie mich lieben, wenn ich es zu dem Zeitpunkt nicht einmal selbst tat. Also nahm ich mich bewusst zurück. Bevor ich komplett wusste, wer du warst, musste ich erstmal verstehen, wer ich bin. Wie ich fühle und was das bedeutet. In meinen Gedanken, in meinem Herzen, auf der Arbeit. Bei meiner Einstellung, meinem Wesen und meiner Balance. Ich musste einen regelrechten Grundputz machen, um zu verstehen, dass ich mir nichts von dir abgucken sollte. Also ja, ich verstand sehr früh, dass du nicht der Schmerz sein kannst. Wieso solltest du dich denn immer mehr auflösen? Schmerz gehört wie Freude zum Leben dazu. Wieso wirst du also weniger, wann immer ich eine neue wichtige und heilende Erkenntnis habe. Die Antwort liegt klar auf der Hand, du bist der Marc, der sein Versprechen an sein altes Leben nicht loslassen konnte."

Ich spielte in der Hand mit dem kleinen rostigen goldenen Schlüssel, strich mit dem Daumen über die Gravur. „Jetzt halte ich den Schlüssel in der Hand. Den Schlüssel zu deinem Traum. Der, den du als Kind geschmiedet hast. Der, der dich so fesselt. Ich habe ihn geholt, damit wir Frieden finden können. Doch ich biete dir an, ehe ich ihn dir gebe, und das wird gewiss der Fall sein, zu verstehen. Möchtest du verstehen, warum dieser Wandel so drastisch wirkt? Warum dieses Bild so eine gewaltige Aussagekraft hat? Bist du bereit, zu verstehen, was uns beide letztendlich unterschied, obwohl wir doch eins sind?" „Ja", hauchte es von der rechten Seite, während eine leichte Brise kleine Sandkörner über meine Füße peitschte. „Gut.", sagte ich, „Dann erkläre ich dir, warum mein Glaube an mich so ungebrochen ist, wieso ich weiß, dass mein Leben jetzt bergauf geht, warum ich so befreit bin. Nach der Trennung, als ich bei all den ganzen Leuten war – Sanni, Aylin, Kevin, Jeni oder auch durch die Menschen, die ich erneut um mich versammelte, wie Katha oder Leyla – spürte ich eine Verlässlichkeit in Bezug auf mich selbst. Obwohl ich nicht wusste, ob ich weitermachen kann und will. Sie haben nicht ein einziges Mal daran gezweifelt, dass ich mich da rauskämpfe, dass ich nicht aufgebe. Ich glaube, wenn man etwas mit mir verbindet, dann den Drang, immer weiter nach seinen Zielen zu greifen. Doch in diesem Moment spürte ich es nicht. Innerlich war dieser Antrieb gebrochen. Während ich sonst immer die Gewissheit und am Ende diesen Traum hatte, blickte ich nun in die Bruchstücke eines zerbrochenen Spiegels. Ich sah die Scherben und hatte nicht die Kraft, diesen zu flicken. Da lag er abermals zerbrochen. Ich sah die einzelnen Klebestreifen, die Tackernadel in der Ecke, die Verschmutzung und einen alten spröden Rahmen. Ich sah keine Hoffnung. Wenn ich mir beweisen wollte, dass ich ein glückliches Leben verdient habe, dann musste ich ihn aufgeben. Ich begab mich in die Isolation. Ich sah Freunde nicht mehr, ich ignorierte meinen Job. Ich wollte nur Zuhause sein und an mir arbeiten. So lange, bis ich die richtigen Schlüsse daraus ziehe. Kennst du dich mit Adlern aus?", fragte ich den Schmerz blindlinks, der ebenso verdutzt „nein" antwortete. „Nun, Adler sind auf zwei Dinge angewiesen. Ihre Krallen und ihren Schnabel, logischerweise. Sie fliegen mit bis zu 160 km/h auf ihre Beute zu. Meistens sind sie so schnell und präzise, dass sie ihrer Beute direkt den Kopf abtrennen. Doch darauf will ich nicht hinaus. Je älter ein Adler wird, desto abgenutzter sind ihre Waffen. Irgendwann begeben sich die Adler in eine sogenannte Isolation. Sie sind nicht mehr konkurrenzfähig, andere Artgenossen übernehmen ihr Revier. Der Adler hat also zwei Möglichkeiten: Er akzeptiert sein Schicksal, verlässt sein Territorium und passt sich an, oder begibt sich eben in eine Isolation. Ich denke, nichts anderes geschah mit mir in diesem Jahr. Ich richtete mich mit wenig Ablenkung neu aus. Deshalb sah ich meine Freunde wenig, hielt kaum Kontakt und wurde anders. Denn weißt du, was das Faszinierende ist, bei einem Adler, der sich in Isolation begibt?" „Nein, was denn?", antwortete der Schmerz. „Ein Adler in Isolation verzieht sich in die Berge, baut sich ein Nest.

Dann beginnt er, mit seinem spröden Schnabel seine Krallen auszureißen, Stück für Stück. Er jagt nur mit seinem Schnabel und wartet geduldig, bis diese nachgewachsen sind. Mit seinen neuen und schärferen Waffen geht er nun fortan auf die Jagd. Doch bevor er das tut, haut er seinen Kopf so oft gegen einen Felsen, bis sein Schnabel bricht. Der gesamte Prozess kostet ihn ein halbes Jahr, ehe er zurück in sein Jagdgebiet fliegt und sich dort abermals behauptet. Beeindruckend, oder?" „Ja, und wie.", antwortete der Schmerz.

„Mich aus allem Gewohnten zurückzuziehen, zwang mich dazu, die unverfälschte Wahrheit anzunehmen. Ich musste mich zwingen, alleine zu sein. Ich musste mich zwingen, an mir zu arbeiten. Ich musste dort beginnen, wo alles beginnt, nämlich bei der Selbstliebe. Ich musste es ändern. Ich musste in diesen Spiegel schauen und mich lieben. Das, was ich noch nie konnte. Das, was ich nie schaffte. Ich weiß, da waren einige extreme Züge bei. Doch das Leben schlägt nun einmal unterschiedliche Wellen. Einige surfst du, andere knocken dich aus. Doch das Vertrauen in einem selbst, immer wieder aufzutauchen, macht den kleinen feinen Unterschied. Ich nahm fast zehn Kilo ab, veränderte meine Frisur. Am meisten aber wandelte ich mich still und heimlich. Heute blicke ich in den Spiegel, schaue mir selbst in die Augen und sprühe vor Selbstvertrauen. Es kostete mich ein wenig Zeit und viel Kraft, aber ich habe es verstanden. Es ist an der Zeit zu leben. Ich blicke in diesen gottverdammten Spiegel und liebe mich. Was für ein wunderbares Gefühl, was für eine Erleichterung. Nochmal, ich liebe mich! Seitdem habe ich neue Ziele und brenne für das Schreiben, das Leute inspirieren. Für mich bedeutet das Leben und weißt du, Schmerz, ohne dich hätte ich es nie verstanden." Ich hätte schwören können, wenn er noch welche gehabt hätte, dann hätte ich Grübchen sehen können. Sein Mundwinkel verbog sich peinlich berührt. Doch neugierig war er trotzdem.

„Was genau, außer sowas wie deine Bestimmung, hast du noch verstanden?" Ich schwieg einige Sekunden und räusperte mich dann: „Es dauert eine Weile, um zu verstehen, dass man sein eigenes Leben verwirklichen kann. Leute gehen zur Arbeit, um ihren Lebensunterhalt zu verdienen, um sich ein Leben zu erschaffen, nur um dann wieder zur Arbeit zu gehen. Ein immer wiederkehrender Kreislauf. Wenn man weiter und freier denkt, wird man zu häufig kleingehalten. Meine Kreativität wurde nie gefördert, mir sogar teilweise versperrt. Das alles verstehe ich nun. Alles, was für mich jetzt noch zählt, ist glücklich sein." „Und was macht dich glücklich?", fragte der aufgeregte Mundwinkel. „Etwas zu erschaffen, etwas Kreatives. Ich muss mir die Chance erarbeiten, etwas erschaffen zu können, was ich möchte. Das ist das, wonach ich strebe. Dabei ist es vollkommen egal, welche Fehler oder Erfahrungen ich bisher machte. Ich bin so kreiert worden. Alles, was ich im Leben erreichte, alles, was mich formte, brachte mich in diesen Dialog. Also realisiere ich, dass ich in diesem Moment des Verständnisses eines tun muss. Ich muss mich neu erschaffen, ich muss wiedergeboren werden in einem sehr abstrakten Gedanken. Den Gedanken, alles im Leben erreichen zu können, dafür müssen die letzten beiden Teile sterben."

„Wer ist der andere Teil?", fragte der Schmerz. „Oh, ich muss sterben. Ich muss den Marc, der in den Überlebensmodus ging, sterben lassen, um befreiter wieder aufzuwachen. Ich muss dich sterben lassen, um kein erneutes Trauma zu erschaffen. Manni ist vergangen,

Mama ist vergangen, Nils ist vergangen. Doch ich möchte mich ab jetzt mehr mit der Frage beschäftigen, was mir bleibt. Erkenntnisse, Stärke und ein unglaublicher Lebenswille. Was brauche ich mehr, um endlich meine Träume wahrwerden zu lassen. Doch dieses Mal fange ich dort an aufzuräumen, wo alles begann. Damit meine ich nicht nur in meinem dunklen Herzen, sondern auch in meinem Geist, meinem Körper und vor allem im Gefühl selbst. Ich erarbeite mir die Chance und werde meinen Weg gehen, die Gewissheit habe ich. Den Glauben habe ich. Ich möchte nicht als Bösewicht in meinem eigenen Film mitspielen, ich will der strahlende Held sein." „Wieso hast du so einen Lebenswillen?" „Was habe ich für eine Wahl.", lachte ich, „Habe ich nicht lange genug Däumchen gedreht und Zeit vergeudet? Ich werde jetzt leben, werde meine neuen Ziele wahrmachen, das sind wir doch einer Menge Leute schuldig." „Wie kannst du dabei so glücklich sein, bei allem, was dir widerfahren ist?" „Ich glaube, wenn meine Augen meine Seele zeigen könnten, würden alle weinen. Doch ich lache, weil ich weiß, aus welcher Tiefe es kommt. Weil ich schon von klein auf weiß, was es bedeutet, tagtäglich für sein Glück zu kämpfen. Wurde ich ein paar Jahre aus der Bahn geworfen, das kannst du laut sagen. Waren die vermeintlichen Stopps oder Umwege hindernd, keineswegs. Eigentlich waren sie Abkürzungen zu meinem Ich. Ich bin seither mit mir im Reinen, habe einen Wandel durchgemacht, den viele bemerken. Einige merken sogar einen Wechsel in der Aura. Also, wie könnte ich nicht glücklich sein, wenn es noch so viel zu entdecken gibt? Wenn es so viele spannende Gefühle gibt? Mein Lächeln könnte man den Tag über nicht mehr vergessen. Einmal grüßen könnte zu einer neuen Begegnung führen. Doch verkommen wir mehr und mehr zu Einzelkämpfern. Ich möchte das nicht, ich möchte Erinnerungen schaffen. Erinnerungen sowohl durch meine witzige Seite als auch durch meine Erfahrung mit der dunklen Seite. Deshalb wird es auch für uns Zeit, langsam aufzubrechen." „Aufbrechen wohin?" „Na, in ein neues Leben. Oder hast du nicht zugehört?"

Ich beugte mich hinunter zu dem Schmerz und nahm ihn in meine Handfläche. Ich raffte mich auf, blickte mich zum Vulkan um. Erloschen lag er da, seelenruhig schlief er. Ich wusste, mein Herz wird so schnell nichts mehr erschüttern. Mit sanften Schritten ging ich Richtung Meer. Die Fußspuren waren klar und deutlich zu erkennen. Ich ging so weit, bis ich mit den Knöcheln im Wasser stand. „Moment!", schrie der Schmerz, „Wenn ich mich darauf jetzt einlasse, so rein hypothetisch. Was gibt mir die Sicherheit, dass wir es diesmal schaffen?" „Dass du mir nun, nachdem ich weiterkam als jemals zuvor, noch nicht ganz glaubst. Na gut. Elvis Presley hat 710 Songs geschrieben, aber nur 40 wurden erfolgreich. Das macht eine Wahrscheinlichkeit von nur 5,6 %. Picasso malte 1.885 Bilder, aber nur 30 wurden berühmt, das macht eine Erfolgsrate von 1,5 %. Thomas Edison patentierte insgesamt 1.093 Erfindungen, aber lediglich die Glühbirne ist den meisten bekannt. 0.09 %. Was bedeutet das? Stell dir mal vor, dass sich einer von ihnen durch Misserfolge oder Einflüsse oder der Angst zu scheitern dazu entschieden hätte, nicht weiterzumachen? Erfolg, egal in welcher Weise. Bei der Bekämpfung einer Depression, beim Streben nach Reichtum, bei der Suche nach einem glücklichen Leben. Das alles erreicht man nicht durch Disziplin, sondern durch Beständigkeit. Eine Freundschaft bildet man nur durch Beständigkeit, eine Liebe bildet man nur durch Beständigkeit und auch Erfolg wird so gebildet. Wann immer ich dankbar aus meinen Träumen erwache, bekomme ich erneut einen Versuch, etwas zu erschaffen. Deshalb kann ich auch in dem Moment leben. Denn es zählt nur, was ich jetzt mache." Ich presste meine Lippen auf den Mund des Schmerzes. Mit einem Kuss stiegen wir unter Wasser, ehe ich ihn in beide Hände nahm und ihn zu meinem Herzen führte.

Binnen eines Moments zuckte ich auf. Sanft atmend machte ich die Augen auf. Ich lag in meinem Bett. Über meinen Beinen lag meine braune Bettdecke, darüber die Wolldecke. Links oben an der Wand ein Poster mit meinem Mantra: *„Thousands of Candles can be lit from a single Candle and the life of the Candle will not shorten. Happiness never decreases from being shared".* Darunter mein selbstgebautes Regal aus unbehandeltem Holz, mit Gartensteinen darauf. Mein Tagebuch, meine Manga-Sammlung, meine Spraydosen und meine Bücher. Auf dem Regal Pflanzen in Erdtonkübeln. Eine Fotowand mit meiner Lieblingskünstlerin Yayoi Kusama. Offener Kleiderschrank, mein Keyboard vor der Wand aus Blumen. Mein Dragonball-Teppich darunter. Mein erstes selbstgemaltes Bild an der Wand. Ein Foto meiner Eltern. Mein eigenes Reich der Kreativität. Ich hatte ihn nun umgedreht, den Schlüssel der Freiheit. Mein Herz war wieder rein. Meine Gedanken wieder klar. Meine Ideen sprudelten, irgendwie war ich in Bewegung. Ich war aufgedreht, als wäre da immer mehr Energie. Die Begeisterung an meinem Leben, sie schoss durch mich durch. Sie durchbrach mich, setzte mich neu zusammen. Da fiel sie, meine letzte persönliche schwarze Decke. Ich war nun wieder ganz. Ich war bei mir, war glücklich. Der Aufschwung hörte nicht auf. Nach einer Woche hatte ich meinen persönlich Plan im Kopf. Ich gab meinen

Maklerstatus auf, erklärte mich vor Kunden. Ich kündigte und legte die Selbständigkeit auf Eis. Ich hörte beim Essen ausliefern auf, die Ziele brauchten mehr Aufmerksamkeit. Ich sagte im Kino Bescheid, ich würde mehr Stunden machen wollen. Dabei sicherte mir das nur mehr Freiheit. Ich regelte mein halbes Leben innerhalb von einer Woche. Ich konnte nicht stillsitzen. Ich konnte kaum genug bekommen von dem, was man Leben nennt. Ich war tanzend auf dem Seil, in perfekter Balance, im Moment der Schwerelosigkeit. Ich hatte das Gefühl, nach all der Zeit, nach dem ganzen Drama, dass der Stein ins Rollen gekommen war. Ich bewegte mich, ich war *moved*.

MOVED

$OHO BANI, Ericson – Philippe Petit

Seitdem ich denken kann, flogen alle Bilder an mir vorbei. Alles rast mit so einer Geschwindigkeit. Gerade wenn ein Moment entsteht, wenn das Bild kurz präsent ist, ist es meistens schon wieder verloren. Im Leben gibt es viele solcher Aufnahmen. Jeder von euch kann diese hervorrufen. Kleine Screenshots mit Freunden, beim Sport, an Weihnachten mit der Familie. Ich bezeichne sie gerne als Screenshots, diese eingefrorenen Bilder. Als würde jemand „Klick" machen und es ist als Foto in unserem Gedächtnis gespeichert. Wie auf einer großen Festplatte, mit großer Speicherkapazität. Aus dieser unendlichen Bibliothek entstehen wir. Jedes Bild ist kategorisiert, nach einem Gefühl oder dem Moment des Lernens.

Als ich mich auf das Fahrrad setzte und mein Blick auf die Stelle traf, wo einst meine Stützräder waren, grinste ich. Ich war vier Jahre alt und startete bald meinen ersten Versuch, Fahrrad zu fahren. Die metallischen Stützräder mit roter Felge habe ich schon immer gehasst. Mit meinem quietschgrünen Fahrrad, welches voll mit Stickern war, fuhr ich los. Immer in die Pedale treten, Marc, los weiter! Einen Tritt nach dem anderen, ich wurde schneller. Ich hielt mein Gleichgewicht. Meine Haare spürten den Wind. Mein Gesicht wandelte sich zu einem Lächeln. Ich fuhr das erste Mal Fahrrad. Umgeben von vielen Menschen aus meiner Nachbarschaft lernte ich eine neue Fähigkeit. Ich fuhr weiter und weiter. In der Gegend, in der ich aufwuchs, war es üblich, einen kleinen Tunnel zu haben. Einen, der mitten durch einen Häuserblock führte. Da fuhr ich immer mehr drauf zu. Ich sah den

Eingang, ich sah die Richtung, in die ich lenken müsste. Ich kam ab von dem Weg, fuhr auf den Rasen und krachte gegen eine Wand. Ungebremst verfiel ich vorher in eine Schockstarre. Nachdem der Aufprall kam, schossen mir die Tränen nur so ins Gesicht. Ich wurde hochgehoben, das Fahrrad wurde auf die Straße gestellt. Meine Tränen wurden nicht einmal richtig geweint, da saß ich bereits wieder auf dem Rad. Mama hievte mich hoch, sagte mir, dass ich weiterfahren soll. Diese sinnbildliche Metapher wiederholte sich, als ich beim Schwimmunterricht an meinem ersten Tag zwei Meter vor dem rettenden Beckenrand aufgab, an der Seite erschöpft atmete und nach Luft rang. Ich war enttäuscht, ich konnte ihr nicht den Wunsch erfüllen. Ich schloss das Schwimm-Abzeichen erst drei Wochen ab. Als sich ein Kind aus der Nachbarschaft vor mir auftürmte und mir in den Bauch boxte, wie ich dieses Gefühl des Schlags kaum spürte, aber der Moment mich so überforderte, dass ich weinte. Als mich Mama holte und sie sagte, ich müsse mich wehren. Bei allem schwang immer eine Enttäuschung mit. Als wäre ich in dem Moment nicht gut genug.

Obwohl ich Mamas Liebe bei mir halte, gibt es doch Bilder auf meiner Festplatte, die man mit zwei Blicken betrachten kann. Lange Zeit konnte ich gewisse Projekte nicht beenden. Die Bundeswehr, das Studium, obwohl ich bereits kurz vor dem Ende war, beendete ich es nicht. Das Gefühl, versagt zu haben, jemanden nicht stolz zu machen, begleitete mich, seitdem ich ein Kind war. Die Geburtsstunde, der kleine feine Ton beim Schwimmunterricht. Diesen Drang durchbrach ich mit dem ersten Buch. Ich stellte mein größtes Projekt bis dato fertig. Wie eine zu sortierende Fotosammlung ging ich jeden einzelnen Moment durch, an den ich mich erinnerte. Ich legte sie anfangs auf einen Stapel, sortierte sie nach positiv und negativ. Tode und Verluste auf den negativ Stapel. Freude, Glück und Strahlen auf die positive Seite. Mit dieser Idee war ich zufrieden. Meine Welt drehte sich weiter. Auf beiden Stapeln wurden es mehr und mehr Fotos. Jetzt, nach der unzähligen neuesten Ausrichtung, nach dem hundertsten Mal sortieren, war ich angekommen. Ich nahm alle meine Fotos und warf sie auf einen Haufen. Wenn ich eines gelernt hatte, dann, dass Auslöser, Reaktion und Zeit wichtige Faktoren sind, um glücklich zu werden. Obwohl es ein großer Haufen unzähliger Polaroids ist, ist es doch erstaunlich. Dass ich die Fähigkeit entwickelt habe, aus einer schlechten Nachricht etwas Positives zu ziehen. Es ist die Art des Umgangs mit Problemen, Trauer, Depressionen oder Verlust, die uns auszeichnet. Jeder von uns widerfuhr eine schlimme Trennung, einen schmerzhaften Verlust, bekam eine tiefe Narbe. Ich habe der Welt verziehen. Ich habe meine Balance damit gefunden. Das habe ich mir selbst erarbeitet. Ich fand über die Religion zur Spiritualität. Ich glaube an das Universum, dass alles, was passiert ist, so sein sollte. Seitdem ich das weiß, speichere ich alle Bilder und werfe sie auf den Berg an Erinnerungen. Sollten wir sterben, und das Leben zieht nochmal mit Lichtgeschwindigkeit an uns vorbei, wem ist da schon Ordnung wichtig? Kann ich nicht nach einem Foto einer gelungenen Party sehen, wie meine Mama mich auf dem Arm hält? Ich will doch kein Skript im Leben. Ich will doch, dass es mich fordert, dass es mich fördert. Ich möchte doch Trauer und Verlust erleben, ich möchte doch Glückseligkeit spüren. Eine Kugel Eis teilen, ein Lächeln zaubern. Würde mir jemand das Angebot machen, dass ich mit einem Fingerschnipp ein anderes Leben hätte, ein Leben, in dem ich mein Glück und mein Potenzial voll ausgeschöpft habe. In dem ich ein richtig glückliches Leben habe, in dem es mir an nichts fehlt. Wenn ich meine Familie rumlaufen sehe, in einem traumhaften Haus, an einem Bilderbuchstrand. Mit Erfolg, gutem Aussehen und einem Ford Mustang 289 Coupé de Luxe 1967 in der Einfahrt. Noch bevor ich mir alles angehört hätte, würde ich bereits lachen. Es wäre ein unglaublich langweiliges Leben für mich. Ich möchte doch auf die Klappe fallen, ich möchte auch mal leiden. Wie sollte ich denn sonst die schönen Momente und mein Durchhaltevermögen wertschätzen. Ist das Streben nach Glück nicht der Sinn des Lebens?

Ich liege in meinem Bett und schreibe diese Zeilen mit einem Lächeln. Ich liebe alles an meinem Leben, wie ich von ihm lerne, was mir widerfährt, was ich lerne. Also würde ich das Angebot dankend ablehnen, weil ich für mein Glück streben möchte. Ich möchte mir den Hintern abarbeiten, um mein persönliches Traumleben zu gestalten. Ich denke, Menschen finden nur zu ihrem Glück, indem sie es erschaffen. Eine Familie zu gründen, ist erschaffen, Liebe wachsen zu lassen, ist erschaffen. Doch auch den Drang zu haben, seinen eigenen nicht fernbestimmten beruflichen Weg zu gehen, ist erschaffen. Uns selbst täglich neu zu erschaffen, ist unsere Aufgabe. Jeden Tag aufs Neue können wir entscheiden, ob wir diesen verschenken oder verwerten. Ich für meinen Teil entschied, dass ich für jeden Menschen ein Lächeln habe. Denn wenn ich, der in so viel Dunkelheit versunken war, jedem Menschen mit einem Lächeln begegnen kann, dann habe ich doch das Leben verstanden, oder? Das Faszinierende an dieser Welt ist, dass wir Menschen unsere Besonderheit vergessen. Wir leben nach den Regeln der Physik. Alles wird in Räumen und Dimensionen unterteilt und am Ende, da bleibt die größte Hürde, die Zeit. Was ist aber unsere größte Stärke, die wir uns bewusst machen sollten? Dass Zeit keine Rolle spielt. Dies mag verwunderlich klingen, da wir eine begrenzte Lebensspanne haben, doch sind wir in der Lage, an einem Ort die Gesetze der Physik auszusetzten. Während die Wechselwirkung, also das Zusammenspiel zwischen zwei Atomen, als stärkste Macht in der Physik gilt, so gibt es dennoch einen anderen Ort, wo alles entsteht. Unsere Gedanken. Die Idee, jetzt joggen zu gehen, ist ein Impuls, der aus einem Gedanken entspringt. Die Ausschüttung von Gefühlen entspringt einem Reiz in der Wahrnehmung und auch diese beginnt im Kopf. Für mich ist die stärkste Macht, die wir haben, unsere Gedanken. Ist es verwunderlich, dass wir mit unseren Gedanken unseren Körper so immens antreiben können? Ich denke nicht. Es ist eher der Schlüssel für ein glückliches Leben. Glaubenssätze und all dies, was uns beigebracht wird, was wir aufschnappen, kann umgeschrieben werden. Wenn sich unsere ganze Welt an die Gesetze der Physik hält und diese nicht durchdringbar sind. Wieso schaffen wir es, sowohl in der Vergangenheit als auch in der Zukunft zu leben? Wieso kann ich dir ohne Probleme von Tagen aus meinem Leben erzählen oder dir sagen, wie meine Zukunft aussehen könnte? Dir genau jetzt beschreiben, wie ich mal wieder meine Wohnung saugen müsste. Wieso springen wir durch Jahre innerhalb von Millisekunden und denken noch immer, dass wir nichts ändern können. Der Film, der mir, wann auch immer, an meinem Sterbebett vorgespielt wird, der wird ein Blockbuster, der seinesgleichen sucht. Ich mache mir Popcorn und gönne mir eine Coke Zero, während ich übermannt von den Gefühlen, ein letztes Mal das Privileg habe, durch mein persönliches Album zu scrollen. Das sollten sich Menschen vor Augen halten, wann immer sie eine Entscheidung treffen können. Möchte ich diese Erinnerung in meinem Album wiederfinden, ja oder nein?

Ich höre oft: „Fuck, du hast schon so viel durchgemacht, ich könnte das nicht." Ja, verdammt, das habe ich. Wenn viele Leute mich fragen, wie kannst du so positiv sein, entgegne ich oft, wie könnte ich nicht? Oftmals verwechseln wir die Macht und Stärke, die unsere Träume innehaben. Gerade weil ich so viel Schmerz durchgemacht habe, weiß ich, wie wertvoll der Sonnenstrahl in den schönen Momenten ist. Genau deshalb verwandle ich jedes Ereignis bestmöglich in ein Polaroid meiner Erinnerungen. Immerhin soll mein Spielfilm am Ende kein kurzes Reel werden. Ich hätte gerne einen Film mit Überlänge, mit viel Humor, ein bisschen Tragik und viel Romantik. Wenn ich jetzt, in diesem Moment, stopp drücke und schaue, was ich alles sehen würde, ich wäre zufrieden. Deshalb habe ich keine Angst vor dem Tod, ich bin ihm zu oft begegnet, habe zu oft mit ihm gesprochen. Ich hätte nur Angst, wenn ich den Moment, also jeden Tag, nicht vernünftig nutzen würde. Seid gewiss, das wird nicht passieren. Das ist eben diese Besonderheit in der Bewegung. Mal reagierst du und holst deine Einwegkamera raus und drückst ab. Mal bereust du es, kein Foto gemacht zu haben, weil du diesen Menschen das letzte Mal siehst. Doch bewegen, werden wir uns immer. Ich bewegte mich bei Nils. Ich bewegte mich bei Mama. Ich bewegte mich beim Radfahren, ich bewegte mich beim Schwimmunterricht. Ich bewegte mich in der Trauer und ich bewegte mich als ich vom Glück geküsst wurde.

Doch dieser eine Moment, dieses Novum, der Tag, als ich meinen

Traum verlor, da blieb die Welt zum ersten Mal komplett still. Zum ersten Mal vergaß ich mich. Ich ließ mich brechen, ich ließ mir einen sehr tiefen Schmerz zuführen. Das Gefühl saß tief und wurde manifestiert in dem Ungeheuer auf dem Meeresgrund. Hält man abrupt die Welt an, so von jetzt auf gleich, dann würde es das Ende allen Lebens bedeuten. Die Meere sprängen aus ihren Becken. Alle Lebewesen würden mit einer Geschwindigkeit zwischen 1.500 und 1.600 km/h ostwärts fliegen. Alle Gebäude, alles Gebaute, täte es uns gleich. Sich dieses Ausmaß vorzustellen, ist unglaublich. Sei es die Wand, gegen die ich krachte, sei es der Moment am Beckenrand, seien es die Verluste. Das alles drehte meine Welt immer weiter. Ich hatte meinen Traum. Der Gedanke der Familie und des Ankommens war zum Greifen nah. In der Sekunde, in der Manni mich verließ, war es still. Nichts drehte sich mehr, nichts hörte ich mehr. Ich saß in meiner Hülle aus Knochen und Fleisch. Doch in meinem Kopf fehlte mir jeder Zugang. In diesem Stillstand, diesem Vakuum, in dieser Schwerelosigkeit trieb ich umher. Niemand weiß, wie sehr ich in dem Jahr gelitten habe. Ich habe dieses Jahr meine verletzlichste Seite kennengelernt und es begriffen. Es verlangte mir mehr als Hundertprozent ab, meine stillen Kämpfe zu überleben. Ich war davor aufzugeben, ich verlor mich fast, weil ich so gebrochen war. Niemand weiß, wie oft ich dieses Jahr alles geben musste, um mich immer und immer wieder zusammenzusetzen. Für diese Tatsache bin ich unglaublich stolz auf mich. Ich sah die traurigste und abgefuckteste Version von mir. Ich lernte, mir selbst dafür zu vergeben, dass ich mich aufgab und den Traum so gnadenlos scheitern ließ. Dass, auch wenn ich am Ende und verletzt war, es mir doch noch immer eine wichtige Bestätigung gab, dass ich stark genug bin zu überleben. Die Trauer zu überwinden und zu akzeptieren, dass mich die Geschichten zu einer Person machten, die die Höhen und Tiefen des Lebens gleichermaßen feiert. Leute müssen realisieren, dass ich als freundlicher, immer lächelnder und zuvorkommender Mensch auch immer eine sehr dunkle Seite in mir habe. Die Hölle, die ich überlebt habe, diese unglaubliche schmerzhafte Reise, verlangte mir alles ab. Viel mehr als dass mich der Alltag oder die Meinung anderer beeinflusst. Doch niemand sollte meine Freundlichkeit mit Schwäche verwechseln. Denn wenn ich eines Leuten voraushabe, dann die mentale Kraft alles zu überwinden. So auch in der Schwerelosigkeit. Mir war bewusst, es bedürfe sehr drastischer Schritte, um mich aus diesem Sumpf der Dunkelheit zu befreien. Ich wusste, dass ich diesen Traum aufgeben musste, mehr noch, ich musste ihn aufnehmen. Ich musste zuerst die Depression verstehen, dann die Spaltung meines Ichs, um am Ende eine Version zu werden, die mit einem Lächeln in den Spiegel blickt. Die mit Freude auf ihr Leben schaut. Eine, die sich und andere lieben kann.

Das, was ich in letzten Jahren lernte, ist, dass mein Einfluss auf Leute größer ist als ich dachte. Einige lachen, wenn sie sich daran erinnern, wie ich diesen oder jenen Witz brachte. Einige lächeln, wenn sie sich an das Kompliment erinnern, welches ich ihnen gab. Einige Ratschläge meinerseits machen einen großen Unterschied. Meine Worte verletzten aber auch Menschen, meine Direktheit traf sie mitten ins Mark, beleidigte oder verletze sie. Mir wurde bewusst, dass meine Fußspuren bereits überall verteilt sind. In jedem Menschen, der mich kennt, in jedem Menschen, der meine Geschichten liest. Jetzt, an diesem Punkt angekommen, kann ich wirklich befreit sagen: „Ich lebe!" Wann immer du jemanden triffst, schaut er dich an, um zu sehen, wie du dich selber siehst. Sie fragen dich, wie soll ich dich sehen und wie soll ich mit dir umgehen? Von wem sollten sie sonst auch lernen, mit dir umzugehen. Wenn ich mir einen Staubsauger kaufe, dann vertraue ich automatisch meinem gegenüber. Ich vertraue seinem Wissen und seinem Gefühl. Man könnte theatralisch sagen, ich lege den Ausgang meiner Situation in seine Hände. Wir vertrauen, zum Teil, weil wir müssen, zum Teil, weil wir sollten. Immerhin bin ich kein Ingenieur. Deshalb fragst du auch nicht die Welt, wer du bist. Du gehst in die Welt und zeigst, wer du bist. Wenn du das zeigen kannst, dann glaubst du an dich. Wenn du an dich glaubst, dann kannst du alles erreichen. Deshalb mag ich den Gedanken, dass das Universum in uns ist. Nicht nur die einzelnen Bestandteile der Sterne, sondern vielmehr die Weite, die Tiefgründigkeit und die Bedeutung unseres Daseins.

Ich bin Marc, inzwischen fast fünfunddreißig. Ich schreibe mein zweites Buch, bin ein Experte im Umgang mit Verlusten. Ich bin charakterstark, wortgewandt und glücklich. Ich glaube an mich und weiß, dass meine Zukunft gut aussehen wird. Weil ich in jedem Moment an mich glaube. Ich glaube an meine Ziele. Ich glaube an die Gewissheit in mir, dass ich mit vierzig ausgesorgt habe. Das alles glaube ich nur, weil ich verarbeitet habe. Das alles klappt nur, weil ich gearbeitet habe. Ich werde mit meiner Kreativität für Menschen ein besseres Leben erschaffen und das im Leben erreichen, was ich möchte. Frieden in meinem Kopf und Harmonie in meinen Gedanken.

Learnings

J. Cole – Love yourz

Doch wie erreichte ich diese Verbindung zu mir selbst? Wir wissen, ich habe mich ein Jahr lang zurückgezogen, um mich zu finden. Ich habe viel geschrieben, viel gelesen. Sogar die Bibel hatte ich in der Klinik in der Hand. Mich prägten die Reisen, mich prägten die Verluste. Doch dies alles zählte nicht, als ich alleine in meinem Zimmer saß. Ich reflektierte abermals meine gesamte Vergangenheit, meine Versionen zur Zukunft, merkte aber schnell, dass diese Gedanken mich nicht voranbrachten. Ich musste die Fähigkeit meistern, meine Gedanken und meine Gefühle in dem Moment zu beherrschen. Die Vergangenheit zählte nicht mehr, die Zukunft konnte man nicht kontrollieren. Was ich aber konnte, war den Moment gestalten. Also musste ich zuerst die Balance zwischen Kontrolle und Frieden lernen. Wenn jemand wie Ich vor viele Situationen gestellt wird, auf die er keinen Einfluss hat, bildet sich automatisch der Drang nach Kontrolle. Kontrolle in der Partnerschaft, Kontrolle über Freunde. Obwohl das eigene Leben im Chaos versinkt, kehrt man nicht vor der eigenen Haustür. Hat man nicht diesen Kern verloren, diesen Drang nach der Kontrolle, dann wird man seinen Geist und seine Gedanken nicht befreien können. Einige tun dies durch Meditation, andere fasten, wieder andere schreiben.

Mich kostete es fast ein Jahr, um zu begreifen, was alles in meiner Kontrolle ist und was nicht. Ich versuchte, mich krampfhaft für jeden aufzuopfern, obwohl in mir drin das größte Chaos herrschte. Mich abzuwenden, ohne mehr als hundert Prozent zu geben, kam mir niemals in den Sinn. Obwohl ich wusste, was für einen Schaden ich anrichtete, gab ich mehr und mehr. In der Beziehung zu Manni, in diversen Freundschaften, aber auch vor vielen Leuten, die dies niemals wertschätzen. Sich einzugestehen, dass dies kein Akt des Egoismus war, fiel mir zu Beginn alles andere als leicht. Doch je mehr ich mich zurückzog und mich aktiv mit meiner Heilung befasste, desto mehr verstand ich. Ich kann nicht jeden retten und durch meine Bücher oder mein Lächeln helfe ich bereits vielen Menschen durch den Tag. Dieser Meilenstein, seit inzwischen mehr als einem Jahr nicht mehr auch nur den Anflug einer Depression zu bekommen, ist für mich nicht mit Geld aufzuwiegen. Jeder geht seinen eigenen Weg, jeder hat seine eigene Geschichte. Doch komme ich nicht umhin, mein Gelerntes an euch weiterzugeben. Dies ist kein Ratgeber, dies sind meine Gedanken und das, was für mich zutraf. Ich möchte dieses Kapitel bewusst schreiben, auch wenn es ein bisschen außerhalb meines gewohnten Stils ist, um euch mit in Gedankengänge zu nehmen, die euch vielleicht eine andere Perspektive bringen.

Make your bed:

Ich las mal ein Buch mit dem exakt gleichen Titel. Es ging um einen Kriegsveteranen, der Geschichten von ihm und seinen Kameraden teilte. Eine Erzählung innerhalb dieses Buches erinnerte mich an die Zeit bei der Bundeswehr. Als ich damals bei der Marine anfing, wohlwissend, dass ich absolut nicht bereit dafür war, gab es jeden Morgen einen Apell. Vor versammelter Mannschaft standen wir still. Jeder einzelne von uns wurde sehr genau gemustert, vor allem bei der Rasur. Ich, der zu Beginn Bartträger war, musste ihn nach einem

Kurzurlaub abrasieren. Ich glaube, es war reine Schikane, zumindest empfand ich es damals so. Sie wollten sehen, ob ich Gehorsam lernte. Da stand ich in Flecktarn in einer Reihe und wurde angestarrt. Ein zwei Meter Glatzkopf untersuchte meinen Hals nach Stoppeln. Ihm war egal, ob ich es gut oder schlecht machte, am Ende gab er mir täglich drei Minuten zum Nachbessern. Ich realisierte damals nicht, dass vieles bei der Bundeswehr Metaphern für das spätere Leben sein können. Körperliche und mentale Robustheit, der Drang zu dienen, sich als guter Teamplayer zu entwickeln. Mental war ich dazu nicht bereit, weshalb ich mich entschied, nach vier Monaten zu gehen.

Meine Verletzung und der Umgang mit ihr nährten diesen Gedanken. Nach der Musterung wurden wir auf unsere Stube geschickt. Es stand Spindkontrolle und die Überprüfung des Bettes an. Das Bett wird Bock genannt. Während ich in meiner ersten Woche noch vor fünf aufstehen musste, um das Bett so herzurichten, dass es dem Ausbilder gefiel, wurde ich mit der Zeit besser. Ich befestigte die Überziehdecke mit Büroklammern, damit sie ihre Form nicht verlor. Bereitete meine Hose, die perfekt mit den Stiefeln abschließen musste, vor und lernte, meinen Spind immer direkt ordentlich zu hinterlassen. Mein Ausbilder liebte es, mein Bock einfach auf den Boden zu werfen. Er überlegte jedes Mal genau, wann er mich tadeln wollte und wann nicht. Das wiederholte sich so oft, bis er eines Morgens sah, dass ich jemand anderem half. Obwohl wir beide einen Anschiss bekamen, ließ er mich danach in Ruhe. Ich zeigte Kameradschaft, trotz der Konsequenzen. Bis heute glaube ich, dass ihn das beeindruckte und ich fortan eine Säule seiner Truppe wurde.

An dem Tag des Festes, zum Ende unserer Grundausbildung, holte mich der Ausbilder zu sich heran. Selbst ich merkte, dass ich gereift war. Als er genüsslich an seiner Kippe zog und ich mich daneben setzte, blickte er in den Himmel und startete einen Monolog: „Dein Bock war bereits nach der ersten Woche annehmbar. Ich denke, dir ist bewusst, dass es mir nicht darum ging, dein Bett perfekter zu machen. Es ist nur eine Decke, ein Kissen und eine kratzige braune Wolldecke. Der Grund, wieso wir das so praktizieren, ist ein anderer. Wenn du in einem Gefecht bist, nicht weißt, ob dies dein letzter Tag ist, dann sollte man diesen Tag vernünftig beginnen." Innerlich wurde ich leicht sarkastisch und biss mir auf die Zunge, dass ich morgens im Gefecht sicher nicht mein Bett machen würde. Doch er sprach weiter vor sich hin: „Wenn wir euch so fordern, dann ist es eine Metapher, etwas, das ihr lernen solltet. Was viel weiter geht als du glaubst. Jeden Morgen in einer Routine aufzuwachen, nicht an etwas anderes zu denken als dein Bett zu machen, hat einzig und alleine einen Grund. Du startest deinen Tag mit einer erfolgreich abgeschlossenen Aufgabe. Egal, was dir widerfährt, egal was passiert. Am Morgen mit diesem Gefühl in die Welt zu starten, gibt dir mit dem richtigen Blickwinkel eine ungeahnte Kraft." Als er die Zeilen beendete und mich mit einem Fingerzeig zu den anderen schickte, hinterließ er einen bleibenden Eindruck. Nicht nur, dass er mich durch diese Routine so gut kannte, dass er wusste, ich müsse verstehen, um umzusetzen, sondern auch, dass ich es jetzt umsetzten würde. Obwohl es über die Jahre verteilt nie ganz zu meiner morgendlichen Routine wurde, zum einen der Faulheit, zum anderen der Depression geschuldet, begann ich in diesem Jahr, jeden Morgen, den ich erwachte, mein Bett zu machen. Ich glaubte an das Ergebnis und glaubte an diese Formel. Daher kann ich nur jeden empfehlen, *make your bed.*

Rafiki:

Mein Unterarm-Tattoo ziert die Zeichnung, die Rafiki an den Baum malte. Kurz nach der Geburt von Simba malte er voller Stolz ein Bild für den zukünftigen König. Als dieser als verstorben galt, verwischte er das Bild mit seinen Fingerspitzen. Den meisten wird es bereits klar sein, dass wir hier über den Film „Der König der Löwen" sprechen. Dieser Klassiker war der Film, bei dem ich das erste Mal weinte und dies bis heute tue. Er verkörpert durch seine Animation die glücklichen Tage meiner Kindheit. Die Geschichte ähnelt meiner sehr. Als ich es mir im Jahr 2013 tätowieren ließ, war mir bereits bewusst, dass dieser Zwiespalt durch das Tattoo repräsentiert wird. Wann immer man mir auf meinen linken Arm schaut, kennt man meine Geschichte, wann immer ich über meine Körperkunst spreche, öffne ich mich, ähnlich wie beim Schreiben. Doch wer ist Rafiki und was hat es damit auf sich? Nun, Rafiki ist sowas wie der engste Vertraute des Königs und gleichzeitig ein Medizinmann. Ja, er ist ein Affe. Immerhin befinden wir uns in einem Zeichentrickfilm aus den frühen 90er-Jahren. Die Geschichte nimmt ihren Lauf und es stellt sich heraus, dass Simba, der eigentliche Protagonist und Thronanwärter, nach seiner tragischen Geschichte nicht gestorben war. Er lief weg und verlor über die Zeit die Verbindung zu seinem alten Leben, ähnlich wie ich. Irgendwann, als Rafiki bemerkte, dass Simba noch lebt, ergriff er die Chance und versuchte, ihm den Kopf zu waschen. Gerade als Simba anfing zu verstehen, schlug er ihn mit einem Stock. Perplex schaute Simba ihn und fragte ihn: „Wofür war das?" „Es ist vollkommen egal, es liegt in der Vergangenheit.", antwortete Rafiki. „Ja, aber es tut noch immer weh!", erwiderte Simba. Dann sprach Rafiki einen Satz, der bis heute einer meiner Mantras ist. Einen Satz der so bedeutend ist, wenn man mich kennt: *„Oh ja, die Vergangenheit kann wehtun. Aber wie ich es sehe, läuft man entweder davon oder man lernt davon."* Wow, was ein Satz. Da sitzt du als kleiner Marc mit sechs Jahren vor dem Röhrenfernseher und weißt nicht, wieso du grade weinst.

Einige mögen denken, ja, easy entweder oder. Doch so leicht ist der Satz nicht. Denn wenn die Vergangenheit dir wehgetan hat, dann weißt du erst, welche Qualen dahinterstecken. Du weißt wie du krampfhaft versuchst, durch den Tag zu kommen. Wie es eine Tagesform ist, die dich zwischen den beiden Möglichkeiten schwanken lässt. Wie es ist, aufzuwachen und dich bereits mit keiner Energie aus dem Bett hieven zu müssen. Wenn du überhaupt die Kraft findest. Wie man einen guten Tag erlebt, man ist weitergekommen und am nächsten Tag dieser Fortschritt ohne irgendwelche äußeren Auslöser verschwindet. Kann man weglaufen und trotzdem daraus lernen? Ja, das kann man. Ich tat es, viele tun es. Wie viele Menschen haben mir gesagt, es sei eine Flucht und ich verneinte. Obwohl in mir ein kleiner Kern war, der sagte: „Ja, wir laufen, wir können nicht mehr." Ich glaubte an den Weg. Ich vertraute darauf, was ich schon immer wusste. Alles ist ein Zusammenspiel. Durch das Weglaufen lässt du vieles hinter dir. Durch meine Reise nach Australien lief ich weg. Ich konnte es nicht. Ich war an einem Punkt in meinem Leben angekommen, an dem ich mir mein persönliches Leben in meiner Heimatstadt verbaut hatte. An dem ich bereits alles unternahm, um zu verarbeiten. Also ging ich. Ich ließ aber auch vieles zurück. Ein nicht heilendes Umfeld, Mama und so weiter. Als ich dann an einem Strand saß und das alles vermisste, hatte ich aber auch zum ersten Mal einen anderen Blickwinkel. Dadurch konnte ich viele Dinge klarer sehen, kam mit neuem Selbstvertrauen zurück und machte unglaubliche Schritte. Eine Perspektive, die ich nie hatte. Eine Möglichkeit, die ich erschuf, weil ich eben nicht hörte, weil ich mir vertraute. Das, zusammen mit den wunderbaren Eindrücken, ließ mich unbefangen leben.

Kann man daraus lernen und trotzdem davon weglaufen? Ja, das tat ich dieses Jahr. Ich ging extreme Wege, fand extreme Mittel, verlor ein stückweit Marc. Doch obwohl ich mich nicht körperlich bewegte, keine sonderlich aufregenden Unternehmungen machte, lernte ich. Ich begriff, dass es Arbeit an und in mir bedarf. Durch die Stärke und Geschichten des Weglaufens war ich bereit, mich hinzusetzen und an mir zu arbeiten. Ich lernte mich lieben. Ich begriff, dass meine Kreativität der Schlüssel ist. Verstand, dass meine Worte heilen können. Das Gefühl des Alleinseins schwand, obwohl ich alleine war. Weil ich realisierte, dass ich niemals alleine war. Mein Netz, meine Familie, meine Freunde sind für mich da. Wie könnte ich ihnen also in die Augen schauen und jetzt nicht mein Leben gestalten? Es ist alles eine Frage der Energie. Manchmal senden wir auf einer gleichen Frequenz wie unser Herz, manchmal stört der Kopf. Es gibt immer zwei Seiten einer Münze, also legt sie euch auf den Daumen. Flippt sie. Schaut im Flug auf die Drehung und dreht euch weg. Wer will schon wissen, was das Ergebnis ist, wenn die Reise doch das eigentliche Ziel ist? Der einzige Unterschied zwischen Dampf und Eis ist die unterschiedliche Vibration des Wassers. Somit ist der Unterschied zwischen dem, wo wir jetzt sind und dem, wo wir hinwollen, unser Vibe. Also ist alles, was wir dafür brauchen, bereits jetzt schon da und das war es immer?

Ja. Wenn du eine Idee hast und sie dir immer und immer wieder denkst, dann geschieht etwas mit dir. Für viele ist es das Wort Affirmation, was hier fällt. Doch denkst du kontinuierlich an diese Idee, lässt sie wachsen, bewertest sie nicht. Du spürst einfach, dass sie gut ist. Dann imprägnierst du diese Idee irgendwann in eine Zelle. Die Zelle arbeitet, teilt sich in zwei, dann vier, dann acht und das mit einer Geschwindigkeit von 50.000 Zellen pro Sekunde. Je mehr du an dieser Idee arbeitest, auch wenn dir an manchen Tagen nicht danach ist, dann wirst du besser. Das geschieht, weil du dich der Idee deines Lebens immer mehr anpasst. Du veränderst dich und mit dir deinen Vibe. Du begegnest Leuten, die dir Erkenntnisse bringen. Verschiedene Ereignisse, die gleichzeitig geschehen und perfekt ineinanderpassen. Du erreichst eine innerliche Ruhe, du kommst bei dir selbst an. Dann hast du sie, die perfekte Balance zwischen Gedanken und Körper, Bewusst- und Unterbewusstsein. Wenn du also nicht weiterweißt, halte die Welt an, nimm dir deine Auszeit und vertrau auf dich. Dann wird jede Reise, die zu dir oder ans Ende der Welt führt, eine für die es sich lohnt.

Butterfly:

Während meiner Pilzerfahrungen entdeckte ich ein Gefühl, welches ich lange verloren hatte. Ich war so glücklich, dass es mich vollkommen erfüllte. Während ich dalag und die Decke sich in wunderbaren Mustern und in unterschiedlichsten Farben wiederfand, kullerten mir Tränen aus den Augenwinkeln. Ich bekam eine Erinnerung nach der anderen in den Kopf katapultiert. Ich befand mich mal in der Ego-Perspektive, mal schwebte ich wie ein Geist über allem, mal sah ich mich durch die Augen eines Freundes. Was ich sah, war unendlicher Spaß. Ich war frei. Wir spielten Fangen, bastelten aus Stöckern einen Baseballschläger und pfefferten die Bälle reihenweise auf den Balkon des Nachbarn. Ich tauschte meine Pokémonkarten und hatte meine Freunde beim Fußball. Die Bilder, so sagte mir mein Gefühl, wollten etwas Wichtiges teilen. Glück, so denke ich, kann man nie aufbrauchen. Sich also unendlich glücklich zu fühlen, Spaß zu haben, verlernen wir das nicht eher? Ist die einzige Möglichkeit, sich glücklich zu fühlen, zurück zu seinen Wurzeln zu gehen? Wenn ja, wie? Ich kann ja schlecht in eine Zeitmaschine springen und ein Datum eingeben. Wie erlangt man denn nun den Schlüssel zu seinem ursprünglichen Glück.

Neben dem Stillstand, des Zeitnehmens und des Zurückziehens, gibt es da ein weiteres großes Hilfsmittel. Unser Mindset. Nur ist Mindset leider ein sehr großes Wort und wird inflationär benutzt. Übersetzt man es, kann man es als Einstellung für den Geist beschreiben. Doch das ist mir zu kompliziert. Ich musste nur wissen, wer ich bin, was ich kann und wohin ich zurzeit will. Meditation, Affirmation, das mag alles helfen, wenn man an einem bestimmten Punkt in seiner Spiritualität angelangt ist. Doch was ist das Heilmittel für die Allgemeinheit? Wie unsere Gedanken ist auch unser Geist frei. Also ist Freiheit ein wichtiger Bestandteil. Einstellungen sind für mich all das, was ich beeinflussen kann. Alles, was ich verändern kann und sollte. Ernährung, Fitness, meine Einstellungen, das bekämpfen meiner Traumata. Veränderst du diese Einstellungen, erreichst du eine ungeahnte Freiheit. Was wäre, wenn wir so reduziert sind in unserem Denken, dass wir uns nur in unserer eigenen Box bewegen?

Mir fiel es das erste Mal auf, als ich auf Reisen war. Ich fragte mich immer, ist das, was ich hier in meiner Heimat habe, alles? Wie könnte ich wissen, wo und wie ich mein Glück finde, wenn ich nicht viele Bereiche erkunde oder ausprobiere? Ich arbeitete in verschiedenen Bereichen, fand mich in verschiedenen Ländern und Lebenssituationen wieder. Das alles sind prägende Ereignisse, Ereignisse die mich und meinen Kopf zwangen, sich zu wandeln. Sie zwangen mich, außerhalb der Box zu denken, vor allem, weil ich meine dunkle Box nicht mochte. Je mehr ich von der Welt sah, desto weniger verstand ich sie. Je mehr ich aber von ihr sah, desto faszinierter wurde ich. Inzwischen ist mir bewusst, jeder Impuls entspringt aus einem Gedanken, also ist es wirklich entscheidend, mal sein Telefon beiseite zu legen, mal in die Natur zu gehen, mal einfach Zeit alleine zu verbringen. In einer Welt, die sich so schnell dreht wie die unsere, ist die Klarheit für deinen Geist nur schwer zu erlangen.

Um deine Gedanken und dein Mindset gerade zu rücken, müssen folgende Dinge geschehen. Du musst dich von dem Gedanken der dir bekannten Sicherheit verabschieden. Sicherheit im Job, Sicherheit im Leben, die gibt es nicht. Die einzige Sicherheit, die es im Leben gibt, ist eure Stärke. Wenn ihr verstanden habt, dass ihr keine Rolle spielen müsst, auch wenn sich dadurch euer Umfeld wandelt, seid ihr auf dem richtigen Weg. Es ist euer Ziel und wenn ihr euch für jemanden davon abwendet, dann werdet ihr es nie erreichen. Ich blicke zurück auf ein Jahr kein Kontakt, bin mir aber sicher, dass die Freunde, die mich sehen, verstehen werden. Wenn ihr euch befreit habt von den gesellschaftlichen Zwängen, wenn ihr diesen ersten Schritt macht, erst dann könnt ihr die Freiheit, die euch erfüllt, am Ende des Tunnels sehen. Wenn dieser Klickmoment noch nicht geschehen ist, habt Geduld. Mein Auslöser war eine drastische Trennung und viel Verlust. Ich hoffe, euch bleibt das erspart. Um die Umrisse der Freiheit zu schärfen, um sie deutlicher und greifbarer zu machen, müsst ihr an euch arbeiten. Dann beginnt ihr zu lesen, dann beginnt ihr, euch zu wandeln. Dann werden Affirmationen und Meditation erst greifbar und glaubt mir, dann erreicht ihr eure Ziele.

Es ist sehr leicht gesagt, denn das Leben bedeutet Lernen. Es werden Rückschritte eure Wege kreuzen, genauso wie ihr mal zwei Stufen auf einmal schafft. Doch wenn ihr eure Mitte gefunden habt, kann euch niemand mehr das Feuer nehmen. Wird ein Kokon von der Außenwelt geöffnet, stirbt alles, was in ihm lebt. Wird ein Kokon von innen heraus geöffnet, beginnt Leben. Wenn ihr guten Dingen Zeit gebt, dann werdet ihr am Ende wunderbare Schmetterlinge sehen, die aufsteigen und in die Freiheit fliegen, eine Freiheit, die ihr euch aussucht. Manchmal sieht es so aus, als seid ihr gefangen in eurem Leben, kommt nicht weiter, seid verloren oder wisst nicht, wohin ihr gehen wollt. Dann erinnert euch an folgende Worte. Wenn man auf einen Kokon blickt, dann sieht man keine Veränderung, kein Vorankommen. Es kostet eben Zeit, sich in einen Schmetterling zu verwandeln. Innerhalb des Kokons ist der Prozess, den ihr durchlebt, nötig für euer Wachstum und eure Stärke. Es wirkt langsam für jeden Außenstehenden, doch was zählt schon deren Meinung. Das Einzige, was zählt, ist dein Glaube an den Prozess. Gönn dir Pausen, starte von neu, aber vergiss niemals dein Ziel. Seitdem ich das begriffen habe, verkleinerte sich fast automatisch mein Zirkel. Weil ich eben nicht mehr jedem etwas Recht machen wollte, außer mir.

Mit dieser Erkenntnis ist ein weiteres Mantra von mir geboren. *„Hinterlasse einen Ort stets besser als du ihn vorgefunden hast."* Simpel, nicht wahr? Seinen Müll einfach so lange bei sich zu behalten, um ihn vernünftig zu entsorgen. Aufzustehen, um einer älteren Dame einen Platz anzubieten. Aber auch stets ein offenes Ohr haben und Leute mit einem Lächeln zu begrüßen. Denn vielleicht ist dein Lächeln deren Boost, um den Tag zu überstehen. Vielleicht bist du auch das einzig Gute, was dem Menschen an diesem Tag widerfährt. Denk immer daran, du kannst mit deinem Sein bei der Entwicklung helfen oder sie bremsen. Das ist die Entscheidung in unserem Mindset, auf die es ankommt. Wenn du ändern kannst, wie du auf Dinge blickst, dann ändern sich die Dinge, die du siehst. Albert Einstein sagte: „Die Vorstellungskraft ist weitaus bedeutender als Wissen. Wissen ist begrenzt, die Vorstellungskraft nicht." Widersprechen, werde ich dem Genie auf keinen Fall. Seitdem ich meinen Traum fest innehabe, greifen alle Puzzlestücke ineinander. Seitdem ich meiner Vorstellungskraft vertraue, weiß ich, mein Leben wird sich gut gestalten. Ich werde bald eine Firma der Kreativität gründen. Das ist mein berufliches Ziel. Das ist das erste Mal, dass ich es niederschrieb. Geredet darüber habe ich viel. Doch das erste Mal sollte hier in diesem Buch stehen. Warum? Weil dieses Jahr die Geburtsstunde meines Schmetterlings war und ich euch meine Flügel zeigen werde.

Out of Line:

Mein Leben verlief nicht gradlinig. Es verlief ungeahnt. Als ich mich die ersten Jahre in der Verarbeitung ständig darüber beschwerte, wieso das Leben mir so viele Streiche spielt, wusste ich noch nicht, dass ich das Problem war. Die Opferrolle und die falsche Aufmerksamkeit, die mir zuteilwurde, klappten so lange gut, bis ich mich falsch verhielt und die Konsequenzen tragen musste. Wenn du alleine bist, dann kannst du die Schuld niemandem zuschieben. Das, was du tun kannst, ist zu überlegen, woher sie kommt. Ein wichtiger Schritt zum Erreichen meiner Freiheit war das eingestehen, dass ich dieses Leben habe. Aus der Reihe tanzen, konnte ich schon immer gut. In der Schule beim Schwänzen, bei legendären Partys, bei den Worten, die mir auf der Zunge brannten. Doch dass ich jemals diesen Traum, der so verankert war, aufgeben musste, dass ich jemals so am Boden lag, das hätte ich mir nicht ausmalen können.

Ich musste einen Antrieb schaffen, der mich tagtäglich motiviert. Ich entwickelte Träume, ich entwickelte Ideen. Doch was mir sehr schwerfiel, war die Umsetzung. Es war noch immer ein kleines Loch eingebrannt, dort wo mein Herz einst schlug. In vielen stillen Momenten wuchs in meiner Brust eine kleine aber zärtliche Pflanze. Ich wollte eine Firma gründen. Eine Firma der Kreativität. Wo die Träume der Mitarbeiter zählen, wo es nicht nur eine Ausrichtung gibt, sondern man organisch im Wandel der Zeit lebt. Es sollten viele Projekte endlich ihre Geburt erleben. Eine Sparte Trau- und Trauerredner. Eine Sparte, die Leute beim Schreiben eines Buches unterstützt. Eine Bühnenshow, die über Verlustängste und Depressionen spricht. Meine zwei Gesellschaftsspiele, die ich seit Jahren auf dem Laptop habe. So wie ich vielen Leuten helfe, so werde ich fördern, ihre eigene Vision stark zu machen. Das ist mein Weg, das ist mein Ziel und dafür werde ich kämpfen.

Mit vierzig, egal wie mein Weg verlaufen ist, wird es einen

Abschluss geben. Einen Abschluss zu meiner Autobiografie. Die größte Schwäche machte ich in diesem Jahr zu meinem wichtigsten Antrieb. Das ist der Weg, den ich gehen will, das ist der Weg, den ich gehen werde. Vieles wird mich zurückwerfen, vieles werde ich erst später erkennen. Dass mein Vater irgendwann einer meiner größten Unterstützer wird, hätte ich niemals erahnt. Die Hürden, die wir uns setzten, sind das größte Problem. Wenn ich unter dem Sternenhimmel stehe und keine Lichter weit und breit zu erkennen sind, dann fühle ich mich grenzenlos frei. *„Out of Line"* war einst der Drang, nach meinem alten Traum zu streben. Dabei verstand ich niemals, dass es mein Traum werden könnte, von ihm abzulassen. Das Leben ist wie ein Bleistift, dir ist bewusst, dass es irgendwann endet. Doch du blickst zurück und siehst, die wunderbare Geschichte die er hinterließ.

UNIVERSE

Boris Merkfeld, Grossstadtschamane – A few more miles

Die Frühlingsbrise streifte mein leicht graues Haar. Da waren wir wieder, der Ort wo ich alles beende, was ich schreibe. Dort auf der silbernen Bank. Dort, wo ich einen kleinen weißen Stein vergrub. Das Gespräch zwischen Nils und mir ist vor meinem geistigen Auge. Nicht nur, weil es uns zusammenschweißte, sondern vor allem, weil es ein so beeindruckender Screenshot-Moment war. Von den kleinen gedanklichen Bildern gibt es einige hier am See. Dort küsste meine erste Freundin beim Flaschendrehen einen Schulkameraden. Ein wenig weiter spiele ich bis heute Basketball. Dort sprang ich mal mit Anziehsachen in den See. Viele bedeutsame und prägende kleine Momente, die bis heute zurecht ihren Platz in meinem Herzen haben. Zu dem Steg liefen die Jungs und ich nach einer Hausparty. Es war eine Mutprobe. Wir mussten uns alle nackt ausziehen und sind Richtung See gelaufen. Ich stand im Wasser und machte einen Fallrückzieher. Dabei haute ich mir angetrunken das Knie auf die Unterlippe. Ich blutete ziemlich stark im Mundraum, ließ mir aber nichts anmerken. Ich war froh, dass jemand auf dem Steg ausrutschte, da es die Aufmerksamkeit auf sich zog. Wie ich nach einem Steilpass loslief, mich nur auf den Ball konzentrierte und gegen eine Mülltonne stieß. Mein gesamter Mittelfuß war blau und tat höllisch weh. Die Bilder waren alle vor der Tragödie gemacht worden. Ich verlor mich oft in solchen Tagträumen, oft in Bruchstücken meines früheren Lebens. Es waren kleine Splitter, die mein Inneres formen. Es waren alles kleine Bauteile, die mich als Menschen prägten. Zu dieser Zeit änderte ich meinen Blickwinkel. Der See war nicht mehr der gleiche. Ich änderte den Blickwinkel auf die Bilder. Ich mochte es, in der Nostalgie zu versinken. Der Tatendrang aber, jetzt die Schritte zu gehen, war größer.

Ich entschied mich, von der Bank aufzustehen und um den See zu schlendern. Pärchen kamen mir entgegen, die ich mit einem Lächeln begrüßte. Das Wasser wurde durch den anbahnenden Frühling in ein zartes Grün getaucht. Der Weg war mit braunem Sand bedeckt, einzelne Wurzeln blickten heraus. Ich blickte nicht einmal zurück, es war vergangen. Ich blieb einen Moment stehen. Das zählte nicht mehr. Das Gespräch und all die Erinnerungen glichen inzwischen einem Netz. Sie waren wie eine Grenze, die immer aufkam, wenn ich ein Stück abrutschte. Das Netz aus Erinnerungen an die Freunde und die Liebe fingen mich immer auf. Das tun sie nun seit eineinhalb Jahren. Eine große Zeitspanne, wenn man bedenkt, dass es das letzte Mal war, dass mich eine depressive Phase einholte. Eine Menge Zeit, wenn man bedenkt, dass ich damit ein ganzes Buch füllen kann. Eine spannende Geschichte, wenn man bedenkt, dass sie von Leuten gelesen werden wird. Selbst diese Aussagen brachten mich dazu zu lächeln. Ich lief weiter. Die Sonnenstrahlen brachen durchs Wasser, der Lichtkegel strahlte in meine Richtung. Die Sonne stand bereits tief über den Kronen. Ich sog es auf. Mit dem Ein- und Ausatmen kam wieder neuer Fokus. Ich ging weiter, einen Schritt nach dem anderen. Ich blickte bewusst auf meine Füße, weil ich wusste, es war nur der nächste Impuls. Der nächste kleine Gedanke, die nächste fixe Idee im Kopf. Denn am Ende des Tages konnte nicht einmal ich mich stoppen. Ich lernte, dass alles, was ich erreichen will, in meiner Hand liegt. Ich hob den

Fuß, fast wie beim Meditieren im Kloster und hievte ihn ein paar Zentimeter weiter. Mit eisernem Willen und voller Tatendrang ging ich einen weiteren Schritt. Unwissend, was mich hinter der nächsten Ecke erwartete, wusste ich, dass mein Grinsen es schachmatt setzen würde. Kein Anzeichen von Zweifel. Es war genau das, was dieses Jahr mit mir machte, es formte einen Mann, der wirklich abschloss. Mit der Vergangenheit, mit Menschen und mit seinem bisherigen Lebensweg. An einer Holzbank vorbei lief ich immer weiter. Es war kein normaler Spaziergang, es war alles, was ich dieses Jahr lernte. Den Umgang mit der Depression. Die Trauer über den Verlust von Manni. Das Entdecken meiner eigenen Stärke. Die Resilienz der Gedanken. Die Veränderung meines Körpers und Geistes. Der berufliche Wechsel und das Schmieden meiner Kreativität. Das alles lag in meinem Herzen, bei jedem Schritt. Mit jeder Erinnerung, die ich schuf. Nils und Mama waren meine Stärken geworden. Da stand er, mein alter Kletterbaum. Ich kletterte einst fast bis zur Spitze, ehe ich über den ganzen See blicken konnte. Wie die Panik mich lähmte beim Runterklettern. Dort trank ich mit achtzehn, nur um später meine Freundin aus einem Graben zu ziehen. Dort zog ich mich früher zurück, um meinem Kopf einen Stillstand zu ermöglichen. Die Sicherheit, dass meine Worte Gefühle bei Menschen auslösen, blieb fest verankert.

Da eine Bucht. Ich ging auf sie zu. Eine Treppe führte hinunter zu einem kleinen künstlichen Plateau, ich setzte mich auf die letzte Stufe. Vor siebzehn Jahren wurde hier mit mir Schluss gemacht. Ich klammerte zu viel, es war meine zweite Beziehung. Doch auch dies war ein Bild und prägte mich. Enten gesellten sich zu mir, sie beobachten mich argwöhnisch. Doch je stiller ich mit meiner Musik im Ohr dasaß, desto mehr wurde ich eins mit der Szene. Mein Gedankenkarussell blieb stehen. Ich hörte nur meinen Herzschlag, diese leise Melodie spielen. Dieses leichte bassartige Dröhnen, während kleine Geräusche der Natur mein Gehör erreichten. Das in dem Moment verweilen, fand seinen Ursprung im Kloster. Dort lernte ich, wie sich Stille und Gedanken ohne Ablenkung anfühlen. Dort begegnete ich dem längst besiegten Feind. Am anderen Ende der Welt lernte ich so viel in den kurzen Tagen. In diesem Kloster entstand der Glaube, dass auch ich eine wunderbare Zukunft vor mir haben werde. Ich malte fortan drauf los. Wenn ich auch zu Beginn nicht die richtigen Farben hatte, so zeigte mir das Leben seine wunderbaren Facetten. Heute blicke ich mich oft im Spiegel an. Der gehasste Spiegel, inzwischen mag ich ihn. Ich sehe einen befreiten Menschen. Ich sehe einige Narben, ich sehe viele Wunden. Doch ich kann mich klar und deutlich erblicken. Jedes Haar, das sich um meine Geheimratsecken schmiegt. Ich bemerke die zwei unterschiedlichen Augenbrauen, die niemals perfekt sind. Ich betrachte meine tiefen braunen Augen, die meine Seele offenbaren. Ich sehe ein Lächeln, das bis über beide Wangenknochen strahlt und mir mit der Zeit Falten verlieh. Einige Tattoos, die keinen Platz mehr an meinem Körper finden. Ich sehe einfach mich. Ich hob meinen Kopf und ließ die Enten links liegen.

Der See und ich teilten nicht nur Erinnerungen und Narben, wir teilten fortan auch die Stille. Mein Blick richtete sich auf das andere Ufer. Dahinter lag die Bank. Die Perspektive zu ändern, sich einmal Zeit zu nehmen, um sich neu zu sortieren, um Geschichten und Gefühle anders zu beleuchten, das ist es doch, was das Leben ausmacht. Wie oft gehst du ins Kino und siehst trotzdem einen anderen Film. Gerade als ich über die Metapher nachdachte, sah ich ihn, braunschwarze Flügel, ohne Muster bewegend. Direkt vor meiner Wahrnehmung tanzte er durch die Luft. Ein Schmetterling. Er hatte eine lange Reise hinter sich. Vergrub sich in einem Kokon, nur um dann tanzend emporzusteigen. Die Verbundenheit, die ich fühlte, wurde lediglich übertroffen, als ich einen zweiten sah. Tanzend flogen sie aneinander vorbei, mal drüber mal drunter. Wie turtelnde Verliebte, die sich ärgerten. Ich lächelte. Damals, als ich im Klinikplan „Achtsamkeit" las, konnte ich nichts damit anfangen. Da gingst du mit deiner Gruppe durch den Wald und hast beschrieben, was du siehst. Während ich es in der Therapie nicht verstand, wurde es inzwischen zu einer Routine. Einmal am Tag ging ich mit Musik spazieren, um meinen Kopf zum Stillstand zu bringen. Damit ich den Fokus nicht verliere. Fokus, auf mich zu hören. Fokus, mir Auszeiten zu nehmen. Fokus, weil die Kreativität mein Schlüssel ist. Als sich die beiden Schmetterlinge auf einen nahgelegenen Busch setzten, war zwischen ihnen kaum Platz. Nach ein paar Minuten flog einer in die Ferne, während der andere noch ein paar Minuten verweilte. Es war wohl an der Zeit gewesen, sich zu verabschieden. Männer, die ihre Frauen zum Abschied küssen, leben laut einer Stunde vier Jahre länger. Ob das auch Schmetterlinge wissen? Ein letzter Blick auf den Schmetterling. Ein letzter Blick auf die Bank. Beide Hände auf den Knien und ich erhob mich. Der Schmetterling tat es mir gleich. Mit einem letzten Screenshot für meine Gedanken flog er los. Der Lichtkegel traf ihn und der Horizont empfing ihn.

Zufrieden grinsend trat ich den Heimweg an. So wie die Brise meine Haare bewegte und die Sonne meine Haut küsste, so bewegte ich mich. Ich bewegte mich in diesem Jahr. Ich bewegte mich in meinem

Leben. Ich wurde von einem Jungen, der seinen Platz im Leben suchte, zu einem Mann, der diesen Platz genau kennt. Die Erlebnisse prägten mich. Der Verlust und die Trauer zeichneten mich. Das Herz offenbarte mich, meine Kreativität durchströmte mich. Mein Lächeln bestätigte es. Wenn jemand so viele Extreme in seinem Leben erfährt, dann kennt er die Schattenseiten genauso gut wie das Licht. Also wann immer du mich lächeln siehst und meine Geschichte kennst, lass dich motivieren. Mach jeden Tag zu deinem Tag. Nimm dir Zeit für die Dinge, die du siehst. Versuch, einen Ort immer besser zu hinterlassen und starte von innen heraus. Schärfe den Schnabel und deine Klauen. Greif nach dem dicksten Stift, den du finden kannst und streich das „can't" durch, so wie ich es tat.

DANKSAGUNGEN

Es ist unglaublich, wie vielen Menschen ich danken müsste. Es war mein härtestes Jahr und jeder einzelne, der mich in der Zeit traf, für mich da war und mir einfach ein Lächeln schenkte, gehört erwähnt. Ich lernte viel in der Isolation, doch wann immer ich vergaß, dass auch für mich die Sonne scheint, wart ihr da. Ihr habt mit aller Macht den Vorhang beiseite gerissen und mir gezeigt, was perfekte Balance bedeutet. Dieses Buch widme ich ganz allein euch, weil ihr gezeigt habt, dass ich bedeutsam auf dieser Welt bin. Danke für den Rückhalt, danke für die Worte, danke für den Schmerz, für die Kopfschmerzen, für die Lacher, für das Reichen eines Feuerzeugs. Danke, dass ihr euch die Mühe gemacht habt, dieses Buch zu lesen. Es gibt einen Menschen, dem möchte ich besonders danken, mir. Das ist keineswegs arrogant gemeint. Ich danke mir für die Stärke, die ich trotz oder wegen meines Lebens habe. Ich danke mir, dass ich nicht aufgegeben habe und die Fähigkeit entwickelt habe, mir zu vertrauen. Ich danke mir dafür, dass ich in den Spiegel blicken und lächeln kann, da ich mich zum ersten Mal selbst liebe. Danke, Marc, für das abenteuerliche Leben, welches du gestaltest. Ich bin stolz auf uns.

Marc (Metrickz – Monster unterm Bett):
Sometimes I watch the stars and realize how little,
Just a lonely guy with a hole in the middle,
Breakups, death, and anything between.
Much trouble, this little boy has seen.
People all over the world will hear his story,

A pure one, like morning glory.
Listen dreamers all over the world,
let us smile while the potential unfolds.
Then, in the darkest hour, a light will shine,
Where the heart tells the soul, forever mine
His voice is heavy inside his head,
Strength in his veins fills with red.
He knows at the end is death.
Visited him twice and left him once.
Reborn again as a response.
Now he plays with the world he creates.
Like a star that nucleates
Trust me, people will listen to me,
To understand the world I see,
But in the end, I just wanna "be"
Facing the storm and enduring the rain,
To finally feel more joy than pain
Doesn't matter when, doesn't matter where,
I told you I always care.
Rain, thunder, and storm,
A little hope will be born
Between the line of light and dark
Never lose your creative spark,
Repair your soul and paint your heart,
Xoxo, your little Marc

Papa (Yusuf, Cat Stevens – Father and Son):

Niemals hätte ich mir träumen lassen, dass du hier einmal einen Text bekommst. Du bist so eine Inspiration für Widerstandskraft, Stärke und vor allem für die Liebe. Das, was ich über dich und durch dich dieses Jahr erfuhr, erfüllt mich mit Stolz. Ich bin dankbar, dass ich nach so langer Zeit wieder sagen kann, dass ich einen Vater habe. Papa, die alten Geschichten und die Trauer sind längst vergessen. Lass uns die Zeit, die uns zusammenbleibt, nutzen und all die Jahre aufholen, die wir verloren haben. Ich weiß, irgendwann, wirst du wirklich sagen, du bist glücklich. Mama wird dich mit einem Kuss begrüßen, so wie sie es jeden Morgen tat. Dann wirst du verstehen, dass nur Mama dir das Gefühl geben kann, wieder ein Zuhause für dein Herz zu haben.

Manni (Chakuza – Nicht wir):

Was für aufregende siebzehn Jahre liegen doch hinter uns. Der Schmerz brachte mich dazu, an mich zu glauben. Der Schmerz brachte mich dazu, dieses Buch zu schreiben. Der Schmerz brachte mich dazu, mich zu wandeln. Meine Kreativität sprudelt nur so aus mir heraus. Der Glaube, den ich entwickelt habe, stärkt mir den Rücken, wie du es einst getan hast. In einer Phase, in der ich aus der Dunkelheit kam, warst du die erste Person, die mein Licht sah. Du hast es behütet, beschützt und bewacht. Du hast es wachsen lassen, dich um es gesorgt, es ab und zu eingenordet. Du machtest mich durch unsere Liebe unbesiegbar, nur um zu verstehen, dass ich es nicht bin. Heute hege ich keinen Groll. Dort, wo einst nur Wut herrschte, macht sich nun Verständnis breit. Dort, wo einst die Liebe zu dir wuchs, wächst nun die Liebe zu mir. Es war schwer, diese Erkenntnis zu erlangen und noch schwerer sie zu verstehen. Die Erinnerung an unsere Zeit ist durchdrungen von tiefer Dankbarkeit. Du warst mehr als ein Kapitel im Buch meines Lebens. Wann immer ich am Meer bin und eine kleine Brise durch meine Haare zischt, so fühle ich mich dir nah. Denn wenn ich dich irgendwo mal auf einen Kaffee wiedersehe, dann sollte man doch im Hintergrund die Wellen hören, wie könntest du ihn den sonst vollkommen frei genießen?

Katha (Kollegah, Farid Bang – Roid Rage):
Manchmal fühlt sich das Leben mit dir an wie eine Achterbahnfahrt. Ich glaube, deshalb verstehen wir uns so gut. Es gibt wenige Menschen, mit denen ich mir vorstellen könnte, stillschweigend irgendwo zu sitzen und einfach in die Ferne zu blicken. Doch bei dir wüsste ich, dass du diesen Moment und dessen Bedeutung verstehen würdest. Dein Wachstum im letzten halben Jahr ist unglaublich. Es freut mich, dass ich einen Anteil daran habe, dass du die Welt ein wenig farbenfroher siehst. Ich weiß, manchmal zwinge ich dich förmlich, in Situationen über dich hinauszuwachsen, indem ich dir einfach den Buntstift in die Hand drücke. Doch das, was du daraus erschaffst, wird ein unglaubliches Bild zeigen, da bin ich mir sicher. Ich danke dir, dass du als Leitplanke fungierst, wenn meine Kreativität mal wieder mit 280 km/h die Kurve nicht bekommt. Ich danke dir, dass du mich so akzeptierst wie ich bin. Danke für den Mumm, mir auch mal die kalte Schulter zu zeigen. Doch am meisten danke ich dir für die Erkenntnis, dass unsere Freundschaft auch Jahre ohne Kontakt übersteht. Denn dieser Rückhalt manifestiert das, was ich schon lange wusste, dass

meinem Herzen etwas fehlen würde, wenn du nicht in meinem Leben wärst.

Alex (Mighty Oaks – Brother):
„10 Punkte für Gryffindor!", schrie Albus Dumbledore einst durch die große Halle. Als er willkürlich Punkte vergab und man sich den Hauspokal sicherte. Neville Longbottom bekam die Punkte, da er sich seinen Freunden in den Weg gestellt hatte, als die dabei waren, etwas Dummes zu tun. Ich kenne deine Predigt, dass in einer Freundschaft nichts ausgeglichen werden muss, ja, ich habe es verstanden. Was du aber vielleicht verstehst, sobald du dieses Buch gelesen hast, ist, welch unglaublich schwere Zeit ich hatte. Daher ist dir der Mut, sich mir in dieser dunklen Phase entgegenzustellen, ewig hoch anzurechnen. Als ich den Glauben verlor, hast du es akzeptiert, da du wusstest, es war nur vorrübergehend. Als ich weinen wollte, hast du mich gelassen. Doch als ich aufgeben wollte, warst du der erste, der sagte, du bist da. In einer Phase, in der andere Leute Verständnis zeigten, hast du mich aufgebaut. In einer Zeit, als ich durch den Gedankennebel nichts sah, hast du meine Hand genommen und mich herauszugezogen. Das, Alex, ist nicht nur, was ich an dir schätze, sondern das, was dich auszeichnet. Du warst Mentor, guter Freund und großer Bruder in einer Zeit, in der ich alleine war. Du hast mir die Augen geöffnet und ohne dich wäre ich heute nicht hier. Lass dir gesagt sein, wenn ich irgendwann auf dem Berg meiner Träume angekommen bin, dann stehst du neben mir, so wie du es immer getan hast. Weil du einer der Menschen bist, die es schaffen, mein Herz zu erreichen.

Lidia (The Rembrandts – I'll be there for You):
Kurz war ich am überlegen, ob ich das für dich in Großbuchstaben verfassen soll. Du kennst mich, ohne Spruch hätte dir etwas gefällt. Erinnerst du dich, damals auf der Matte beim Bauch-Workout? Als wir die tiefere Ebene erreichten? Das ist für mich der Screenshot unserer Verbindung. Es ist der Entschluss gewesen, uns nicht unterkriegen zu lassen. Wir haben einen ähnlichen Wandel durchlebt, waren in der Klinik. Wir haben unseren inneren Dämonen den Mittelfinger gezeigt, um am Ende eine Erkenntnis zu erlangen. Es ist okay, einfach zu sein. Man muss nichts werden, um zu sein. Das, was du bist, ist ein unglaublich starker, liebevoller und zuvorkommender Mensch. Mich dort auf der Matte liegend zu öffnen, war eine der besten Entscheidungen meines Lebens. Du bist ein Kämpfer, dein Lächeln erfüllt mich mit Stolz. Wann immer ich ein bisschen nach unten schaue, dann sehe ich deinen Weg. Ich sehe dein Straucheln, ich sehe deine Zweifel. Ich sehe deine tiefe Freundschaft. Doch was ich am meisten sehe, das bist einfach du. Die Person, die sich mein Geschriebenes zu Herzen nimmt. Die, die eine Träne weint, wenn ihr ein Text gefällt. Die, die jetzt gerade versucht, sie zurückzuhalten. Ich möchte dir sagen, dass unsere Verbindung durch eine doofe Matte ewig halten wird. Ich möchte dir sagen, dass egal, was du noch werden wirst, es immer eine Person gibt, die an dich glaubt. Eine Person, für die du nichts werden musst, weil du einfach schon alles bist.

Denni (Big Mountain – Baby, I love your way):
Das, was ich an uns am meisten bewundere, ist, dass wir es geschafft haben, unsere Freundschaft in die Gegenwart zu bekommen. Obwohl

wir früher ein Teil des großen Ganzen waren, freut es mich sehr, dass wir diesen Schritt zu zweit gegangen sind. Seit 2020, als mein Wandel begonnen hatte, warst du da. Wir hatten einen der besten Sommer meines Lebens. Die Zeit, die seitdem vergangen ist, hat uns mehr zusammengeschweißt, als ich mir jemals hätte träumen lassen. Doch worauf ich besonders stolz bin, ist, dass wir gelernt haben, zu sprechen. Du wurdest zu einem Ankerpunkt in meinem Leben und ich danke dir aus tiefstem Herzen, dass du mich am Tag der Trennung einfach in den Arm genommen hast. Du bist ein richtig guter Freund, der an guten Tagen sogar ein sympathisches Lächeln auf den Lippen hat. Einzig und allein dein Mario-Kart-Talent lässt ein wenig zu wünschen übrig.

Aylin (ONE OK ROCK – Stand Out Fit In):
Sommerbrise, ein alter matschiger Parkplatz, eine kratzige Shisha, die du rettest. Wir kannten uns kaum, sprachen einfach fünf Stunden durch. Seither habe ich dich zum Weinen gebracht, du musstest unzählige Kurze trinken, hab dir fast ein Burn-Out verpasst und wir sind wie Pech und Schwefel geworden. Aylo, was eine unglaubliche Entwicklung. Mein Gott, grinse ich gerade den Laptop an, wenn ich daran denke, dass du in meinem Leben bist. Wenn ich eines gelernt habe, dann dass ich dich immer als Supporter an meiner Seite haben möchte. Ich meine, ich würde sterben, wenn ich einmal deinen Todesblick abbekommen würde. In Stunden, in denen ich an mir zweifle, denke ich oft an deine „Fuck it"- Attitüde. Diese Kraft und das Feuer, welches du ausstrahlst, wenn jemand nicht versteht, was es dich gekostet hat, diese Welt aufzubauen. Das war das Benzin, der Zündstoff, den ich

benötigte, um dieses Buch fertig zu schreiben. Danke dir, dass du für mich da bist und alles stehen und liegen lässt, wenn es mir dreckig geht. Danke, dass du da bist, wenn ich einfach mal ein offenes Ohr brauche. Dass du mir indirekt eine osmanische Schelle gibst, wenn ich mal wieder nicht an mich glaube. Danke für deine Freundschaft, die sich für mich anfühlt, als würde ich nach Hause kommen.

Leyla (Sampagne, Badchieff, CRO – Tempo):
Kurz angehalten, die Seitentür geöffnet. Wie jeden Morgen ein freundliches Hallo, wenn wir uns nicht vorher schon auf ein Brötchen getroffen haben. Playlist an, sich nicht so verhalten, wie man sollte, wenn man kleinen Kindern das Essen bringt. Dabei das Fenster runtergekurbelt und den Blitzern ausgewichen. So fühlt es sich an, wenn wir zusammen sind. Obwohl dieses Bild genauso passierte, ist es doch eine Metapher für mich. Du hast eine Einstellung, die ich selten bei einem Menschen sehe. So viel zu geben für die Familie, Freunde und sich selbst dabei nicht zu vergessen, ist ein Antrieb, den ich zutiefst bewundere. Ich blicke dich an und weiß zu einhundert Prozent, dass du deinen Weg gehen wirst. Er wird nicht gerade verlaufen, das wäre dir zu langweilig. Doch du wirst dein Ziel erreichen, ehrlich gesagt noch übertreffen und ich werde dich dabei unterstützen, wo ich nur kann. Das ist ein Versprechen. Egal ob wir uns zum Lachen bringen, in Situationen, die nicht angebracht sind, ob wir uns Sprüche an den Kopf knallen, bei denen andere Leute die Augen verdrehen oder wir sachlich und ruhig über die ernsten Themen sprechen. Du bist ein Rückhalt und eine starke Person und das macht dich zu einer unglaublich wichtigen Freundin für mich.

Luca (Sia, Kendrick Lamar – The Greatest):
Du hast mir blind vertraut und tust es bis heute. Aus einem Versprechen zweier Fremder wurde eine Sicherheit zweier Freunde. Als wir damals im Call saßen und du mir die Vision erzählt hast, war ich hin und weg. Als du dein Wort eingehalten hast, war ich vollkommen überzeugt und heute bin ich unendlich dankbar. Du hast mir Freiheiten ermöglicht, meinen Glauben gestärkt und mich niemals fallengelassen. In einer sehr schwierigen Phase hast du immer auf meine Fähigkeiten gesetzt. Ich kann voller Stolz behaupten, dass ich den besten Mentor habe, den man sich vorstellen kann. Es war ein Genuss, zu sehen, mit welcher Hingabe und Begeisterung du so viele verschiedene Charaktere führst, sie entwickelst und immer erreichbar bist. Ich bin gereift und stehe heute hier und kann mit voller Überzeugung sagen, die künftigen Jahre wären nicht möglich, hättest du mir damals nicht die Hand gereicht. Zwar realisierte ich, dass ich meinen eigenen Weg gehen werde, doch ich weiß, ich kann immer auf dich zählen. Danke für dieses Urvertrauen in meine Stärke. Danke, dass du mir dabei geholfen hast, diese zu entdecken.

Lay (Artemas – I like the way You kiss Me):
내 네번째 꿈에 대해 물어봐

Kino (RAF Camora – Primo):
Liebe nur meine kleinen Apnoe-Taucher

In tiefer Dankbarkeit und Bewunderung,
The man who moved